日本の将来とキリスト教

古屋安雄

聖学院大学出版会

目　次

I

日本の将来とキリスト教

――序論

日本の将来とキリスト教

1　日本の現状

二十一世紀のみならず第三の一千年期（Third Millennium）に入ろうとしている今、私の大きな関心は実は「世界の将来とキリスト教の将来」にあるのだが、ここではその一部であり、また私たちに身近な問題である「日本の将来とキリスト教」についての考察から始めようと思う。

まず日本の将来についてであるが、それについて明るい見通し、あるいは楽観的な予測をしている人は殆どいないであろう。それは只今現在の日本が、はなはだ暗い、悲観的な材料に事欠かない、いや多すぎる状況にあるからである。けれども問題はなにも皆が感じている、経済的な問題だけではない。問題はもっと深刻である。

毎日の新聞とテレビのニュースといえば、よくもこんなに続くものと呆れるほどの、金銭の授受を巡る不正事件である。しかも、政界、官界、財界、金融界、企業界と殆どすべての分野に関わっておこっている。せめての慰めといえば、それらの不正が摘発され、犯罪者が逮捕され、裁判が行われているということである。それらが闇に葬られていた過去よりは、現在のように明るみに出ているほうがまだましというべきかも知れない。

しかし問題は経済倫理の問題に尽きない。中学生が小学生を殺したという事件に示されているように、我が国の教育、家庭、学校、社会の教育が問題である。にわかに「心の教育」の必要性が叫ばれているが、この国の道徳倫理は一体どうなっているのであろうか。

いやその道徳倫理の基礎となるはずの宗教が問題、まさに大問題なのである。そのことをショッキングな形で突き付けたのがオウム真理教事件にほかならない。神学者パウル・テイリッヒが言うように、「宗教は文化の心であり、文化は宗教の体である」とすれば、いかに現在の日本文化が病んでいるか、いや日本文化の心が病んでいるかを如実に示したのがこの犯罪的宗教である。

オウム真理教の出現と、我が国の教育、特に大学の教育とが、無関係どころか、大いに関係があると指摘したのは、東京大学の解剖学の教授であった養老孟司である。「真の哲学と宗教を教えぬ公教育の罪」と題する新聞にのった論説で、彼は次のように述べている。

「公教育では宗教と哲学を教えない。……その対象を古人は真理と呼んだ。今では学問は細分化、技術化され、専門家すらそれの追及を口にしない。だからオウム『真理』教がその言葉を盗み、若者がニセのそれにとらわれたのである」(『朝日新聞』一九九五年六月二日)。

日本の将来を考えるとき、無視できないのは教育であるが、ここで指摘されているように教育と宗教の問題を避けて通ることはできない。

しかしながらオウム真理教事件は、同時に、日本人をさらに宗教嫌いに追いやってしまった。もっと厳密に言うならば、ますます「無宗教」にしてしまったのではないだろうか。

『日本人はなぜ無宗教なのか』（一九九六）の著者である、明治学院大学の教授、阿満利麿によれば、日本人の七〇％が「無宗教」だと答えるのは、宗教といえば、キリスト教をモデルとするからである。つまり、キリスト教のように、教祖と経典、それに教団の三者によって成り立っている、いわゆる「創唱宗教」だけを宗教と考えるからである。しかし、誰によって始められたかも分からない、自然発生的な宗教を、「自然宗教」と呼ぶならば、「無宗教」と答える日本人は「自然宗教」の信者なのである。

それゆえに、「無宗教」と答える日本人の七五％は「宗教心は大切だ」とも答えるのである。したがって、日本人全体の過半数は「宗教的」なのであり、著者は「むしろ宗教心は豊かなのである。」という。

ただ、その宗教心は、「特定の宗派」に限定されることに抵抗感がある。なぜであろうか。それは、特定の宗教は恐ろしい、怖い、と感じているからである。人の弱みにつけこんで金や財産を巻き上げたり、教団という特殊な世界につれて行かれ、教祖によって、マインド・コントロールされる、という恐怖心である。

こういう「創唱宗教」に対する恐怖心や警戒を聞くと、私たちキリスト者は、それは誤解だと言うが、著者はそうは思わない。むしろ、それは「ある意味では正常な反応だ」という。なぜなら、日常の普通の生活を維持することを最も重要だと考えている人々にたいして、「創唱宗教」はそれとは異なる考え方に立脚点があるからである。次のような例をあげて、以下のように述べている。

「たとえば、東京銀座で銀ブラを楽しんでいる最中に突如、強力なスピーカーで『あなたがた罪人は悔い改めよ』と説教されたことがある。だが、通行人の大方は自分たちが『罪人』だとは思わない。むしろスピーカーの主に常識のないいいぐさだと侮蔑の視線を投げかけるのがおちであろう。もちろん、キリスト教のすべてがこのような強圧的な説教をしているわけではないが、人間はすべて『罪人』だという考え方をもっていることはたしかである。それは、日常の生活にどっぷり浸かっている人にはとても認めがたい教えと映るであろう」（二六―二七頁）。

したがって、著者は、日本人の「創唱宗教」ぎらいは、一旦特定の教団にはいると、自由を失ってしまうのではないか、という自己防衛であり「無宗教」を標榜するのは実はこの自己防衛の一つの表現だという。

それゆえに、オウム真理教事件は、日本人の宗教ぎらいをますます強めたのではないか、とさきに言ったのである。とすると、今の日本は、一方で宗教を必要としながら、他方で「創唱宗教」とくにキリスト教には入りたくないと思っているということになる。「日本の将来とキリスト教」について考えねばならないゆえんである。

2　太平洋戦争前の日本

「日本の将来とキリスト教」について考えるためには、日本の過去とキリスト教についての、少なくとも一瞥が必要であろう。ここでは主として、十九世紀以来の歴史を、太平洋戦争を境として、戦前と戦後に分けて考えてみたい（大木英夫氏との共著『日本の神学』（一九八九）の第一部「歴史的考察」を参照されたい）。

今回取り上げる戦前とは、最初のプロテスタント宣教師が来日した一八五九年から、敗戦の一九四五年までの、約八十五年間の過去の歴史である。戦前の日本とは、一言で言えば、それまでの鎖国から開国政策に転じ、ひたすら近代化の道を突き進んだ頃であった。

近代化とは一体何か、という問題は複雑な問題であるが、こと日本に関するかぎり、一応「西洋化」といってよいであろう。かつて五世紀から六世紀にかけて、中国から儒教と仏教が渡来してから、日本の「中国化」が始まったように、十九世紀の半ばにキリスト教が渡来してから（十六世紀に初渡来しているから、厳密には再渡来）「西洋化」が始まった。

しかしその西洋化は、キリスト教ぬきの西洋化であった。それは「西洋化」を指導した明治政府の指導者たちが、意図的に遂行しようとしたことであった。それはキリスト教を恐れたからであった。そのことは、明治の初めに神祇官の御用係として、長崎の浦上に現われた、いわゆる「隠れキリシタン」を処分したことのある、大隈重信（のちに首相となり、早稲田大学を創立した）の晩年の回顧談に明らかである。

「想うに『王政維新によって鎖国の念漸く失せ、欧米各国との交通日に月に頻繁に赴き、いわゆる彼の長を取て我の短を補うというに至りたれば、耶蘇教は早晩わが国に入来るべく。特に仏教に代わるべき宗教なきわが国においては、外国交通の結果として、耶蘇教が遂にわが宗教界の一勢力者となるに至らん』とは、その頃局に当りしものの脳裏に浮かびし考えにして、余もまた実にこの感を懐きたりき」（『大隈侯昔日譚』一九二二、二四二頁）。

しかも、このキリスト教に対する恐れの背後には、十六世紀の鎖国政策のときと同じく、西洋諸国の植民地化に対する恐怖があったことは否定できない。日本が東洋における殆ど唯一の、植民地化をまぬがれた独立国であったことを考えると、この恐れは全くの根拠なしとはしない。もっとも開国を迫ったアメリカは、十六世紀の鎖国の事情を十分認識しており、その点については細心の注意をしていた。

いずれにしても、日本はキリスト教ぬきの西洋化を始めたのであった。いわゆる「和魂洋才」とは、キリスト教ぬきの西洋化、ということにほかならない。そして、実はそれが敗戦に至った、日本の悲劇の原因、少なくとも大きな原因の一つだったのである。逆に言うと、キリスト教ぬきの近代化の悲劇の末路が、あの敗戦だったのである。

「和魂洋才」が実際に目指したものは、「富国強兵」であり、それは具体的には、日清戦争、日露戦争、日中戦争、そして太平洋戦争への道であった。

それは「西洋化」の結果であったといってもよいであろう。つまり、近代西洋の帝国主義、植民地主義の模倣にほかならなかったからである。それを遂行するために「和魂」が謳歌され、また「和魂」が西洋化を推進したのである。

その際に「和魂」に取って代わらないまでも、キリスト教をもう少し受容していれば、あの悲劇は避けられたかもしれない。何人かのキリスト者を思い出すがよい。

たとえば日露戦争にたいして、それまで日本人の誰も唱えたことのない非戦論を主張したのは、幸徳秋水と堺利彦のほかは、内村鑑三、安倍磯雄、柏木義円などのキリスト者であった。内村よりもさらに徹底していたのは、我が国最初の良心的兵役拒否者となった、矢部喜好という、セブンスデー・アドベンチストの伝道者である（土肥昭夫『日本プロテスタント・キリスト教史』一九八〇、二一五頁）。

日中戦争に反対したのは、それゆえに同志社大学の総長職から追われた湯浅八郎や、同じく東京帝国大学の教授を辞任させられた矢内原忠雄などのキリスト者であった。湯浅はアメリカに逃亡した数少ない日本人である。矢内原は国内に留まったが、追放されるまで政府批判の手をゆるめなかった。

発売と同時に発売禁止となった『中央公論』（一九三七年九月号）に載った矢内原の「国家の理想」は、「現実国家の行動態度の混迷するとき、国家の理想を思い、現実国家の狂するとき、理想の国家を思う」という実に勇気のいる言葉で始まる論文であった。

これらのキリスト者の発言と行動は、当時の日本の教会および無教会においてもむしろ例外的であったほど、当時の日本のキリスト者の殆どは、国家によって沈黙を強いられていたか、或いはいわばマインド・コントロールされていたのである。

それ以前の日本のキリスト教界は、国際連盟の事務次長になった新渡戸稲造や、外国で最も有名な日本人といわれた賀川豊彦などが属する、最も親英米的、それゆえに反戦的な平和主義者のグループであった。それゆえに、人口の〇・五％にもみたない少数派であったのに、軍部と警察が神経をとがらせて取り締まろうとしたのである。

それだけに、もしキリスト教が明治以来もっと受容され、もっと多くのキリスト者がいたならば、あのような狂気の戦争と悲劇はさけられたのではないかと思わざるをえないのである。いずれにせよ、あの戦争と敗戦をもって終わった、近代日本の歩みは、キリスト教ぬきの近代化あるいは西洋化の悲劇であったのではないか。

矢内原が追放されてから書いた『余の尊敬する人物』のなかで、初めに取り上げた預言者エレミヤは「ひとりでもいるか、正義を行い、真実を求めるものが。いれば、わたしはエルサレムを赦そう」という神の言葉を聞いている（エレミヤ書五・一）。

3 戦後日本の民主化

戦後の日本とは、言うまでもなく一九四五年の八月十五日の敗戦から今日までの、約五十年間の日本のことである。

近代化との関係でいえば、戦後五十年も明治以来のその連続ではあったが、戦前のそれと決定的に違うのは、それが敗戦の結果、連合軍の占領によって始まった、という事実である。しかも、連合軍といっても、実際にはアメリカ軍による占領であって、戦後の近代化、すなわち西洋化とは、アメリカ化であった。

アメリカとの関係でいえば、鎖国日本に最初に開国を迫ったのは、アメリカであったし、はじめ明治政府と密接な関係にあったのは、西洋諸国のなかでも、アメリカであったから、いわば元に戻ったわけである。連合軍最高司令官のマッカーサー将軍が、黒船のペリー提督と比べられ、「第二の開国」の「ペリー」と呼ばれるゆえんである（『日本の神学』、六八頁）。

もし明治政府が、途中でアメリカからヨーロッパ、特にドイツにその近代化のモデルを求めることをしなければ、あるいはドイツと同盟してアメリカを敵にしたあの太平洋戦争は避けられたかもしれない。これは、後で論ずるように、同じ近代化といっても、ドイツの近代化と、アメリカの近代化は、結果的には、戦前と戦後の日本の違いをもたらすほどに、違う性格の近代化だからである。

キリスト教との関係でいえば、第一の開国の際に、多くのアメリカの宣教師やいわゆるお雇い外人教師たちが活躍したように、戦後も多くの宣教師たちが来日して、主として教会とキリスト教学校で活動したのであった。しかも、マッカーサーは自他ともに認ずる「クリスチャン・ジェネラル」であり、日本をキリスト教化する絶好の機会とばかり、陰に陽にキリスト教の伝道を支援した。彼は一九四五年九月二日の日本軍降伏調印式の演説において、占領問題は「根本的には神学的」であり、「精神的再生と人間性の改善」を含むものと述べている。そしてその数ヶ月後に来日した、四人のアメリカの教会の指導者にたいして一千人の宣教師を送るように要請している（ウッダード『天皇と神道』一九八八、二八一頁）。

それに新しい憲法は、信教の自由と政教分離を明文化しており、キリスト教には好都合であった。はたせるかな、いわゆる「キリスト教ブーム」がおこったが、それは講和条約の締結とともに終わってしまい、周知のように今日に至るまで、キリスト教者は国民人口の一パーセントに満たない少数派に留まったままである。

けれども、占領軍が指導し、推進した日本の民主化、正確には「アメリカ型民主主義」による近代化は、少なくとも制度的には戦前の体制とは異なる民主主義を定着させる成果をあげた。言うまでもなく、その基本的なものは「主権在民」をうたった日本国憲法である。

ところが、戦後の民主主義の根本問題の一つは、この憲法がアメリカ占領軍の「押しつけ」によって出来た憲法ではないか、という問題である。今なお、護憲派と改憲派の対立が続いているゆえんである。最近、加藤典洋の『敗戦後論』（一九九七）が注目を集めているのは、この問題を取り上げているからである。

例えば「平和憲法がそもそもアメリカの『武力による威嚇』によって生まれているという、戦後の原点にひそむ『汚れ』の問題」があると加藤は指摘している。さらに加藤は、そのことを自覚しないことを「ねじれ」とも呼んでいるが、そこに天皇の戦争責任問題、日本の戦争責任問題の「ねじれ」の原因を見ている。

しかし、考えてみれば、明治以来の日本の近代化そのものに初めから「ねじれ」があったのではないか。長い鎖国から開国したのは、決して日本人自身の内発によるものではなくて、外圧によるものであったからである。

この問題は、つとに夏目漱石によって指摘されている近代日本の問題ではあるが、それは現在の経済改革、金融改革、行政改革などの諸問題においても同じである。どうして、こうも同じ問題を繰り返すのであろうか。

どうもその原因は、わが国の近代化そのものにあるように思われる。このことを、難解なヘーゲルの講義を平易な日本語に訳した長谷川宏は『新しいヘーゲル』（一九九七）のなかで次のように言っている。

「幕末・維新にはじまる日本の近代化は、お手本のある近代化であった。西洋文明をお手本として、出来るだけ早くそれに追いつくことを基本方針とする近代化であった」。そして物質面と制度面においては長足の進歩を遂げてきた。

「が、精神面の近代化に関しては事情が少し異なってくる。西洋の近代精神をお手本としてこれを消化・吸収しようとするその姿勢そのものが、西洋近代精神に反することだからだ」（一四五―六頁）。

つまり、西洋の近代精神というのは、お手本をもたないで生きていくという精神なのであって、それをお手本としている間は、本当には近代化されていないということなのである。人間が自分の内面に還っていって、自分自らの思考をたよりとして外界に向き合う、ということこそ近代化の精神だからである。

以上の長谷川の議論が正しいとすると、キリスト教が戦前においてのみならず、戦後においても見るべき進展を見せていないのは、当然ということになるであろう。後で見るように、キリスト教は西洋の近代精神の根本の一つだからである。さらに、戦後来日して、創設まもない国際基督教大学で教えた、スイスの神学者エーミル・

ブルンナーが、繰り返し言っていたように、民主主義はキリスト教の木になった果実であって、その木が日本に根をはって成長しないかぎり、日本に民主主義は育たないであろう、といっていたことが思い出される。

やはり、戦後の近代化、特に民主化も、キリスト教抜きの近代化と民主化であったのであり、そこにその根本的問題があることは、キリスト教と近代精神の関係を学ぶことによって、さらに明らかになるであろう。

4 宗教改革と良心

ヘーゲルは、その『歴史哲学講義』のなかで、近代を造りあげた三大事件として、宗教改革、啓蒙主義そしてフランス革命をあげているが、以下それと近代日本の問題を考えてみようと思う。

先ず、宗教改革であるが、これをもって近代が始まったとは、日本人なら誰でも学校で教えられて知っている常識であろう。しかし、そのことと、宗教改革の精神を理解していることとは別である。長谷川宏も、「そこ（西洋）に立ちあらわれた近代が、お手本のある日本の近代とはまったく違う精神風土のうえにはぐくまれたものであった」ことは、ルターの宗教改革に、はっきりと示されている、という（前提書、一五一頁）。そして、ヘーゲルの次の言葉を引用している。

「ルターは教会の権威を認めず、かわりに、聖書と人間精神をよりどころとしました。聖書そのものがキリスト教会の基礎にされたことはこの上なく重要で、いまや、各人がみずから聖書に学び、聖書にもとづいて良心のありようをたしかめるべきだとされるのです。これは、おそるべき原理の転換といってよく、教会の伝統全体と屋台骨が問題視され、教会の権威が原理的にくつがえされたのです」。

これは、ベイントンのルター伝の書名にも使われているが、『我ここに立つ』(Here I Stand)という言葉で有名になった、一五二一年のヴォルムスの国会で、ルターが自著をすべて取り消すように迫られたときの、以下の答弁を思いおこさせる。

「もし私が聖書の証明によって、あるいは明白な理由によって反駁されるのでないなら、私は取り消すことができません(なぜなら、私は教皇を、またただ公会議のみをも信じていませんから。というのは、それはしばしば間違いをし、自己矛盾に陥っていることが確実なのですから)。私は自分が引用した聖書の論証によって説きふせられたのです。そして私の良心は神の言葉に縛られているのです。私は取り消すことができないし、またそうしようとも思いません。なぜなら、自分の良心に反して行動することは、危険であるし正しくもないからです。神よ、私を助けたまえ。アーメン」(WA. 7, 838)。

この答弁のあと、ルターは逃げ隠れたりしないで、責任を取るということを表明すべく、「私はここに立っている。私はほかになし得ない」と、カール皇帝の前で言ったと伝えられているのである。

西欧思想の研究者の金子晴勇は、この言葉が発せられた時を「世界史的な時」あるいは「世界史的瞬間の時」と読んでいるが、これは決して誇張ではない(『ルターの宗教思想』一九八一、一五頁)。

当時のローマ皇帝は、戦前の日本の天皇と同じ、あるいはそれ以上の権威と権力をもった、絶対的な存在であった。そのような教皇にたいして、一人の修道士が、自分の主張を撤回しない、と明言したのである。

ここで注目すべきは、「私は取り消すことができない」理由として、ルターが二度も「良心」に言及していることである。「私の良心は神の言葉に縛られているのです」と、「自分の良心に反して行動することは、危険であるし正しくもないからです」。この「良心」の問題を論ずるにあたって、金子はいわゆる「ロッキード事件」を取り上げ、次のように述べている。

「最近の航空機疑獄によって日本人の良心とアメリカ人の良心との相違が非常に明らかになったと思われる。日本人の場合、上役への忠誠心というものが重要な役割を演じていて、各人が自己の良心に推し計って答えることを阻んでいる。だから国会で良心にもとづいて誓約しても、各自の所属している社会を維持するためには嘘をついてもかまわないとみて、国会で偽証を平気でしてしまう。それに反してアメリカの航空会社の責任者の証言を聞いて感じることは、人の目をはばからないで、自分の考えにしたがって判断していることが私たちと対照的に非常に明瞭であるという点である。私たち日本人の場合は、良心の痛みを感じても、社会的組織や習俗と結びついた恥の意識が強く、これにより良心の働きを妨げてしまう場合が多い。こうして私たちは良心をも恥という現象に解消してしまう傾向をもっているといえよう」（二四頁）。

このあと、金子はベネディクトの『菊と刀』の「恥の文化」と「良心の文化」にふれているが、最近のわが国のすさまじい汚職や賄賂の諸事件を見ていると、恥までも失ってしまったようである。あるのはただ欲、我欲だけである。良心は一体どこへいってしまったのだろうか。

ルターにもどって、最後に注目すべきは、これも金子が指摘している点であるが、ヴォルムスにおける彼の決断においても、人々の関係を考慮する社会的な良心と、神との関係を考慮する宗教的な良心との間の葛藤があったことである。つまり、社会あるいは教会の調和と平和のゆえに、主張を撤回することも可能であった。しかし、この宗教改革者においては宗教的な良心のほうが社会的な良心よりも優っていたのである。厳密には、ルターは社会的、倫理的なものを超えた宗教的な良心にしたがって、決断したのであった。

ルター学者のホルが、当時のカトリックの「幸福宗教」にたいして、ルターの宗教を「良心宗教」(Gewissens-religion) と呼んだゆえんである。わが国のいわゆる「御利益宗教」とはまさに「幸福宗教」にほかならない。それらの宗教が「良心宗教」へと改革されないかぎり、恥や欲でなく、良心にもとづいた言動や倫理は生まれないであろう。

わが国の近代文化とは、このような宗教改革ぬきの近代化なのである。この点で、わが国のキリスト教、とくにプロテスタントの責任は重いといわねばならない。これまで宗教改革の近代文化に対する意義、ことにルターの信仰の意味の理解において、十分でなかったのではないか。また近代文化とキリスト教の関わりを主張することにおいて、決して十分であったとは言えないからである。

5 啓蒙主義と宗教

次に、ヘーゲルは、啓蒙主義をあげるのであるが、これこそそれによって、近代が始まったと、エルンスト・トレルチが主張したものである。啓蒙主義を経ているかどうかで、宗教改革から始まったプロテスタンティズムを「古プロテスタンティズム」と「新プロテスタンティズム」に、分けたゆえんである。したがって、トレルチによれば、ルターはまだ中世的な人間であって、近代人というよりは、中世と近代の過渡期的な人間ということになる。

ルターが聖書に発見したキリスト者の自由を、市民の自由ないしは人間の自由へと、さらに広げたのが啓蒙主義であるといってもよい。あるいは、信仰ないしは啓示によるのではなく、悟性ないしは理性によって物事を思考するのが、啓蒙思想である。ヘーゲルは「理性の法則にこそ真理がある、と考えるのが啓蒙思想です」といっているが、これはカントの啓蒙主義についての有名な定義を思い起こさせる。「啓蒙とは人間が自らの責で招いた未成年状態から抜け出ることである。未成年とは他人の指導なしには自らの悟性を使用する能力のないことをいう。……敢えて賢明であれ（Sapere aude）。汝自らの悟性を使用する勇気を持て。これが啓蒙主義のモットーにほかならない」（『啓蒙とはなにか』一七八四）。

ヨーロッパでは、啓蒙主義は十八世紀にその最盛期を迎え、十九世紀初頭には衰退し始めるのであるが、開国した日本にとうとう入ってきた西洋思想とは、啓蒙主義にほかならなかった。そして、たまたま当時の日本で、最も欧米世界の事情に通じ、その紹介をしたのは、わが国の代表的な啓蒙主義者と目された、福沢諭吉であった。彼は明治維新のまえに、既に欧米に三度も旅行をした人で、その『西洋事情』（一八六六）も維新の二年前に出版されたものである。

しかし福沢の「啓蒙主義」は、西洋と出会うまえからの、いわば生来的なもののようである。そのことは、彼の幼少時代からの、神仏などに対する態度によく示されている。神様の名のあるお札を踏んだり、神社の神体の石を捨てたりしている。「幼少のときから神様がこわいだの仏様がありがたいだのいうことはちょいともない。うらない、まじない、いっさい不信仰で、キツネタヌキがつくというようなことは、初めからばかにして少しも信じない。子供ながらも精神はまことにカラリとしたものでした」（『福翁自伝』一八九九）。

それゆえに、彼には『学問のすすめ』（一八七二）はあっても、「宗教のすすめ」はない。日本の近代化のためには、学問、即ち西洋的な学問は必要不可欠であるが、宗教とくにキリスト教は必要ではない。

「……我国の士人は大概皆宗教を信ぜず、幼少のときより神を祈らず、仏を拝せずしてよく其品行を維持せり……文明開化は必ずしも宗教の如何に由らず、人文少しく進歩すれば、今の所謂宗教の如きは之を度外視して差支えなきこと明に知る可べし」（『通俗国権論』一八七八）。

福沢の宗教についての無理解は、明治の最初期のキリスト者たちが、早くから指摘している。例えば、福沢を評して「ベンジャミン・フランクリンにちょんまげをゆわせた位なものだよ」と言ったという、植村正久は福沢の死にさいして、次のように『福音新報』に書いている。

「先生は常識の人なり。その天分性格、米国のフランクリンに酷似す。……先生は道義心篤く、正直にして古武士の風あり。然れども其の著しく欠く所のものは崇拝の念なり。……其の常識は四面を見渡し、眼下を見下ろすことを得たるも、仰いで高きを窺うことを能わず。先生は瞻仰者にあらざりしなり」（斎藤勇編『植村正久文集』）。

しかしながら、福沢は宗教を、社会の安寧維持のためには利用すべきもの、とは考えていた。例えば、貧富衝突の回避策としてである。したがって内村鑑三は、福沢のようなひとを、「宗教の大敵」と呼んで次のように酷評したのである。

「宗教の大敵とは、自身宗教を信ぜずして之を国家、或は、社会の用具として利用せんとするものである。宗教を侮辱するものにして之に勝るものはない」（『内村鑑三全集』第十巻）。

けれども、福沢の宗教観、ことにキリスト教観は二転三転しているために、福沢研究者の間でも未だ結論が出ているとは言えない。しかし、丸山真男がくりかえし言っているように、福沢には「宗教オンチ」のようなところがあったこと、は否定できないであろう。『「文明論之概略」を読む』)。そして、それが我が国の知識人の現在にまで至る、宗教観とキリスト教観に大きな影響を及ぼしていることも否定できないのではないか。

もっとも、これも丸山が同じ本の中で指摘しているように、キリスト教を新日本国家のために利用しようとする考え方は、最初期の多くのキリスト者たちのなかにもあった考え方であって、植村や内村のように、贖罪信仰を理解したのはむしろ少数者であったろう。その意味では、福沢のみならず、明治の知識人はほとんどみな、合理的かつ実利的な啓蒙主義者だった、ということになるであろう。

この啓蒙主義者たちの子孫である戦後の日本人が、経済的な実利だけを追求するいわゆる「エコノミック・アニマル」と批判されるようになったのは当然としても、なぜこの啓蒙主義者たちが、戦前のあの非合理的な天皇絶対主義や軍国主義を支持したのであろうか。

ここで、私たちは、改めて啓蒙主義とは一体何であったのかを、問い直す必要がある。『啓蒙主義の哲学』(一九三二)を著わしたカッシーラは言う。

「啓蒙主義の最も強力な思想的な衝動とその固有な精神的エネルギーは、それが信仰を拒否したことにではなく信仰の新しい理念を宣布したことに、つまりそれが宗教の新しい形式を具体化したことに存する」(新装復刊版、一六五頁)。

6　フランス革命と自由

ヘーゲルは、近代を作りあげた第三の事件として、フランス革命を挙げているが、第一の事件としての宗教改革が西洋近代の開始ともいうべき宗教的事件であり、第二の事件としての啓蒙思想が近代の精華ともいうべき思想的事件だったとすれば、フランス革命は、近代精神が社会を変革する力を示した政治的事件であった。

周知のように、ヘーゲルは世界史を自由の発展の過程とその歴史とみなした。そして、世界史を民族における自由の認識の違いに応じて、三区分したのであった。つまり、東洋人においては専制君主のような「一人」(Einer)が自由であることしか知らない。ギリシア人とローマ人においては、奴隷を所有している主人という、「特定」(Einige)の人々だけが自由であることを知っていた。ところがゲルマン人において初めて、「すべて」(Alle)の人間が人間であるゆえに、自由であることを知った(『歴史哲学』)というのである。

もっとも、ヘーゲルによれば、「人間そのものが自由であり、精神の自由こそが人間のもっとも固有の本性をなすこと」、をゲルマン人が意識するようになったのは、キリスト教を受け入れたからにほかならない。けれども、それは直ちにというわけではなかった。

「キリスト教をうけいれたからといって、たとえば奴隷制がすぐに解体されることはなかったし、ましてや、国家に自由が浸透し、政治体制が自由の原理にもとづいて理性的に組織されるといったことはなかった。自由の原理を世俗の世界に適用し、世俗の状態に自由を浸透させ自由を確立するには、長い時間の経過が必要で、その経過が歴史自体なのです」(長谷川宏訳『歴史哲学』(上)、四〇頁)。

したがってフランス革命は、ヘーゲルにとっては、自由の原理が政治体制に現われた、最初の歴史的事件であったのである。『ヘーゲルとフランス革命』(一九八四)の著者であるヨアヒム・リッターが、ヘーゲルは自由の哲学者であっただけではなく、とりわけ革命の哲学者であった、と主張するゆえんである。

事実『法哲学』のなかで、フランス革命によって初めて、「人がユダヤ教徒か、カトリックか、プロテスタントか、ドイツ人か、イタリア人か、であるからではなく、その人が人間であるということだけで」、政治的秩序の主体となった、とヘーゲルはくりかえし述べている。

しかしながら、ヘーゲルが取り上げたフランス革命を、狭義のフランス革命と取るべきではないであろう。確かに、一七八九年のバスチーユ襲撃によってフランス革命が始まったとき、一九歳のヘーゲルは、チュービンゲン大学の神学生であったが、その報に接して感激している。まさに「いまや、精神的なものの意識こそが社会的現実の不可欠の要素をなし、哲学が支配の原理となる」と感じたからであった。そして晩年に至るまで、彼はその記念日には必ず乾杯して、その意義を学生たちに語ったという。

しかしフランス革命に比べると、アメリカ革命は殆ど彼の意識にのぼっていない。アメリカ革命がおこった一七七六年当時、ヘーゲルはわずか六歳であったし、隣国のフランスと違って、アメリカは遠い国であったからであろう。しかし、彼がフランス革命のその後の経過を深く注目したように、アメリカ革命にも関心をもったならば、ヘーゲル哲学自体がかなり違ったものになったにちがいない。

イエーナでの戦闘の前日に、ナポレオンを目撃したヘーゲルが、友人にあてて「私は世界精神が馬上で行進するのを見た」と、書いた話は有名である。しかし、その後のナポレオンとフランス革命の経過は、ヘーゲルを失望させるものであった。

したがって、ヘーゲルのフランス革命論の問題として指摘すべきは、フランス革命をただフランスあるいはヨーロッパの問題としてではなく、アメリカをもいれた「十八世紀のヨーロッパ、アメリカという広い展望のなかに、この革命を位置づける」べきだということである（河野健二・樋口謹一『フランス革命』、一九七九、三三頁）。この点で、最近フランス革命史学において、元共産主義者のフランソワ・フュレが、『アメリカの民主主義』（一八三五）や『アンシアン・レジームと革命』（一八五六）を著したアレクシス・トクヴィルに注目しているのは当然である（松本礼二『トクヴィル研究』、一九九一）。

いや、さらにアメリカ革命の背後にある、十七世紀のイングランド革命、即ちピューリタン革命を視野に入れた、もっと広い近代革命史のなかで見るべきではないか、ということである。そのことによって、フランス革命の限界、特に宗教理解の限界が明らかになるであろうし、その自由と人権の問題より明らかになるであろう。

ただヘーゲルのフランス革命論で、注目すべきは、そこから始まった自由主義が、ラテン国家、即ちカトリック世界では破産した、その理由を次のように述べている点である。「これらの国々（フランス、イタリア、スペイン）では宗教的な隷属状態がつづいていたために、政治的不自由をくつがえすにはいたらなかったのです。というのも、良心の解放なくして人権と自由の鎖をとりはずすのは不可能であり、宗教改革なき政治改革は、原理としてまちがっているからです」（『歴史哲学』（下）、三六七―八頁）。

この点で、わが国のフランス革命の理解には、はじめから問題があった。それを最初に紹介した中江兆民は、それこそ典型的な啓蒙主義者であって、儒教を高く評価しても、キリスト教には全く無理解であったからである。

その弟子であった幸徳秋水にいたっては、ヘーゲル左派の影響を受けて、『基督抹殺論』(一九一一)まで書いている(岩波文庫の末尾にある林茂と隅谷三喜男の解題を参照)。そして幸徳をはじめとして、共産革命を信奉した人々は、反宗教・反キリスト教的になったからである。

7 イギリス革命と日本

以上、ヘーゲルが近代を造りあげた三大事件と見なした、宗教改革、啓蒙主義そしてフランス革命の理解と、それらの事件に対する我が国の反応を一瞥してきた。

それは、長谷川宏が指摘したように、日本の近代化は、西洋文明をお手本とした近代化であったが、その姿勢そのものが、西洋近代精神に反することだからであった。しかし、その近代精神を学びながら、なぜそのことに気が付かなかったのであろうか。これまでの学び方に、問題があったのではないだろうか。

先ず、その問題とは実はヘーゲル自身においても見られる問題なのである。前項でフランス革命を論じたときに、既に言及したことであるが、彼の視野に入っていないのは、アメリカ革命とイギリス革命である。ここでは日本との関係で、特にイギリス革命をとりあげたい。

十七世紀のイギリスは、二つの革命を経験している。第一は一六四〇～六〇年のピューリタン革命であり、第二は一六八八～九年の名誉革命であって、この二つをあわせてイギリス革命と呼ぶ。そしてこの革命が、世界で最も早く行なわれた、いわゆる市民革命である。

けれども、つい最近まで、わが国におけるイギリス革命についての関心と研究は、決して高くなかった。どうしてそうなったのであろうか。戦後のイギリス革命研究の開拓者のひとり、今井宏によれば、以下のような理由による。

言うまでもなく、わが国にヨーロッパ諸国についての知識が入ってくるのは、幕末から明治初年にかけての時代であるが、その時代から既に、イギリスの歴史に革命がかつてあったという認識が殆どない。それに反して、革命といえば、フランス革命をさすほどに、フランスに対する関心は高かった。このような対照的な反応の理由として、一つは、幕末の時点からそれぞれの革命までの時間差が考えられる。イギリス革命はすでに二百年前のことであるのにたいして、フランス革命はまだ六十年前の事件だったからである。

さらに当時の両国における政治社会的な安定度が違っていた。イギリスはヴィクトリア女王のもとに大英帝国の全盛時代を謳歌していたのに、フランスは一八四八年の二月革命後の動乱のさなかにあったからである。

それゆえに、これは福沢諭吉などによって移植されたイギリス観の影響によるところが大きいといわれるが、「万事の改革すでに成りたる英国」というイメージが定着していった。したがって、今井は次のように要約するのである。

「すなわち『万事の改革すでに成りたる』この模範国からは、改革の行なわれた具体的な歴史的な過程そのものは無視して、その成果だけを学べば十分であるとする認識が生まれたからである。『自由民権』運動の展開において、イギリスの革命がフランス革命ほどには強烈に働きかける力をもちえなかった理由の一部は、この点にあった。

だがそれにもまして強調されなければならないのは、日本がイギリスに接触してその歴史に学ぼうと決意した時点が、かのヴィクトリア女王治下の黄金時代であったこと、そしてその繁栄を謳歌する『ホイッグ史観』が正当史観としての座を確保しつつあったときに一致していたことである。このことがイギリス史とイギリス革命に対する認識に一定の偏向を与えたことは否めない事実であろう」（今井宏『日本人とイギリス――「問いかけ」の軌跡』一九九四、ちくま新書、一七四―一七五頁）。

しかも、ここで注目すべきは、今井が指摘している「ホイッグ史観」におけるピューリタン革命観である。「ところでこの『ホイッグ』史観は、イギリス史において議会が果たした役割をひたすら進歩的なものとみて高く評価すると同時に、国王との間の議会の闘争の到達点としての名誉革命が樹立した体制を神話化し、それにひきかえ名誉革命のまえに存在したピューリタン革命を、『マグナ・カルタ』以来の憲政史の順調な発展コースから逸脱したものとして、その重要性を軽視したり、黙殺してしまう傾向をもっていた」（今井宏『明治日本とイギリス革命』一九七四、ちくま学芸文庫、八六頁）。

さらに、残念なのは、ピューリタン革命に当然深い関心をもっていいはずの、明治時代のわが国のキリスト教界が、ピューリタン革命の意義を正しく認識していないことである。確かに、ピューリタン革命の指導者であるオリヴァ・クロムウェルに関心をもち、彼を紹介したのは、徳富蘇峰、竹越与三郎、木下尚江、内村鑑三など、キリスト者であった。彼らは、イギリスにおけるそれまでの、「トーリー」史観による、反逆者・悪人・偽善者というクロムウェルのイメージを転換させた、カーライルの影響を大きく受けた。

特に内村は「クロムウェルは私にとって親密な兄弟であります」といい、「ピューリタンの戦士」としてのクロムウェルを熱烈に称賛した時代があった。しかし、彼にはイギリス革命が宗教的革命であったという認識はあるが、ピューリタン革命の歴史的、政治的思想史的な問題意識と理解は見られない。それゆえであろうか、日露戦争で非戦論を唱えるようになると、次のように言うようになる。

「私は今非戦主義者であります。かつてはオリバー・クロムウェルを私の理想に最も近き人として仰ぎし私は、今は戦争の罪悪と害悪とを唱えてやまざる者であります。私は、戦争はキリスト降世二千年後の今日、文明国の間にあるべからざるものと信ずるものであります」(「日露戦争より余が受けし利益」内村鑑三選集『非戦論』二〇二頁)。

これは戦争、特にキリスト教と戦争の関係についての判断としては、まさに正論である。しかし、ここから次にのべるような、「ピューリタンの消滅」論にみられる、否定的なピューリタン観とアメリカ観になると、その影響ゆえにわが国のキリスト教界までが、ピューリタニズムに関心を持たなくなったのではないか、と首をかしげざるを得なくなるのである。

8 日本のキリスト教と英米

内村鑑三が「ピューリタンの消滅」と題する文章の中で、次のように書いたのは、日露戦争の翌年、一九〇六(明治三十九)年であった。

「余輩はピューリタンを尊敬す。彼はプロテスタント教の精華なりき。彼ありしがゆえに地球の一変せしことは、余輩の充分に認めるところなり。されど悲しいかな、ピューリタンは今や米国よりその跡を絶ちつつあり、……我らが米国を迎えしは、ピューリタンの米国を迎えしなり、しかるに今やピューリタンは無きにひとしきものとなりて、米国は我らにとりて、精神的に全く要なきものとなれり、我らは、我らの師となりしピューリタンとともに米国今日の墜落を嘆く者なり」(『内村鑑三全集』14、一九〇六―一九〇七、二四八頁)。

内村は、近代の西洋精神を手本として、ただそれを模倣しなかった、それこそ近代化の精神を身につけた、数少ない独創的な近代日本人のひとり、といってよいであろう。しかし、このような発言は、内村独特の、いわゆる「断言の天才」の「情熱的表現」の一つであって、そこに彼のもつ比類まれな魅力もあったが、同時に問題の多い発言である(内村については、北森嘉蔵「内村鑑三における『世界』と『日本』」、『日本の心とキリスト教』所収、一九七三、参照)。

次のような、極端かつ危険な発言もある。

「今や珍しき者はキリスト信者ではない。日本人である。キリスト信者はいくらでもある。無い者は日本人である。正直なる、忠実なる、義理を重んじ、道を行って誤らざる日本特有の男女である。そして是ありて真の基督信者があるのである。…生粋の独逸人たるルーテルが独逸が産せし最大最善の基督信者であった。…日本人たるの道を知らざる日本人が、いかでキリストの真の弟子であり得よう。日本人たるを嫌い、米国人や英国人に真似んと欲する日本人は日本国の反逆者であってキリストの敵である」(『全集』30、一九二六―一九二七、「基督信者と日本人」、五九頁)。

このような発言が、その弟子たちをはじめとして多くの人々をして、ピューリタニズムおよびイギリスとアメリカにたいして、否定的な観方と態度をとらせるようにしたことは疑いえない。少なくとも、内村のピューリタニズムとアメリカに対する「アンビバレント」な感情的な態度は、その弟子たちにもよく示されている。内村の後継者と目されていた、藤井武がそのひとりであろう。彼はわが国におけるジョン・ミルトン『失楽園』の最初の翻訳者である。言うまでもなく、ジョン・ミルトンは、クロムウェルの協力者であるが、藤井のように英文学のなかでキリスト教詩人としては、研究されても、イギリス革命思想史の分野では、ようやく手がけられはじめたばかりである（原田純、訳・編『イギリス革命の理念――ミルトン論文集――』、一九七六）。

そして、アメリカ革命あるいはアメリカのピューリタニズムの研究に至っては、もっと遅れたのであった。藤井の激しいアメリカ批判、特にアメリカのキリスト教批判が、「アメリカを撃滅せよ」という、軍国主義者と同じような言葉で言われたからである（大木英夫との共著『日本の神学』のなかの藤井武論を参照、一六二―一七三頁）。

わが国のアメリカ研究の開拓者であった、高木八尺もやはり内村の弟子であるが、アメリカの宗教、特にキリスト教を真剣に研究しようという弟子は『清教徒』という物語を書いた石原兵永のほかには現われなかった。アメリカ学会なるものが高木たちによって発足したのは、敗戦後のことである。しかも驚くべきことであるが、今もってわが国の大学で、アメリカ史の専任の教授をおいている大学は、殆ど無い。つまり、わが国の大学では、西洋史といえば、今でもドイツ史やフランス史であって、イギリス史は少し、アメリカ史にいたっては、皆無に等しい（国際文化会館による「アメリカ研究総合調査」の報告書『高等教育におけるアメリカ研究カリキュラム』、一九九七、を参照）。

しかしながら、このようなイギリスとアメリカおよびそのピューリタニズムに対する軽視ないし無関心は、不思議なことであるが、それらと歴史的にも深い関係にあった、わが国の教会にも見られるのである。

植村正久が英文学に深い造詣をもっていたことは、その弟子のなかから斎藤勇という英文学者がうまれたことからも伺い知ることできる。したがって、彼はイギリス神学にも精通していた。彼の後継者と見なされていた、高倉徳太郎がイギリスに留学したり弟子の小野村林蔵がイギリスのフォーサイスの神学に親しんでいたゆえんである。

けれども、植村の弟子のなかで、特にピューリタニズムに関心をもち、イギリス革命やアメリカ革命に興味をもった人はだれもいない。同志社の卒業生なので、弟子ではないが、植村の東京神学社で教えた、柏井園が著した『基督教史』（一九一四）がある。これはわが国ではじめて書かれたキリスト教史である。ニューヨークのユニオン神学校で、マッギファートに学んだだけあって、きわめてバランスのとれた教会史であって、「ピューリタン時代の英国」と「米国初代の基督教」と題するそれぞれの章がある。

ところが、それから二十年後に出た石原謙の『基督教史』（一九三四）は、分量的にも柏井のと比べると、三分の一にも満たない小冊子であるが、イギリスとアメリカの叙述が少ないうえに、そのなかでピューリタンあるいはピューリタニズムに言及しているところは、ほんのわずかしかない。

つい最近に至るまで、わが国の神学教育において、教会史といえば、十六世紀の宗教改革までの授業しかなかった。今でも、アメリカの教会史は、あったとしても、選択科目であって、必須科目ではないところが殆どである。これは、考えてみると不思議なことである。わが国の教会とキリスト教学校ほど、アメリカと深い関係にあった団体は、ほかにはない。そのルーツは、殆どがアメリカの教会だからである。

それに、敗戦後の日本社会ほど、アメリカ化されたところは、ほかにないであろう。しかるに、どうしてアメリカと関係の深いキリスト教会において、特にその神学において、アメリカの影響が少ないのであろうか。

9　ドイツ教養市民の影響

明治以来、主としてアメリカの教会から宣教師によってわが国のキリスト教の伝道が始められたにもかかわらず、どうして教会までもがアメリカから学ぼうとしなかったのであろうか、という問に対する答えの一つは、いわゆる「明治十四年の政変」による、明治政府のイギリス型からドイツ型の国制の採用の影響であろう。

「政変」は、韓国の姜範錫の『明治十四年の政変――大隈重信一派が挑んだもの』（一九九二）が分析しているように、大隈一派を、伊藤博文一派が追放した事件である。それは一言で言えば、天皇絶対制を確立しようとしていた伊藤たちにとって、アメリカは無論のこと、イギリスと日本との間のギャップは余りにも大きく、ヨーロッパの新興国すなわち後進国であるドイツが、日本に近いかっこうの模範と見えたからであった。

それに、確かに当時のドイツは新興国として、組織的が政治制度や教育制度を確立して、特に自然科学の分野においては、イギリス、フランス、アメリカから留学生が集まったほど、すぐれていた。

しかしここで特に注目すべきは、日本が模倣した、十九世紀初頭から二十世紀初めにかけての、近代ドイツの政治、社会、文化のエリート層である、いわゆる「教養市民層」（Bildungsbürgertum）のことである。なぜならば、この層は圧倒的にプロテスタントだからである。

しかも、野田宣夫が鋭く指摘しているように、次のような影響をわが国に及ぼしているからである。

「明治以来、日本のエリート層は、法律や官僚制度から教育や学問や文化にいたるまで、ドイツ教養市民層の生み出した成果を広い範囲にわたって貪欲に吸収してきた。しかし、その過程を通じて、このドイツのエリート層が内心にたくわえていた宗教に対する軽蔑心も、日本のエリート層のなかに知らず知らずのうちに浸透していったのではないか」（野田宣夫『ドイツ教養市民層の歴史』、一九九七、六頁）。

さらに注目すべきは、ドイツのエリート層におけるプロテスタント聖職者、すなわち牧師たちと神学者たちの意識である。なぜなら「牧師の教養市民化がすすむとともに、非教養大衆を低く見くだすという教養市民層特有のあの傾向もまた彼らの間に確実に浸透していったのである」といわれているからである（二二三頁）。したがって、「教会官僚」である牧師はとくに農村においては、教会員からは本当には仲間としては、受け入れられない「よそ者」であり、両者の間には大きなギャップが存在していた。言い換えると、牧師たちは一般信徒にたいして優越感と軽蔑感をもっていたというのである。

ということは、牧師を初めとする教養市民層と非教養大衆とに、社会が二分化していたということである。もっとも、牧師たちはその二分化の図式のなかで、微妙な接点に位置していたために、不幸な存在であった、といえなくもない。

ともあれ、教養市民層のゆえに、ドイツには非宗教的な教養市民層と宗教的な非教養大衆の間にギャップができたのである。ところがそれとは対照的に、イギリスではそのようなギャップがなく、それゆえに「民主化」がはるかに進んだのであった。このことを指摘したのは、最もドイツ的な学者と見られたマックス・ウェーバーである。彼には「その学問的生涯を通じて一種のイギリス・コンプレックスとでも呼ぶべきものが認められる」といわれるほど、「再三にわたってイギリスを模範として引きあいにだし、ドイツの各階級の『政治的未熟』を批判している」（五八―五九頁）。

　ウェーバーによれば、イギリスのエリート層であるピューリタン的ジェントリは、「貴族的」であるが故に、逆説的にその生活習慣や作法が全国民の「民主化」の推進力となった。ところが、ドイツのエリート層の代表である高級官僚は「教養」によって上層階級となった「平民」であり「成上り者」であるが故に、ここでも逆説的に、かえって国民のほかの層、殊に大衆層から遊離してしまった（以上、前掲書六八頁）。

　このような問題意識から、『プロテスタンティズムの倫理と資本主義の精神』も書かれたのであるが、わが国ではマルクシズムとの関連で注目されても、民主主義の問題、とくにイギリスとドイツにおける問題としては関心を持たれなかったのではないか。周知のように、わが国ではウェーバーを研究した第一人者の大塚久雄も内村の弟子であるが、資本主義の問題は無論取り上げているが、特にドイツの民主主義の後進性を問題にはしていない。

　イギリスにくらべてドイツの民主化が大変遅れていたことを、如実に示したのは、第二次世界大戦における、両国における良心的兵役拒否者の取り扱い方である（日本友和会著『良心的兵役拒否』、一九六七）。イギリスとアメリカには六万人から七万人以上もいたというのに、ドイツにはヘルマン・シュテールという、アメリカに留学したことのある、ただ一人の良心的兵役拒否者しかいなかった。ナチスに抵抗した告白教会の牧師でも、召集となれば従軍するのは、当然という国であった。それゆえに、シュテールが軍事法廷で死刑に処せられたのは、論を俟たない。ドイツ教会闘争史の研究者、雨宮栄一の次の言葉は至言である。

　「当時のドイツにおける人権感覚がいかに劣悪なものであったかを示す例である。ドイツ観念論の人たちによって、いかに良心概念が掘り下げられて思考されたかを考えるとき、あの思想は民衆から遊離した大学の講壇のものでしかなかったかと考えざる得ない」（雨宮栄一『二人の平和主義者の殉教――H・シュテールとD・ボンヘッファー』、一九九五）。

ヘーゲルを含むドイツ観念論の哲学者たちが、人権や人格や自由について論じたとき、現実にそういったものがドイツ社会では認められていないゆえに、かえってよけいに観念的になったのであろう。ドイツよりもさらに遅れている日本が、イギリスやアメリカよりもドイツに、親近感をもったゆえんである。それにしても、内村は非戦論のゆえに、「ピューリタンがアメリカから消滅した」と断言したが、そのイギリスとアメリカが、良心的兵役拒否者を認める国であったというのは、まことに皮肉といわねばならない。

10 神学の「ゲルマン虜囚」

日本の神学を世界に初めて紹介したのは、カール・マイケルソンの『キリスト教神学への日本の貢献』（一九六〇）であるが、その序文の冒頭で彼はこういっている。

「日本のプロテスタント・キリスト教の歴史は、わずか百年でしかない。つまり日本の教会は、キリスト教世界のなかでは、若い諸教会の一つである。けれどもその教会は、若い諸教会のなかで、意義のある神学を発展させてきた最初の教会である」（九頁。未だ邦訳はない）。

この言葉は、今から約四十年前に言われたものである。つまり敗戦から、まだ十五年しかたっていない時点においてである。マイケルソンは、敗戦の翌年に出版された北森嘉蔵の『神の痛みの神学』を、「もっとも自意識的に日本的」な神学と呼んでいるが、これによって北森の神学は外国で注目され始めたのである。

教義学的な神学が現われるかどうかが、その国のキリスト者の成熟度の最も確かな印の一つと見るマイケルソンは、わが国最初の教義学というべき熊野義孝の『教義学』（第一巻は一九五四年、第二巻は一九五九年に出版）を取り上げ、紹介している。マイケルソンは熊野の神学を「日本の支配的な神学」と呼び、カール・バルトの大きな影響を受けていることを指摘している。

いや熊野のみならず、本書で詳しく取り上げられている、北森、渡辺善太、波多野精一をはじめとして、多くの神学者と宗教哲学者たちがドイツ語圏の神学と哲学に大きく影響されている人々である。これは著者自身、当時のアメリカの神学者のなかで、最もドイツ神学の影響を受けている人であったから、そのことにはすぐに気がつき、それゆえにまた親近感をもったのであろう。

しかし、このマイケルソンの日本の神学についての書物（一九五八年の半年間の滞日中にかつてドルー神学校学生であった、野呂芳男などの日本人とアメリカ宣教師たちの翻訳によって、日本の神学を知った成果）で、全くといってよいほど言及されていないのは、戦前および戦中の、日本の神学者たちの言動である。

これは、マイケルソン個人の考えのゆえであろうか。彼は、日本に来る前に、ドイツからフリードリッヒ・ゴーガルテンをドルーに招聘している。ゴーガルテンは、バルトと決別して、ナチスに協力した「ドイチェ・クリステン」に近づいたドイツの神学者であった。あるいは野呂を初めとして、日本の若い神学者たちも、自分たちの先生たちの戦争中の言動は、問題にしなかったのであろうか。さらに、アメリカの宣教師たちも、そのことについては、たとえ知っていても、遠慮して言わなかったのであろうか。

そういえば、戦後アメリカの宣教師たちが著わした、日本の教会史やキリスト教史（アイグルハート、ドラモンド、ジャーマニーなど）のどこにも言及されていないのは、敗戦の一年前に日本基督教団の統理者の名で公にされた「日本基督教団より大東亜共栄圏に在る基督教徒に送る書簡」のことである。いや、そのことを問題にするのは酷かもしれない。日本人が書いた『日本キリスト教史』（海老沢有道・大内三郎共著、一九七〇）にさえ、一言の言及もないからである。

この「実におそろしいそしてまことに悲しい書簡」については、既に詳しく述べたので、ここでは繰り返さない（『日本の神学』一五五―一六二頁）。ただ、あの戦争を正当化したこの書簡を書いたのが神学者たちであり、またそれを審査したのが神学者であった、ということはここで言わねばならない（『日本基督教団史資料集』第二編・戦時下の日本基督教団（一九四一―一九四五年）、一九九八、三一三―三一六頁）。とくに、その神学者たちとは、マイケルソンが取り上げている神学者たちだからである。そして彼らの神学が、あの戦争については、ことにその戦争がもたらしたアジア諸国民の苦しみや痛みについて、さらにそれに対する日本の教会の責任について、何も述べていないからである。

しかも、その神学者たちのなかには、バルトの大きな影響を受けた、いわゆるバルティアンがいるのである。ここに、日本の神学の大きな問題が浮かび上がってくる。アジアでは例外的に、ドイツ神学あるいはドイツ語圏の神学、特にバルトの影響を受けていた日本の神学から、なぜ、あの戦争への反対はおろか抵抗の声がまったくといってよいほどきかれなかったのであろうか。

バルト自身は、周知のように、ナチスに反対する告白教会を指導して、ドイツから追われてスイスにもどり、ヒトラーに対する闘争をつづけた神学者であった。またドイツの神学者の中には、ボンヘッファーのような殉教者もいた。もちろん、ドイツのキリスト者と、日本のキリスト者の置かれた状況は異なる。日本のキリスト者の存在は、むしろドイツにおけるユダヤ人のように、抵抗するどころか、やっと生き延びるのが精一杯であった。

しかし、である。戦前、戦中は仕方がなかったとしても、なぜ、戦後になって、そのことについての「悔い改め」をしなかったのか。戦争を擁護する立場に立った哲学者の田邊元は『懺悔道の哲学』を著しているのにである。

いやドイツ神学の影響を受けた、わが国の神学者を責めるまえに、ドイツ神学自体の問題を取り上げるべきであろう。ナチスの台頭と独裁を許した、ドイツの教会と神学の問題である。前述のように観念的かつ抽象的になる危険性をもっているのは、その哲学だけではない。神学がまさにそうなのである。もちろん、日本の神学者たちはドイツ神学といってもその中心は、ナチスに抵抗したバルト神学の影響を強く受けたのであるが、わが国の神学者が、軍国主義にも天皇絶対主義にも抵抗しなかったのは、ある意味ではその神学の受容のしかたに問題があったというべきかもしれない。

問題はドイツと同盟して戦って、イギリスとアメリカに敗れたあとも、依然として神学は、反省することもなく、ドイツ神学を模倣し続けていることであろう。かつてはドイツを模範としていた法学や医学までもが、戦後はアメリカからも学ぶようになったのに、神学だけは戦後もあいもかわらずドイツ的な学問である。日本の神学の「ゲルマン虜囚」が言われるゆえんである。

11　ピューリタニズムの神学的理解

日本の神学の「ゲルマン虜囚からの解放」を初めて提唱したのは、アメリカ留学から帰国したばかりの、大木英夫であった。それは彼がラインホールド・ニーバーに学んだからであり、それゆえに次のようにのべたのであった。

「ニーバーを学ぶことは、日本の神学を無益な『ゲルマン虜囚』から解放し、神学が自主的になり、日本の歴史的現実と強力に取り組む可能性を与えるだろう。特にこれは日本におけるバルト主義の行きづまり（戦前・戦中から戦後にかけて）の打開となり、神学をして、本当に教会の現実に即するリアリズムに立ち返らせるであろう」（『興文』一九六一年十一月号）。

ニーバー自身はドイツ系二世のアメリカ人として、二度もドイツと戦った経験からも、非民主的なドイツの政治問題を熟知していた。それゆえに、民主主義の根底にあるピューリタニズムに深い関心を抱き続けたのであるが、そのもとで大木はピューリタニズムの契約神学と人権の思想を取り上げた学位論文を書いたのであった。

帰国後、大木はその論文をもとにした『ピューリタニズムの倫理思想』（一九六六）と『ピューリタン――近代化の精神構造』（一九六六）を著わし、わが国の思想界と神学界に、ピューリタニズムの無視できない意義をはじめて認識させたのである。

まず、戦後始まったばかりのわが国のピューリタン研究の学者たちの間で注目された。そのうちの一人は、大木のピューリタン研究を、「ピューリタンによるピューリタニズム自己理解」（松浦高嶺）と呼んだが、これは前述のように、本来キリスト者ないし神学者が研究すべきであったのになされなかったピューリタン研究が、やっと神学者自身によってなされるようになったからである。しかも研究者たちによって学問的にも評価される、水準の高い研究書が著わされたからである。さらに、ピューリタニズムの内面的理解を深めた、内実的な研究だったからである。しかし、大木のピューリタン研究の意義は、狭義のピューリタン研究の深化に尽きない。

そのことは、大木自身が著書の意図について述べた、次の文章に明らかに示されている。

「著者の本来の関心は、わが国のプロテスタンティズムが教会史的にはこのピューリタニズムに連絡するものであり、したがってこのリベラル・デモクラシーを精神的に基礎づけ、それをになうことのできる真正の勢力であるという事実を明確にするということである。近代デモクラシーはピューリタニズムから生まれた精神の制度化にほかならないのである。戦後日本社会においてプロテスタント・キリスト者であるということは何か、これがわれわれの終局の課題である。日本プロテスタンティズムの自己理解は、そのピューリタン的源流にさかのぼっていくことを媒介として試みられるべきである。かかる意味でわれわれのピューリタニズム研究とは、自家の宗教的伝統の研究にほかならない。ところがこのような問題意識は、わが国の神学界にはこれまで全然見出されなかった」（『ピューリタニズムの倫理思想』五頁）。

この最初の著作が出てから約三十年後に出たのが『新しい共同体の倫理学』（基礎論上下・一九九四）であるが、この大著は、最初の著作の問題意識と課題認識が、その後の三十年間の激動の世界史によって、その妥当性をますます裏付けられたという確信によって著わされたものである。一言で言えば、敗戦後の日本を世界史的連関で考える場合に、ヘーゲルのように「世界史とは自由の意識の進歩を意味する」としても、その自由をギリシアから啓蒙主義的なフランス革命の「解放」ではなく、「出エジプト」からピューリタン革命、さらに、アメリカ革命に至る、プロテスタンティズムの「自由の伝統」において理解しようというものである。

約三十年前に最初の著書を書いたときに、すでに著者が予見していたように、著書の意図は、神学者たちよりもマックス・ウェーバーの問題意識を共有している社会学者たちのほうに早く理解されているようである。それは現在も続けられている、聖学院大学総合研究所の「自由の伝統の再検討」や「市民社会と国家の役割」などの共同研究にも示されている。

その成果の一つは永岡薫・編著『イギリス・デモクラシーの擁護者A・D・リンゼイ——その人と思想』(一九九八)である。永岡の言うように、リンゼイはイギリス・デモクラシーの源流がホッブズにあるのではなく、ピューリタニズムにあり、さらにそれをイギリス経験論のうちに収斂したのが、ジョン・ロックであると主張してきた政治哲学者である。これまで、我が国に支配的であったドイツ的な学風のために、無視されてきたイギリスの学説が紹介されるようになったのは大きな貢献である。

しかし、特に「ゲルマン虜囚」であった神学にとって本書は注目に値する。なぜなら、本書に神学者である近藤勝彦が「リンゼイとトレルチ——宗教と政治の問題をめぐって」という論文を執筆しているからである。既に二巻の大作『トレルチ研究』(上下・一九九六)を著わしているように、近藤はトレルチ研究者であった。周知のように、トレルチはウェーバーの親友であり、ともに最もドイツ的な学者でありながら、イギリスとアメリカの民主主義に深い関心を持った神学者であった。近藤はこのトレルチ研究のためにチュービンゲン大学に留学し、帰国後は東京神学大学で組織神学を教えている、わが国の代表的な神学者である。

ところが、この近藤が本書でリンゼイを取り上げたのみならず、さらに彼はロックに深い関心をもっているのである。そのことは、最近書かれた「ジョン・ロックの寛容論における神学的構成」という論文に明らかである(『宗教改革とその世界史的影響』一九九八に収録)。ロックは「民主主義の父」としばしば呼ばれるが、その思想的な基盤は、何よりもピューリタン革命から名誉革命にいたるイギリス市民革命である。

わが国の神学は、戦後五十年にして初めて、近代化の精神的な根本問題と直接に取り組むようになったのである、といったら言いすぎであろうか。それはまた、第三の千年紀と二十一世紀に入ろうとしている日本の将来の問題を、わが国のキリスト教が自己の責任として、取り組む姿勢が整ってきたということでもある。

12 日本のキリスト教の転換

これまで日本の過去とキリスト教の一瞥から、日本の将来とキリスト教の問題は自ら明らかになったであろう。一言で言えば、これまでの日本はキリスト教抜きで近代化と民主化を試みてきた。しかしその結果あの敗戦であり、そして「第二の敗戦」と呼ばれる現在の混迷にほかならない。

しかし、ここにきて日本はやっとキリスト教に接近しようとしているのではないか。その兆候として、最近のキリスト教式の結婚式ブームを取り上げるのは浅薄のそしりを免れないであろうか。東京のあるホテルの結婚式の八〇パーセントはキリスト教式であるという。地方のホテルでも五〇パーセントを越える勢いだという。これも流行の海外での結婚式のほとんどがキリスト教式であるのは言うまでもない。

どうして若い人たちはキリスト教式の結婚式を望むのであろうか。いずれにせよ、確かなことは若い人たちにキリスト教を邪教視するという風潮はもはや無い、ということである。ちょうどクリスマスが日本の風俗の一つとなってきているように、キリスト教式の結婚式もわが国の風俗の一つとなっているのであろう。

宗教学者の金井新二は「日本のキリスト教はなぜ伸びないのですか」という問いにたいして、やはり明治以来の「和魂洋才」の感情があるのだろう、と述べながらも次のような興味ある予測をしている。

「であれば、この根深い感情は、日本人の西洋志向とバランスをとっていると言えそうである。つまり、このキリスト教嫌いは現在でもまったく衰えていない西洋志向に比例しているわけであるから、まだ当分は続くと見て間違いはない。故に、逆説的なことであるが、日本人のこの度しがたい西洋志向が無くなるときにはじめてこの感情的なキリスト教嫌いもなくなる。そしてキリスト教にたいして自然に接することができるようになる。そして（韓国とまでいかなくとも）平均並のキリスト教浸透の可能性がうまれるということになるのである」（『現代宗教への問い』一九九七、三八頁）。

つまり、今の若い人たちにはキリスト教がことさら西洋の宗教だという意識はないのである。ちょうど、自動車やテレビが西洋のものだとは意識しないのと同じである。言い換えれば、それだけ日本人の生活が西洋化しているということであろう。和服よりも洋服のほうが日常生活の普段着になってきているゆえんである。洋服嫌いが殆どいないように、キリスト教嫌いも殆どいなくなってきているというのである。一パーセントのキリスト者しかいないのにキリスト教式の結婚式がこのように盛んなわけである。

それゆえに、日本のキリスト教はかつてないほどの伝道の好機にめぐりあっていると言って過言ではない。ところが、残念ながら現在の教会には、その好機をとらえる態勢ができていない。折角結婚式をキリスト教式で挙げていながら、しかも教会で挙げていながら、その後教会には来ない。なぜであろうか。彼らはただ流行でキリスト教式の結婚式を挙げているからだ、というだけですむ問題だろうか。

この問題に対しては、教会が閉鎖的である、あるいは敷居が高い、といったことが言われる。この問題については『日本伝道論』(一九九五)のなかで述べているので、ここでは繰り返さない。ただ、日本の教会が現在の日本人のニーズに応える姿勢にないことだけは言わねばならないであろう。これだけ多くの問題に直面している日本人が、問題の解決を求めて教会に来ても、どれだけ彼らの願いに応えているだろうか。

聖書講解的、神学的な説教をしているといいながら、実際には、きわめて抽象的、観念的、高踏的な説教をしているのではないか。

教会的な開かれた交わりといいながら、実際には、閉鎖的、ウチ的、ムラ的な排他的な交わりになっていないだろうか。

神のまえに立つことなくしては、真の自己の確立はないと教えながら、どれだけ長いものに巻かれない、牧師や信徒が教会のなかにいるだろうか。

神のまえにはすべての人間は平等である、と教えながら、牧師の権威主義、あるいは一部の長老や役員の権威主義がまかり通っていないだろうか。

キリスト教なくして、真の近代化も民主化もありえない、と主張していながら、どれだけ教会自身の運営や、その人間関係が近代化され、民主化されているだろうか。

日本の将来のためには、まず日本のキリスト教が、そして主体である教会が、福音によって真に自由な宗教、自由な教会とならねばならない。そのためには、福音以外のものによって不自由となってきた、これまでの束縛や隷属から、自由にならなければならない。

それこそ、福音が求めている「メタノイア」である。「悔い改め」と訳されるが、その本来の意味は、文字通りには「考えを変える」ことである。現代風に言えば、「パラダイム・シフト」であり、発想の転換が求められているのである。

そして、それは二十一世紀、いや第三千年紀が世界人類に求めているものでもある。なぜならば、我々はいまやすべてのことにおいて、地球規模で考え、行動しなければならない、いわゆるグローバルな時代に入りつつあるからである。

その意味では大木英夫が「和魂洋才」にかわる「宇魂和才」を、日本の新しい文化形成に指導理念として提唱したのはきわめて適切である(『「宇魂和才」の説——二十一世紀の教育理念』一九九八)。「宇」とは「宇宙」の宇であって、ギリシア語のオイコスと同じく「いえ」の意味である。したがって「宇魂」とは英語でいえば「エキュメニカル・スピリット」であって、それが「和才」を普遍化するのだという。

確かに「和魂洋才」のゆえに、これまで日本はキリスト教にたいして閉鎖的であった。それを開くためにも、キリスト教は「宇魂和才」の形成に参与せねばならない。しかし、そのためには日本のなかでも閉鎖的な教会自体が、先ず「宇魂和才」を具現化した教会とならねばならないであろう。そのとき、日本と日本人の将来も明るい開かれたものとなり、世界にそして宇宙に貢献するものとなるであろう。

II

なぜキリスト教か

――宗教の神学

1　なぜキリスト教か
――弁証と倫理の問い――

一

「なぜキリスト教か」という問いは、拙書『宗教の神学』（一九八五）の中で述べたように、宗教の神学が答えるべき問題しかも最終的な問題である。(1) なぜなら宗教の神学、より厳密には諸宗教の神学（Theology of Religions）とは、数多くある諸宗教とは一体何であるかを神学、キリスト教神学の視点から問い、かつそれに答えようとする神学だからである。そして諸宗教とは何であるかの問いに答えるときに、それでは「なぜキリスト教か」、つまり「なぜキリスト教を信じるのか」あるいは「なぜキリスト教を宣教するのか」という問いにも答えねばならないからである。

事実これまで「なぜキリスト教か」という問いを探求してきたのは、神学者でありながら宗教史あるいは宗教学の研究に従事してきた人々であった。「神学者にして宗教学者」であったルードルフ・オットー、ナータン・

ゼーダーブロム、G・ファン・デル・レーウ、フリードリッヒ・ハイラーなどがそうである。[2] そして彼らは「なぜキリスト教か」に直接には答えてはいなくても、その「なぜ」が彼らの宗教とはなにか、つまりその宗教理解と解釈の前提にあったことは否定できない。それ故に他宗教の学者たちから指摘されるまでもなく、ハイラーは「すべての宗教学は究極的には神学である」とまで明言したのであった。[3]

しかしながら宗教学は第一義的には「宗教とはなにか」を探求する学問であって、「なぜキリスト教か」の問いに答える学問ではない。「なぜ」に直接答えようとしてきたのは、宣教学 (Missionswissenschaft, Missiology) であった。『キリスト教と諸宗教』、『キリスト教信仰と非キリスト教宗教』などという書名で書かれた書物は、ほとんどみな「なぜキリスト教か」に答えようとしたものである。

この意味で、宣教学者でありまた宗教学者であったヘンドリック・クレーマーの著書名は象徴的である。彼が有名になったのは最初の著書『非キリスト教世界におけるキリスト教メッセージ』であるが、最後の著書は『すべての諸宗教のなかでなぜキリスト教か』と題するものだったからである。[4] したがって宗教の神学が「なぜキリスト教か」の問いに答えようとするのは、これらの宗教学や宣教学の系譜につらなる試みであるといってよい。キリスト教と諸宗教の関係を研究している時に、どうしても避けることのできない、そして最終的には答えることを求められるのが、多くの宗教があるのに「なぜキリスト教か」という問いなのである。

二

しかしながら現在「なぜキリスト教か」が問われているのは、ただ宗教の神学においてだけではない。キリスト教神学全体と教会、いや全世界のキリスト教が「なぜキリスト教か」と各方面から問われている。

これまではこの問いは、クレーマーの最初の著書の書名のように「非キリスト教世界」で問われていた。いわゆるミッション、外国伝道地の問題であった。ところが今や、いわゆるキリスト教世界の非キリスト教化、世俗化あるいは宗教的多元化によって、欧米諸国において「なぜキリスト教か」が問われているのである。

イギリスのジョン・ヒックやアメリカのW・C・スミスらの「宗教的多元主義」(Religious Pluralism) とは、この問いにたいする一つの回答、しかも流行している回答である、といってよいであろう。彼らによると「なぜキリスト教か」という問い自体が間違っている。なぜなら、その問いは宗教の宇宙はキリスト教を中心として回転していると考える、プトレマイオス的な宗教的宇宙観あるいはパラダイムからきている問いだからである。ところが事実はコペルニクス的な宗教的宇宙、つまり宗教の宇宙は、キリスト教でもその他の宗教でもなく、神を中心に廻っている宇宙だからである。それ故にヒックは「諸宗教の神学におけるコペルニクス的転回」の必要を主張するのであるが、それによれば「なぜキリスト教か」はあまり意味のない問いとなる。なぜなら「神は多くの名前をもつ」のであって、キリスト教は多くの諸宗教の中の一つにすぎないからである(5)。

さらにヒックによれば「なぜキリスト教か」は、たまたまある人がキリスト教国に生まれたから、ということでしかない。たしかにこれまでのところ、ヒックがいうようにある国の大部分の人々が、ある宗教を信じたのは、その生まれた場所がたまたまその宗教が支配的な場所だったからであろう。

しかしヒックが軽視しているのは、多元化がますます進行すれば、場所や伝統だからというのではなく、自らの決断によってある宗教から他の宗教へと改宗する可能性がふえてくるということである。[6] いやもともと近代の宗教的多元化を最初に推進したのは、キリスト教のミッションなのである。それが日本をふくむアジアとアフリカにおける「宗教の多元化の最大の原因の一つ」と言われるゆえんである。[7]

したがって、ヒックの予想とは逆に今後ますます「なぜキリスト教か」の問いは、伝統的なキリスト教世界においても深刻に問われるようになるであろう。多元化によって多くの諸宗教が共存するようになれば、当然この問いがでてくる。それに伝統的なキリスト教世界、即ち西洋がキリスト教のあらたなミッション・フィールドになりつつあるとき、「なぜキリスト教か」は西洋世界においても答えられねばならない問いになりつつある。

この点で象徴的なのはレスリー・ニュービギンの存在である。彼はイギリスの宣教師として約四〇年間インドで宣教に従事した。この間、南インド合同教会の監督に選ばれるほどインド人からも信頼された。また世界教会協議会（WCC）の前身の一つである国際宣教協議会（IMC）の総幹事となり、さらに世界教会協議会の副総幹事もつとめたエキュメニカルな教会指導者であった。しかし定年退職後イギリスにもどり、ヒックが宗教的多元化に出会ったバーミンガム市で、彼は再びミッショナリーとなったのである。なぜなら「イギリスは異教社会であり、この異教主義の非常に堅固な形態に、真にミッショナリーとして出会うことは、教会が直面している最大の知的かつ実践的な課題」だと確信したからであった。いわゆる第三世界ではなく第一世界こそが現代のもっとも困難なミッション・フィールドだということを見出したからである。その第一世界こそは、かつてのギリシア人のように福音を愚かとしか思わない文化だからである。[8]

したがって今や「なぜキリスト教か」は、全世界で問われている重大な問いなのである。

三

それ故に「なぜキリスト教か」という問いはただ宗教学や宗教の神学のみの問題ではなく、神学全体、とくに組織神学の重要な問題といわねばならない。

これまで組織神学は三つの学科に分けられ、それぞれ次のような問いを探求するものといわれてきた。第一は教義学（Dogmatics）で、「キリスト教とはなにか」つまり"What"を問う学科である。第二は弁証学（Apologetics）で、「なぜキリスト教か」つまり"Why"を問う学科である。そして第三はキリスト教倫理学（Christian Ethics）で「どのようにキリスト教を応用するか」つまり"How"を問う学科である、と。[9]

それによれば「なぜキリスト教か」はまさに弁証学の課題である。しかしながら、教義学であっても、またキリスト教倫理学であっても、「なぜ」という弁証学と無関係ではあり得ない。カール・バルトといえばエーミル・ブルンナーと違って弁証学に対して否定的な教義学者であったと思われているが、バルトが批判しているのは教義学から分離した独立の弁証学であって、弁証学それ自体ではなかった。それ故に「意図しない弁証学以上に、不信仰に対する有効な信仰の弁証学や論争はいまだかつてなかった」と言ったのである。[10]さらに同じ理由でバルトは教義学から独立したキリスト教倫理学に対しても否定的であったが、もちろんキリスト教倫理学自体に反対したのではなかった。
この点でパウル・ティリッヒの組織神学はバルトの「宣教的神学」(kerygmatic theology)の意義を認めつつも「弁証学的神学」(apologetic theology)を意図的に試みたものであるので、弁証学的な性格は極めて濃厚である。そのことはティリッヒの次の言葉に明らかである。「弁証学は組織神学の一つの特別の部門ではなくて、そのどこにも存在する要素(an omnipresent element)である」[11]。したがってキリスト教倫理学にも「なぜ」は不可分離に存在するわけである。

いいかえると「なに」と「なぜ」そして「どのように」の三つの問いは、それこそ三一論的な関係にあるものであって、区別はしても分離できない関係といわねばならない。それ故に、これまでのすぐれた神学、とくに組織神学は、それぞれ異なった性格をもちながらも、この三つの問いに答えようとしてきたのであった。バルト、ブルンナー、ティリッヒらの神学はいずれもそのことをよく示している。

しかしこれらの神学者の時代のあとの現在および将来の時代における神学の新しい課題とは、何といっても、これらの三つの問いをこれまでのように西洋世界だけを相手に考え、答えるのではなく、非西洋世界をふくむ、全世界および地球世界あるいは宇宙をも考慮しながら考え、答えねばならない課題だということである。その意味でティリッヒがその最終講義において、自分の組織神学は世俗的な科学や哲学からのキリスト教にたいする批判への「弁証学的議論」であったが、将来の神学に望むことは、それだけではなく宗教史すなわち諸宗教を研究することだ、と述べたのは極めて画期的といわねばならない[12]。

ティリッヒの死後、宗教の神学が抬頭してきたのは彼の予言が正しかったことを示すものであろう。しかし事態はティリッヒが予想していたものより、もっと速く、しかももっと深刻に進行しているように思われるのである。つまり今や「なぜキリスト教か」という問いは、今まで以上に世俗的な科学や哲学から鋭く提起されているからである。ティリッヒの死後二十五年間の世界の科学技術の革命的な進歩発展は、小は遺伝子から大は自然環境さらに宇宙にいたる各分野でみられ、それはこれまでの神学に根本的な再考を迫るラディカルなものである。とくにそれらはキリスト教倫理に鋭い問いを突きつけている。体外受精、代理母出産から脳死、臓器移植、尊厳死にいたる人間の生と死に関わる新しい具体的な諸問題は、キリスト教倫理学がその対応に間に合わないほどの速度でおこってきている。しかしこれらの倫理問題に答えること、即ち「どのように」の問いに答えることなくして、今日「なぜキリスト教か」に答えることはできないであろう。

四

ティリッヒはその組織神学の冒頭で、神学の課題として「キリスト教メッセージの真理の言明と、この真理を新しい時代に解釈」すること、つまり「永遠の真理」を「時間的な状況」において解釈すること、であると述べている[13]。

この用語を用いていうならば、「なぜキリスト教か」という問いは、なぜキリスト教メッセージは現代でも真理であると主張できるか、という問いである、といってよい。キリスト教の真理性、絶対性、究極性あるいは普遍性などと時代によって異なった表現で言われたが、要するに「キリスト教は真理である」ということの弁証をすることである。キリスト教のほかに多くの宗教がやはり真理主張をしているのに、なぜキリスト教が真理である、と主張できるのか。また宗教のほかに多くの哲学や世界観、とくに近代になってからは科学がそれぞれ真理主張をおこなっているが、それらに対して、なぜキリスト教が真理である、と主張できるのか。これらの問いに答えるのが弁証学の課題である。

この場合に重要なことは、その弁証学は他の宗教や哲学との対話をふまえたものでなければならない、ということである。相手の主張を研究することはもちろんであるが、それだけでは誤解や偏見を持った独断的な解釈になりかねない。この意味で最近わが国においても諸宗教間の対話、とくに仏教とキリスト教の間の対話がおこなわれているのは、弁証学にとってもよいことである。[14] そしてこのような諸宗教間の対話は世界の各地で、プロテスタントとカトリックとによって進められているが、それは諸宗教間の平和のためのみならず、「なぜキリスト教か」のためにもよいことである。それについて、多くの対話に参加してきたカトリックのポール・ニッターは次のように言っている。

「キリスト教は真理であるかも知れない。キリスト教はすべての宗教にとっての成就的結晶点であるかも知れない。しかしこのことが非キリスト者とキリスト者によって知られそして主張されるのは、真実の対話(genuine dialogue)のあとにだけである[15]」。

しかし同じことは逆の場合も言えるであろう。つまりキリスト教は真理でないかもしれない。他の宗教が真理であるかもしれない。いや多元主義者がいうように「神は多くの名前をもつ」のが真理かも知れない。いずれにせよ、真理が真実の対話によって明らかにされるのであれば、対話は避けるべきものではなく推進すべきものである。

もっとも対話によって「なぜキリスト教か」、あるいは何が真理かを明らかにすることができる、と確信していることが、すでにキリスト教から来ていると指摘されるかも知れない。「不立文字」や「不言不語」の立場からいえば、対話とは「ロゴス」を信ずるキリスト教の真理理解からきた真理探究の方法であると言われるかも知れない。

それ故に「なぜキリスト教か」の問いとともに「どのように」という倫理的実践の問題が重要になってくるのである。ティリッヒの用語で言えば、永遠の真理を時間的な状況に解釈（interpretation）するということは、言語による弁証と、行動による弁証の両方だということになるであろう。つまり実践による弁証が必要だということである。ティリッヒが実践神学について次のようにのべた言葉は、本節のはじめに引用した言葉と同一線上にあるものである。「このようにして実践神学は、キリスト教メッセージと人間状況の間にかかる橋と、一般的にもまた特殊的にも、なることができる(16)」。

つまり「なぜキリスト教か」という弁証学的な問いは、「どのようにキリスト教を」という倫理実践的な問いにも答えることなくして、十分には答えられないのである。聖書においても「弁明」とは言葉と行為の両方においてなされるべきである、と教えられている。

「あなたがたのうちにある望みについて説明を求める人には、いつでも弁明のできる用意をしていなさい。しかし、やさしく、慎み深く、明らかな良心をもって弁明しなさい。そうすれば、あなたがたがキリストにあって営んでいる良い生活をそしる人々も、そのようにののしったことを恥じいるであろう」（ペテロの第一の手紙、三章一六―一七節）。

五

「なぜキリスト教か」を言葉をもって理論的に弁証する場合に、肝要なことは、その問いに対する答えは、最終的には証明ではなく告白、いや信仰告白だということである。

これはキリスト教の絶対性の問題を今世紀の始めにとりあげて苦闘した、エルンスト・トレルチの貴重なる遺産である。彼の古典的な著書『キリストの絶対性と宗教史』（一九〇二）において、トレルチが苦労したのは、歴史的即相対的なキリスト教が、どうして絶対性を主張できるか、という点であった。諸宗教のもつ価値を比較して、最終的に考慮せねばならないのは仏教とキリスト教の二つだけであるといい、さらにこの二つの宗教の思想を比較して、キリスト教はすべての宗教的発展の「頂点」(Höhepunkt) であり「収斂点」(Konvergenzpunkt) であるがゆえに「相対的な絶対性」をもつ宗教であるとの結論に達したのである。

しかしここで注目すべきは、トレルチがこの結論に達するのは「学問的証明によっておこなわれる決定」ではなく、「宗教的自覚にもとづく決断」によるものであること、主体的、人格的、実存的な確信であること、究極的には信仰告白であること、を強調している点である。(17)

ここで思い出されるのはキェルケゴールの「真理とは主体性である」という主張である。事実トレルチはいち早くキェルケゴールに関心をもっていたが、「なぜキリスト教か」の問いは、究極的にはキェルケゴール的な、主体的、人格的、実存的な確信、信仰によってしか答えられないであろう。(18)

つまり「なぜ」の問いとは、永遠者の面前でただひとりで立ち、ひとりで決断する「単独者」の実存的な問いなのである。その意味では「なぜ」の問いとは、すべての宗教において究極的には単独者として答えられてきた問いである。「ひとえに親鸞一人がためなりけり」は仏教におけるまさに単独者の告白である。またマハトマ・ガンジーが、次のように言った時も同様である。

「たとえ哲学的比較において低い段階にあるとしても、その人自身の宗教はすべての人にとっての最高の真理(the truest)なのである[19]」。

したがって今日「なぜキリスト教か」の問いに答えるときにも、主体的、実存的な告白なしでは答えにはならないであろう。この点でハンス・キュンクの『なぜ私はまだキリスト者か』(*Why I am still A Christian*, 1986)は、「なぜキリスト教か」の問いにたいする現代の一つの答えといってよい[20]。キュンクは、その大部分がキリスト者(名だけの)であるところの西洋で生まれたのみならず、神学者としてしばしば教会当局を批判しているカトリックである。それゆえに「なぜまだ」という問いが付いているのであるが、本質的には「なぜ」にたいする答えになっている。本書全体がその答えであるが、次の一部の答えだけでも極めて示唆的である。

「なぜ私はキリスト者であるのか?

●何よりもまず、単純に、私のすべての批判にかかわらず、私がその中で過去と現在の多くの人々と共に生きてきた伝統は、私にとって意義深く、それにたいして私は基本的に肯定的に感ずることができる(I can nevertheless feel fundamentally positive about)からである。

●偉大なるキリスト教伝統と現在の教会の構造とを混同しようとは夢にも思わないし、真のキリスト教価値の定義を現在の教会当局にまかせようとはしないからである。

●短くいうと、キリスト教的と呼ばれているものにたいする私の激しい反対にもかかわらず、私はキリスト教の中に、人類と世界にとっての大きな問い、どこから、どこへ、なぜ、なんのため（Where and Whither, Why and Wherefore）という問いにたいする根本的な方向づけ（a basic orientation）、そして私の個人的また社会的自我にとっての根本的な方向づけを見出すからである。そして同時に私はこれらのものの中に、それに私の背を向けたくない精神的な家（a spiritual home）を見出す。それはちょうど私が政治において民主主義に背を向けたくないのと同じである。民主主義もキリスト教と同じく誤用されまた悪用されてきたけれども」。[21]

もちろん、以上の理由はヒントにとどまっており、キュンクはこのあとよりくわしく解説しているのであるが、「なぜ」にたいする基本的な答えは示されていると思う。現存のキリスト教に対する批判はあっても、本来のキリスト教の中には、人生と世界の根本的問いにたいする根本的な答えがあると、私が感じ、見出している、ということが重要である。つまり主体的、実存的な、私の決断と告白が「なぜ」に答えるためには不可欠だからである。

六

しかし「なぜ」に答えるのに実存的な決断だけで十分であろうか。この点で示唆的なのはH・リチャード・ニーバーの『キリストと文化』（一九五一）の結論である。[22] 周知のようにニーバーは過去の歴史の中から、キリスト教と文化の関係についての五類型を提示した。しかし、その結論において、そのうちのどれをえらぶか、あるいはそれ以外の立場を選ぶかは、キリスト者各人が実存的に決断せねばならないことである、と強調している。その結論部が「結論的・非科学的後書」と題されているゆえんである。いうまでもなく、これは「真理は主体性である」を主張したキェルケゴールの著書の書名であった。

けれども注目すべきはニーバーが、決断における結論をいうときに、キェルケゴール的な個人的実存だけではなく、社会的実存（Social Existentialism）を強調している点である。[23] たしかに実存的決断は個人的（individual）である。しかしそれは個人主義的（individualistic）であってはならない。とくに「なぜキリスト教か」を決断するときにこの点は重要である。なぜなら、決断する「わたし」はひとりで孤立した個人ではなく、社会の中に他の人々と共に生きている個人だからである。そして「わたし」の決断は、他の人々と無関係ではなく、彼らに影響をおよぼすからである。したがって「わたし」が決断するのではあるが、「われわれ」、即ち家族、民族、人類のことも考慮して決断せねばならないのである。

もう少し具体的にいうならば、「なぜ」の問いの中で大きな位置をしめる「救い」の問題は、まず何よりも「わたしの罪」という極めて個人的な問題である。しかし「わたしの罪」は同時に「われわれの罪」とは無関係ではないのである。たとえば戦争中の「わたしの罪」は、日本国民の罪と、また平和時の「わたしの罪」も、日本国民と不可欠であって、連帯的である。

それ故に救いとは、ただ個人的なことがらだけではなく、すぐれて社会的なことがらなのである。キリスト教の救主が「神の国」の到来あるいは再来との関連で語られているゆえんである。またその「神の国」のために教会という社会的集団がつくられ、「わたし」は教会という「われわれ」の一員となるのである。

したがって「なぜキリスト教か」の問いに答えるとき、われわれは個人的実存としてのみならず、社会的実存つまり教会的実存として決断せねばならない。キリスト教自体が社会的そして文化的な存在だからである。そしてその影響は一国の文化だけではなく、世界の文化におよんでいるからである。

この意味で「なぜキリスト教か」を弁証するとき、いわゆる文化の神学（Theology of Culture）がなければならない。ニーバーの『キリストと文化』はその序論ともいうべきものであったが、それを前提として展開した彼の文化の神学が『徹底的唯一神主義と西洋文化』（一九六〇）である。ここにおいては信仰の三類型が提示される。単一神主義（Henotheism）と多神主義（Polytheism）そして徹底的唯一神主義（Radical Monotheism）の三つである。そしてこの信仰形態からどのような文化、社会そして道徳が形成されるかを論じて、もっとも普遍的かつ開放的な社会は、逆説的であるが多神主義からではなくむしろ唯一神主義からであると主張している。そしてそれがキリスト教のあるべき信仰形態なのである。[24]

同様な文化の神学はティリッヒにおいてすでに展開されていた。他律的（heteronomous）と自律的（autonomous）とそして神律的（theonomous）文化の三類型論がそれである。これは本来プロテスタンティズムの目ざす文化を論じて、それはカトリック的な教会主義にもとづく、他律的な文化でも、また近代世俗主義の自律的な文化でもない、深みの根底をもった真に自由な文化としての神律的文化を提唱したものであった。彼の有名な定義「宗教は文化の実質であり、文化は宗教の形体である」は神律的文化について言った言葉である。[25] わが国に即していうならば、戦前の日本とは国家神道のもとにある他律的文化であり、戦後の日本は自由と民主主義を目ざしているが深みを欠いた自律的文化である、といってよいであろう。そして神律的文化とは、他律にもどらない深い根底をもった真の自律を支える文化である。

「なぜキリスト教か」の問いに答えるときに、この文化のどれをキリスト教は目ざしているのか、ということも弁証できなければならないのであろう。

七

最後にしかし、「なぜキリスト教か」の問いに十分に答えるためには、前述のように、「どのようにキリスト教を」という倫理実践的な問いにも答えなければならないであろう。いくら美しい言葉をもって弁証しても、その宗教が実際に行っていることが、その言葉を裏切っているのであれば、その弁証は無効になるからである。トレルチが言っているごとく「理念としては好ましく思われる判断は、実践においてみずからの真なることを立証されなければならぬであろう」[26]。

理念としてならば、たとえば久松真一はティリッヒの用語を使いながら次のように言う。「近世は中世の他律Heteronomieから自律Autonomieへの脱却であると言えよう。ただし中世は必ずしも単なる他律ではなくして、むしろ神律Theonomieだと考えることもできる」。つまり久松にとっては神律と他律は同じである。なぜなら神がいる限りは、神によって律せられているゆえの真の自律ではないからである。そこで久松は「絶対的な自律」である「無神論的なる宗教律」を主張する。したがって久松は神を信ずる「信の宗教」つまりキリスト教ではなく、「覚の宗教」つまり仏教ことに禅仏教こそが「近世を超えてゆく宗教でなければならない」と結論する[27]。

そしてさらにキリスト教のように、「神と人間との絶対的差別を認めるものであっては、……人間を結局は奴隷にするものである」と言って、覚の宗教こそが人間の自由、平等そして民主主義を成立せしめる根拠であると主張した[28]。この主張が実践としての「F・A・S」協会を生んだのである。この協会はF（Formless self）を目指し、A（All mankind）の立場に立ち、S（Super historical history）を作る、ことを世界に訴えるために創立されたものである。しかしこのFAS協会の出発点となったのは一九五一年に久松が起草した「人類の誓」という次のような宣言であった。

「私たちはよくおちついて本当の自己に目ざめ、あわれみ深い心をもった人間となり、各自の使命に従ってそのもちまえを生かし個人や社会の悩みとそのみなもとを探り、歴史の進むべきただしい方向を見きわめ、人類国家貧富の別なく、みな同胞として手をとりあい、誓って人類解放の悲願をなし遂げ、真実にして幸福なる世界を建設しましょう[29]」。

星野元豊はこの宣言文を評して「まことに綿密周到、寸分の隙もない完全無欠の内容と文句である」と絶賛したが、久松の死後、以下のことを記している。

「先生の誓願である『人類の誓』は道場を中心にその周辺の人たちに限定せられて、殆どそれ以外には拡がらなかった。あれほど完璧無比とも言うべき宣言がどうして拡がらないのであろうか。道場の道人たちは先生の跡をつぐべきものとして、拡がらない原因がどこにあるのかを謙虚に無となって反省してみる必要があるのではなかろうか[30]」。

「なぜキリスト教か」の問いにたいして、人々を説得できる答えを出すには、言行一致の実践が不可欠である。それなくしては、どのように立派な神学や弁証学あるいはキリスト教倫理学があっても「なぜキリスト教を信じるのか」そして「なぜキリスト教を宣教するのか」の問いにたいする答えは、説得力のないものとなってしまう。たとえば、カール・バルトやディートリッヒ・ボンヘッファーの反ナチズム闘争、マーチン・ルーサー・キングの公民権運動、マザー・テレサの奉仕活動、性や人種差別にたいする解放の神学とその実践、そして世界各地でのキリスト者による平和運動などが、もし現代においてなかったとしたら、キリスト教にたいする信頼度は随分低くなったであろう。現実のキリスト教に多くの欠陥、汚点、矛盾があるにもかかわらず、なおも「なぜキリスト教か」の問いにたいして、肯定的に答える人々がいるのは、これらの生きた信仰の証しと愛の実践がなくならないからである。

八

実践がどんなに重要かつ決定的であるかを、逆の意味で明らかに示したのが、近年のマルクス主義の衰退である。「なぜマルクス主義か」という問いに、当のマルクス主義者たちが否定的になったのは、その主義主張にたいして哲学的にまた理論的に懐疑的になったからだけではなかった。もちろんキリスト教からの、たとえばティリッヒやラインホールド・ニーバーらのマルクス主義批判を読んだり、第二次大戦後、東ヨーロッパで続けられたキリスト教とマルクス主義との対話を通して、少なからぬ人々はマルクス主義に批判的になっていたであろう。しかし彼らがマルクス主義から離反した決定的な理由は、共産主義諸国において、マルクス主義の主張の通りには政治も経済も、そして何よりも人間自身がならなかったからである。理論のように実際にはならなかった。英語で言うと"it did not work"だからである。

偽似宗教と呼ばれた共産主義のこの凋落がいわゆる宗教においてはおこらない、という保証はどこにもないであろう。ある宗教が信奉されているのは、第一にはその教えあるいは教理が納得のいくものである、と人々が感じ思っているからである。人生観、世界観において、また人生と世界の諸問題についての解釈において、そのすべてではなくとも、大部分において納得がいくとき、人々はその宗教を信ずるのである。あるいは、ある宗教の教えるところが、英語で言うと“it makes sense”と思うとき、人々はその宗教を信ずるようになるのである。

「なぜキリスト教か」の問いにたいする答え、神学とくに弁証学とは人々をして納得せしめる、つまり“it makes sense”と確信せしめるための試みと努力である、といってよいであろう。そして「なぜ」の問いはすべての宗教が問いそして答えねばならない問いである。

しかし、たとえ神学や信仰において納得したと思っていても、現実と実際においてその宗教が力を失い、効力を発揮しなくなったとき、人々はその宗教を信じなくなり、離れていくであろう。事実そのようにして多くの宗教は歴史から姿を消し、あるいは衰退していったのである。

したがって「なぜキリスト教か」の問いにたいして、われわれは弁証と倫理、理論と実践の両方において答えねばならないのである。いいかえると「なぜキリスト教か」は「どのようにキリスト教を」ということと不可分である。しかし「なぜ」と「どのように」という問いと密接不可分なのは、いうまでもなく「なに」の問いである。そしてその「なに」とは、イエスの「神の国」の福音であり、それは「宣教の愚かさ」によってしか宣教できず、また信じられないものである。[31] しかしそれゆえにこそ「なぜ」と「どうして」の問いに答えることが、ますます必要となるのである。このように、キリスト教が生きた宗教である限り、この三つの問いは常に問い続けられ、そして答える努力がつづけられるであろう。

注

(1) 古屋安雄『宗教の神学』、一九八五、四四―四七頁。

(2) 同前書、一五九―一八三頁。

(3) Fr. Heiler, *Erscheinungsformen und Wesen der Religion*, 1961, S.17.

(4) Hendrik Kraemer, *The Christian Message in a Non-Christian World*, 1937; *Why Christianity of all Religions?*., 1962.

(5) John Hick, *God Has Many Names* (1980) ; *The Second Christianity* (1983) ; *Problems of Religions Pluralism* (1985). 間瀬啓允による邦訳『神は多くの名前をもつ』、『もうひとつのキリスト教』『宗教多元主義』がある（『もうひとつのキリスト教』は渡部信との共訳)。

(6) ヒックもこのことに気づきはじめたのか、生まれた土地ゆえにある宗教を信じるのは九九パーセント、といっていたのが最近では九五パーセントと推定するようになっている。間瀬、渡部訳『もうひとつのキリスト教』、一四一頁、『宗教多元主義』、一三一頁。

(7) 古屋、前掲書、五六頁。

(8) Lesslie Newbegin, *Unfinished Agenda*, An Autobiography, 1985; *Foolishness to the Greeks*, The Gospel and Western Culture, 1986; *The Gospel in Pluralist Society*, 1989.

(9) この三つの問いは、キリスト教史における三つの時代の中心的な問いである、と言ったのは大木英夫である。彼によれば第一の環地中海地域の時代は「キリスト教とはなにか」、第二の環大西洋地域の時代は「キリスト教をいかに」応用するか、そして第三、つまり現代の環太平洋地域の時代は「なぜキリスト教か」の問いが問われている時代である。古屋、前掲書、四五頁。

(10) Karl Barth, *Die Kirchliche Dogmatik*, I/1. 1932, S.29.

(11) Paul Tillich, *Systematic Theology*, Vol.I, 1951, p.31. 拙著『キリスト教の現代的展開』一九六九に収録の「弁証的神学か、宣教的神学か」を参照。

(12) Paul Tillich, *The Future of Religions*, 1966, p.91. 邦訳、大木英夫・相澤一訳『宗教の未来』聖学院大学出版会。

(13) Tillich, *Systematic Theology*, Vol. I, p.3.

(14) その一つが「現代における宗教の役割研究会」(コルモス)であるが、中川秀恭博士は現在その会長である。

(15) Paul F. Knitter, "World Religions and the Finality of Christ," in *Interreligious Dialogue*, ed. by R. W. Rousseau, 1981, p. 208.

(16) Tillich, *Systematic Theology*, op. cit., p. 33.

(17) Ernst Troeltsch, *Die Absolutheit des Christentums und die Religionsgeschichte*, 1902.(邦訳『現代キリスト教思想叢書』二、六六、七八—七九、八三—八七頁)。

(18) いうまでもなくキェルケゴールは、主体的な真理は「なに」(What)ではなく「いかに」(How)の問いであると主張したが、この「いかに」と本論の「どのように」は、別の問題である。キェルケゴールの「いかに」は個人的実存にとどまるが、本論の「どのように」は社会的実存にかかわり、あとで論ずるように倫理的展開にいたる。

(19) S. R. Tikekar, ed., *Gandhigrams*, 1947, p.60.

(20) Hans Küng, *Why I am still A Christian*, 1986, 原書、*Woran man sich halten kann*, 1985の英訳。

(21) 同前書、pp. 36f.

(22) H. Richard Niebuhr, *Christ and Culture*, 1951. 邦訳、赤城泰訳『キリストと文化』。

(23) 同前書、邦訳、三七四頁以下。

(24) H・リチャード・ニーバー、邦訳、東方敬信訳『近代文化の崩壊と唯一神信仰』。

(25) ティリッヒはこの定義を第一次世界大戦の終り頃から言い出している。拙訳『プロテスタント時代(抄)』、現代キリスト教思想叢書八、五四、六二—六五頁。

(26) Troeltsch, 前掲書、邦訳、六七頁。

(27) 久松真一『無神論』、一九八一、一四—二六頁。

(28) 同前書、八三頁。

(29) 同前書、二二九頁。

(30) 同前書、二二九―二三一頁、『中外新聞』は一九九一年八月八日の社説「禅への問い」でFAS協会の活動について述べているが、それはもっぱら学問的なものに限られているようである。

(31) 芳賀力『自然、歴史そして神義論――カール・バルトを巡って』、一九九一。著者は神義論が「本来帰属すべき場所はアポロゲティーク（弁証学）ではなく、ホミレティーク（説教学）なのである」（三二二頁）と言っているが、バルトの「頌栄論的神義論」が弁証論としてもまた実践的神義論としてもいかにすぐれているかを本書はよく示している。著書の次の「あとがき」の言葉は示唆的である。「神義論的状況のただ中で、力ある言葉を持ちうるかどうかに、諸宗教の将来はかかっているのである。その意味でイエス・キリストの出来事において語られた、神の有力な言葉を示すことの出来るキリスト教の将来に、私はほとんど憂いを抱いてはいない。憂うべきであるのは、宣教の愚かさに徹しきれない、小器用なこの世の教会の無力さである」（四五八頁）。

2 宗教の神学における「何」と「何故」の問題

宗教の神学は、拙著『宗教の神学』（一九八五）においてのべたように「より厳密には諸宗教の神学（Theology of Religions）とは、数多くある諸宗教とは一体何なのかを、キリスト教信仰の立場から問い研究する神学である」[1]。したがって「宗教の神学」の「の」とは（英語の"Theology of Religions"の"of"とは）、所有格的な「の」ではなく、目的格的な「の」である。つまり宗教的な神学、あるいは宗教が所有しているような神学ではなく、宗教を対象とする神学なのである。宗教とは「何か」を問い明らかにする神学なのである、といってよい。しかし、やはり拙著においてのべたように「宗教の神学のいわば最終的な問い」とは「なぜキリスト教なのか」という問いである[2]。つまり多くの諸宗教があるのに「何故キリスト教を信じるのか、宣教するのか」という問いに答えるのが、宗教の神学の課題、しかも最重要な課題であるといってよいであろう。

いいかえると、宗教の神学は「宗教とは何か」という問いと、「何故キリスト教なのか」という問い、の二つの問いに答えようとする神学なのである。ところが、実はこの二つの問い、「何」（What）と「何故」（Why）は別々の問いではなく、むしろ密接不可分な問いなのである。このことを理解しない時、宗教の神学ならぬ護教的な宗教学か、あるいは宗教不在の独善的な宗教の神学になってしまうであろう。したがって、宗教の神学における「何」と「何故」の問題を明らかにすることによって、宗教の神学とはなにか、という問いに答えたいと思う。

一

まず「宗教とは何か」という問い、「何」の問題であるが、この問いを探求しているのは宗教学（Religionswissenschaft, science of religion）という学問である。ドイツ人で英国で活躍したマックス・ミューラー（Max Müller）によって一八七〇年に提唱された比較的新しい学問である。この新しい学問がなぜ今から一二〇年前に始まったのか。それは十九世紀の西洋諸国の帝国主義および植民政策によって、またそれと深い関係にあったキリスト教の宣教（Mission）によって、キリスト教と東洋の諸宗教との出会いが始まったからであった。それまで宗教と言えば、キリスト教あるいはユダヤ・キリスト教しか知らなかった西洋人が、はじめてそれ以外の宗教が多くあることに気づいたのである。そこで当然のことながら「宗教とは何なのか」という「何」の問題がでてきた。ミューラー以来の宗教学者あるいは宗教史学者たちの努力は、この「何」をめぐる学問研究であった。

しかし「宗教とは何か」という問いに答えることは決して容易なことではなかった。宗教学史（History of the Science of Religion）が示しているように、この問いを追求して宗教史学、宗教人類学、宗教社会学、宗教心理学などいろいろの角度からの試みがなされた。しかしその多くは宗教を宗教以外のもの、たとえば個人心理や社会規範などに還元する試みであった。そこで「宗教はそれ自身によってのみ」理解されねばならない、という「理解の宗教学」がうまれてきた。そのために神学者でありながら同時にすぐれた宗教学者であったルードルフ・オットー（Rudolf Otto）やナータン・ゼーダーブロム（Nathan Söderblom）らが大きな貢献をしたことを忘れることはできない。その延長線上で、宗教現象がみずからを示すそのあるがままを受け容れて、宗教独自の志向を理解しよう、という宗教現象学ができてきたのである。

この宗教現象学の確立に直接、大きな貢献をしたのも、神学者でありかつ宗教学者であった、ヘラードウス・ファン・デル・レーウ（Gerardus van der Leeuw）であった[3]。周知のように宗教現象学は、観察者の「価値判断停止（epoché）」という方法によって、宗教をあるがままに理解しようとする宗教学である。しかしファン・デル・レーウの『宗教現象学入門』（一九二四）の日本語訳者である田丸徳善は、仏教徒で東京大学の宗教学教授であったが、次のような問題を指摘している。

「宗教現象学は神学と異なって『何ら規範的な性格を持たない』との言明にもかかわらず、彼の現象学の背景にやはりひろい意味のキリスト教的思考形式があることは、否定しえない[4]」。

つまり「宗教とは何か」という問いを探求する宗教学において、いわゆる客観的かつ価値中立的な立場は厳密な意味ではあり得ないということを指摘しているのである。この指摘は誤ってはいない。そのことはファン・デル・レーウ自身が認めているのみならず、宗教現象学者自身の宗教的確信と無関係な、宗教現象学はあり得ない、と言ったあと次のように明言しているからである。

「仏教徒が自分の立場から出発して宗教現象学を叙述することは、むろん可能である。そして彼は仏教のなかに宗教の頂点を見出すであろう[5]」。

ここに宗教学における「何」と「何故」の問題、つまりこの二つの問いが不可分であることがよく示されている。「何」を探求している宗教学において、不可避的に「何故」の問い、すなわち「何故ある宗教を信じるのか」という問いが入ってくるのである。[6] その問いにたいする答えは、いろいろの表現があるであろうが、ファン・デル・レーウの言うように、自分の信じる宗教の中に「宗教の頂点（Akmé der Religion）」を見出すから、といってよいであろう。

それ故に、ハイラー（Friedrich Heiler）が明言したように「すべての宗教学は究極的には神学なのである」ということは正しい。[7] しかし、だからといって、宗教学と宗教の神学とは同じものではない。たしかに宗教学において「何」と「何故」は分離できない問題ではあるが、この二つの問いは区別されねばならない。そして宗教学においては「何故」よりは「何」が前面に出るべきものである。宗教学は第一義的に「宗教とは何か」を探求する学問だからである。

二

それにたいして宗教の神学はどうであろうか。たしかに宗教の神学も「何」を探求する。けれどもそれはあくまでも「何故」の答えをもっている神学の立場からである。自分の信じている宗教は「宗教の頂点」、「歴史的諸宗教の中心的形態」あるいは「宗教一般の成就としての福音」[8] などと信じている神学者の視点から見た、諸宗教の探求である。つまりここでは「何故」の問いとその答えが前提となって、「何」の問いが探求されているわけである。

しかしここで注意すべきは、宗教の神学はいわばアプリオリに、神学の立場から宗教を解釈しようというものではないということである。宗教学においても不可欠な神学的視点に、より自覚的、意識的に立ちつつ、それ故にかえって諸宗教にたいしてたえず開かれた態度で接近し、理解しようとするのが、宗教の神学にほかならない。

この点でわれわれの宗教の神学は、カール・バルト（Karl Barth）の教義学的な宗教論ないしは宗教の神学的評価とは異なる。たしかにバルトは、宗教学や宗教哲学とはちがう宗教の神学、しかも極めて強烈な宗教の神学を展開した。しかしバルトの宗教の神学に問題を感ずるのは、いってみれば「何故」が「何」を圧倒しているからである。

周知のようにバルトによれば「宗教は不信仰」（Religion als Unglaube）の一言につきる。[9] しかしこの宗教理解ははたして聖書的そして神学的に正しい解釈であろうか。さらにそれは宗教学が明らかにしている「何」と合致しているであろうか。

これらの疑問をいだかざるを得なかったゆえに、心情的にはバルトに非常に近くいながら、ヘンドリック・クレーマー（Hendrik Kraemer）はバルトを批判したのであった。クレーマーといえば「バルトおよびクレーマー」と並べて言及されるように、一九三八年のマドラスにおける国際宣教協議会以来、キリスト教と他宗教の間の非連続性を主張する代表的神学者とみられてきた。ところがそのクレーマーは、その著書『宗教とキリスト教信仰』（*Religion and the Christian Faith*, 1956）においてバルトの神学的宗教論を高く評価しつつ、その批判をのべている。[10]

それは一言でいえば、あまりに排他的な神学的格率（theological maxims）によって支配されている宗教論であって、そこには福音の音調が欠如しており、聖書的にも、また神学的にも偏向しているのではないか、という批判である。

このような批判が出てくるのは、クレーマー自身が長らく宣教師としてオランダ領東インド（現インドネシア）でモスレムたちとの出会いの経験をもち、さらに、ライデン大学の宗教史学・宗教学の教授として諸宗教を研究してきたからであろう。そのような宣教師としての経験と宗教学者としての研究から出てきたクレーマー自身の宗教観は弁証法的である。そしてまたそれは聖書的であると彼はいうのであるが、それによれば宗教は、そして宗教意識は、人間の神に対するただ否定的な関係だけではなく、積極的な関係、応答と出会いの場でもある。もっとはっきりいうと、クレーマーは、人間の宗教意識の中には「イエス・キリストの父なる神」と人間との間の「ドラマ」があるということを肯定、弁証法的に肯定しようとする立場である。(11)

ここで思い出されるのは、セイロン（現スリランカ）のD・T・ナイルズがのべたバルトのエピソードである。ナイルズがバルトに「あなたは宗教は不信仰だと定義したが、何人のヒンズー教徒に会ったことがありますか」とたずねた時、バルトは「ひとりも会ったことはない」と答えた。それでさらに「ではなぜヒンズー教は不信仰だとわかりますか」とたずねると「アプリオリに」と答えたという。(12)

この点、同じ教義学者でありながらカトリックのカール・ラーナー（Karl Rahner）はより慎重である。周知のように彼はいわゆる「無名のキリスト教」（anonymes Christentum）および「無名のキリスト者」（annonyme Christen）ということを言った。他宗教の信徒の中にはキリストを信じてはいないが、その実際の生き方においてもキリストによる神の恵みにあずかっている人、即ち「無名のキリスト者」がいるという主張である。

しかしラーナーは、アプリオリな教義学の限界を認めつつ、彼の主張、つまり他の宗教のなかにイエス・キリストの現存（Präsenz Christi）があるかどうかは、宗教史家あるいは宗教史的に、アポステリオリに研究する宗教の神学者たちの課題である、と附言しているからである。[13]

三

以上のことから、「なぜキリスト教なのか」の問いに答えるべき宗教の神学において、「何」の問題、すなわち「宗教とは何か」の問いをそれこそ即事的（Sachlich）に探求することの重要性が明らかになったであろう。いいかえると「何故」は「何」が明らかにならなければアポステリオリには答えられないのである。アプリオリに教義学（Dogmatik）は答えるというが、それはそれこそ独善的（dogmatisch）な答えになりかねない。したがって、宗教の神学はまず「何」を探求する宗教学から学ばねばならない。前述のように宗教学自体の中に「何故」の問題がふくまれているのであるが、可能な限りに現象学的に「何」を探求し理解することが必要である。宗教学は宗教の神学にとって不可欠の補助学（Hilfswissenschaft）といわねばならない。

しかしながら「何」を理解するためには、ただ学問的に研究するだけでは十分ではない。ここでさらに必要となってくるのは、宗教間の対話（Interreligious Dialogue）ということであろう。[14] 宗教の神学の対象である宗教の大部分はいわゆる“Living Religions”、現存の宗教である。そして数千万から数億という信者が信じている宗教である。つまり「生きている宗教」なのであって、歴史の中にあってたえず変化発展している「生きているもの」にほかならない。それ故にその宗教の古い歴史を研究しているだけでは、その宗教を理解したことにはならない。

そこで今ここに生きている、あれこれの宗教、具体的にはそれらを信じている信者たちとの対話が不可欠ということになる。このような意味での宗教間の対話は、宗教の神学の「何」の問いにたいして、絶対不可欠である。ちょうど国際間の対話のように、たとえば韓国人と日本人との間の対話によって、それまで互いにもっていた独断や偏見から自由になって、相手をあるがままに見ることができるようになるからである。一人の韓国人と話し合ったこともない日本人が、韓国人について語る十分の資格があるだろうか。同じように一人の神道者とも対話したことのない神学者の神道論は、たとえ学問的に研究したとしても、やはり限界があるというべきであろう。

しかし宗教間の対話は、ただ「何」だけではなく「何故」のためにも必要かつ有益である。「何」を知らずして主張する「何故」は独断かあるいは無意味でしかない。しかもその「何故」の問いは、昔の問いではなく、今ここでの問いであるとすれば、なおさらのこと、現代の宗教間の対話を避けるわけにはいかない。対話なき宗教の神学は「宗教不在の宗教の神学」と評されるゆえんである[15]。

さらに宗教の神学にとって、宗教間の対話が必要なのは、ヨーロッパやアメリカで流行している宗教の神学がいわゆる「多元主義」(Pluralism)だからである。もちろん多元主義の神学者も宗教間の対話をおこなっている。けれども彼らの対話の相手は、ほとんどが国際会議に出席する諸宗教の代表的学者、あるいはヨーロッパやアメリカで教えている学者たちである。そういった人々との対話から知る「何」は、はたしてアジアで現に生きている「何」と同じであろうか。

ヨーロッパとアメリカで禅について興味を持った学生たちが、日本に禅を学びに来ておどろくのは鈴木大拙の禅と、現存の禅宗の実状との間のギャップである。おそらくキリスト教の逆の例をアジアの学生たちはヨーロッパやアメリカで経験しているであろうが、注意すべきは学問的な「何」と、現実的な「何」の違いを知ることである。

したがってアジアの宗教の神学者として、ヨーロッパやアメリカの宗教の神学者に言いたいのは、とくに多元主義者に言いたいのは、他宗教徒との対話と同時に、アジアにおいて他宗教からキリスト教に回心したキリスト者たちの「なぜキリスト教なのか」を聞くこと、そして彼らと対話をすることである[16]。

いずれにせよ、「なぜキリスト教か」の問いに確信をもって答えるためには、宗教間の対話は不可欠である。対話なき「何故」は独語か独断、無責任か無意味な主張でしかないであろう。

四

それ故に、アジアの中でもまず、韓国と日本においてそれぞれに宗教間の対話をおこない、その成果をたずさえて、さらに両国の宗教の神学者たちの間で対話をおこなうことは非常に有益かつ意義のあることであると思うのである。

というのは、韓国と日本は地理的にもっとも近い二国であり、かつ宗教的また文化的に多くの共通のものをもっているからである。ところが、それにもかかわらず、両国の間には大きな違いがある。その最大なものはそれぞれの国におけるキリスト教である。韓国は世界でキリスト教人口がもっとも速く増加している国であって、国民人口の約三分の一をしめている。ところが日本は世界でキリスト教人口がほとんどふえない国の一つであって、宣教一三〇年以上になるというのに、依然として国民人口の一パーセントに満たない[17]。

この対照的な事実は、両国の宗教の神学が避けて通ることのできない「何」と「なぜ」の問題を提示している。両国に共通の諸宗教とは仏教と儒教であるが、「何」が違うのか。韓国になくて日本にあるのは神道であるが、それと両国に共通にあるシャーマニズムやアニミズムとはどういう関係にあるのか、これらの「何」を探求することは、具体的な「なぜ」の問題、つまり「なぜ、韓国ではキリスト者がふえるのか」および「なぜ、日本ではキリスト者がふえないのか」といった問題のみならず、より根本的な「なぜ」の問題、つまり「なぜキリスト教を信じるのか」の問題を解明するのに役立つであろう。

そしてそれは韓国と日本だけではなく、ヨーロッパやアメリカにおいて、いま全世界において「なぜキリスト教か」つまり「なぜキリスト教を信じるのか」そして「なぜキリスト教を宣教するのか」という、現代キリスト教と教会の存在理由（raison d'être）を明確にするのに役立つであろう。

注

＊本論文はもと李鐘聲博士古稀記念論文集『教会と神学』一九九二に韓国語で訳出されたものである。

（1）古屋安雄『宗教の神学――その形成と課題』、ヨルダン社、一九八五、一五頁。

(2) 同前書、四四頁。

(3) 同前書、第五章「神学者にして宗教学者」を参照。

(4) 邦訳『宗教現象学入門』、一九七九、三三五頁。

(5) G. van der Leeuw, *Phänomenologie der Religion*, 1933, 1956^2, S.737.

(6) どの宗教も信じていない宗教学者の場合でも、「何故どの宗教も信じないのか」という「何故」の問いから逃れることはできないであろう。

(7) Fr. Heiler, *Erscheinungsformen und Wesen der Religion*, 1961, S.17.

(8) いずれもファン・デル・レーウの言葉。前掲書、S.737-738.

(9) Karl Bath, *Die Kirchliche Dogmatik*, I/2, 1938, S.324-356.

(10) 古屋安雄、前掲書、二二一―二二二頁。

(11) H. Kraemer, *Religion and Christian Faith*, 1956, pp.6-7.

(12) 古屋、前掲書、三二八―三二九頁。

(13) 同前書、二七六頁。

(14) Yasuo Furuya, "*The Interreligious Dialogue in the 21st Century*," in Christianity Facing the 21st Century, Soong Sil University Press, 1989. 本論は一九八九年秋に崇實大学校で行われた「キリスト教文化と神学」国際シンポジウムで発題したものである。本書「宗教間の対話の必要性」（八六頁以下）を参照。

(15) 拙著『宗教の神学』にたいする同志社大学教授であった土居眞俊の批評を参照。土居自身、二十年間にわたって日本基督教協議会の宗教研究所長として、キリスト教と諸宗教の対話を促進してきた。土居の著書『キリスト教と仏教』および『親鸞とキリスト教』（対話集）の著者の書評（『日本の神学』、第三〇号、一九九一、本書「キリスト教と仏教の対話」一〇六頁以下）を参照。

(16) 古屋安雄『現代キリスト教と将来』一九八四に収録の「アジアのキリスト教の意義――欧米の神学者への一つの苦言」を参照。この論文はもと *Pacific Theological Review*, Spring, 1977 に発表され、さらに *Theology Today*, April, 1978 に再録された。なお多元主義の最大の欠陥は、罪の問題を深く考えていないことである。啓示にたいして正しく応答しない、いやできない人間の罪の問題が論じられていない。この点でバルトの「不信仰としての宗教」は逆に高く評価されるべきであろう。

(17) 日本の教会と神学については古屋安雄「日本の教会」『神学』、五三号、一九九一および古屋安雄編著『日本神学史』、一九九二を参照。

3　宗教間の対話の必要性

二十一世紀における宗教間の対話について講演をするように、という依頼を受けたときに、私が直ちに思い起こしたのは、アーノルド・トインビーが三十年以上も前に言ったことであった。彼は『一歴史家の宗教観』（一九五六）のなかで――これはスコットランドのギフォード講演（一九五二―五三）にもとづいたもの――、次のように書いている。

「一九五六年の世界における、最大の文化的隔たりは、ユダヤ教・西洋的な自由主義とユダヤ教・西洋的な共産主義の間の違いではない。それはユダヤ教的なイデオロギーと宗教のグループ全体――共産主義、自由主義、キリスト教、イスラム教およびそれらの親であるユダヤ教自体――の一方と、仏教的な哲学と宗教のグループ――仏教後のヒンズー教、大乗仏教、小乗仏教――からなる他方、その間における隔たりである」（一〇頁）。

彼はまたアメリカのヒュウエット講演で――これはのちに『世界の諸宗教のなかのキリスト教』（一九五七）と題して出版された――以下のように述べている。

「私が示唆してきたことは、キリスト教後の近代西洋文明の世界規模の拡張によって、存在するようになった、統一的な世界において、すべての現存する高等宗教は、その伝統的な対抗心をおさえて、『恐るべき共通の対抗者』に直面して、互いに新しく接近しあうことである」（八五頁）。

「恐るべき共通の対抗者」と彼が呼んだものは、実際には、ユダヤ教・キリスト教・イスラム教の熱狂主義によって鼓舞された、共産主義と国家主義のことである。そこで彼らはさらに続けて言うのである。「同様に私が示唆してきたことは、この和解が確信を放棄することなく、達成できるかどうか、をわれわれは考慮すべきだということである。なぜなら、確信なくしては、宗教は精神的な力を持たないからである」（同前）。

換言すれば、トインビーは、いわゆる「冷戦」のさなかに、宗教間の対話のほうが、自由主義諸国と共産主義諸国との間の対立よりも、より重要だと示唆していたのである。もし私の記憶に間違いがなければ、彼はあるところで次のようにも語っていた。一千年後の歴史家は、二十世紀にキリスト教と仏教の初めての出会いがおこったことに、民主主義と共産主義の間におこった闘争よりも、もっと興味をもつであろう、と。

トインビーが宗教間の対話を呼びかけてから、キリスト教の一部の神学者たちと教会はその呼びかけに応じて、世界の異なった場所で、他の宗教との対話を始めた。しかも世界教会協議会のエキュメニカル研究所の初代所長であった、ヘンドリク・クレーマーでさえ、キリスト教と他の偉大な諸宗教との間の「近づきつつある対話」の重要性と必然性を承認するようになった。彼はトインビーの宗教間の対話についての見解は「浅薄」だと、神学的に批判していたからである。クレーマーによれば、東洋の宗教的哲学は、キリスト教にとっての「手強い相手」であり、かつ「前代未聞の挑戦」だからである（*World Cultures and World Religions —— the Coming Dialogue*, 1960）。

しかし世界教会協議会のなかで、宗教間の対話に興味と関心がおこったのは、クレーマーの『宗教とキリスト教信仰』（一九五六）が出版されてからであるが、世界教会協議会のなかに、「生ける信仰とイデオロギーの人々との対話」という部門が設置されたのは、ようやく一九七一年のことであった。それ以来、世界教会協議会の主催のもと、世界の各地で、宗教間の対話の会議が多く開かれてきている。

周知のように、ローマ・カトリック教会が正式に、宗教間の対話への道を開いたのは、歴史的な第二バチカン公会議（一九六二―六五）、特に「キリスト教以外の諸宗教に対する教会の態度についての宣言」（一九六五）によってであった。そしてその対話を促進するために、教皇庁は非キリスト教省を設立したのである。その省の指導のもと、カトリック教会は、修道会や大学を通して、世界の各国で、プロテスタントよりも、活発にそして積極的に、宗教間の対話に関わってきている。

私自身は日本のプロテスタントの牧師であり、かつ宗教間の対話を支持してきた神学者でもあるので、わが国におけるプロテスタント界で見聞きし経験した諸問題について、主としてお話したいと思う。これらの問題は、二十一世紀によりよきかつ実りある諸宗教間の対話をおこなうためには、克服しなければならない障害と思われるものである。しかも、これらの問題は、日本独特の問題ではなく、韓国およびここにその代表者が来ている、他の国々においても、関連のある問題ではないかと思うからである。

一

まずはじめに、宗教間の対話について、国際的な対話との関係において、論じてみたい。二十世紀が、近代科学と技術、特に情報と運輸における発展によって可能となった、国際化の世紀であることは誰も否定できないであろう。つまり、今日、いかなる国家も国際的な関係なしで存在することはできない、ということである。国際関係とは、もちろん、相互的関係であって、両面交通である。もしあなたがたが外国に行くとしたら、その国からの人々を受け入れなければならない。もしあなたがたが製品を輸出しようとすれば、外国からも製品を輸入しなければならない。国際貿易をするためには、あなたがたが外国に住み、外国人があなたがたの国で住むようになるであろう。このように、国際化は世界のいたるところで進行中である。そして国際化が進行中のところでは、必ず国際的な対話も進行中である。

国際化は、しかしながら、国際的な対話で終わりはしない。国際化は、不可避的に「宗際化」(国際基督教大学の初代総長であった、湯浅八郎の造語)をもたらす。逆に言うと、宗際化なき国際化はありえない。あなたがたが外国に行くときには、あなたがたの宗教も持っていくからである。外国人と彼らの宗教を分離することはできない。ところが、そのことこそ明治政府が、十九世紀に鎖国から開国に踏み切ったときに、試みようとしたことであった。しかし、それはうまく行かなかった。明治政府は、全国に立っていたキリスト教禁止の高札をまもなくして撤廃せねばならなくなった。国際化とは宗際化にほかならない。その逆もまた真である。この意味では、ヨーロッパとアメリカからアジアに来た宣教師たちは、国際化と宗際化の両方を始めた人々だ、ということができるであろう。

そして、国際化が国際間の対話をもたらすように、宗際化は宗教間の対話をもたらすのである。少なからぬ宣教師が、アジア宗教の専門家になったのは、決して偶然ではない。日本の例で言えば、アメリカからのオーガスト・ライシャワー、ドイツからのウイルヘルム・グンデルトはその実例である。もっと正確に言うと、これらの宣教師たちは宗教間対話の開始者であった。後で述べるように、アジアのキリスト者たち自身が宗教間対話に興味を持つまでには、まだ時間がかかるであろう。宣教師たちはその職業上初めから国際的であるが、アジアのキリスト者は初めから国際的というわけではないからである。

ここに最初の問題がある。キリスト者であっても、既に国際的でない人は、宗教間の対話をもつことは非常に困難である。私自身のある経験をお話しすることを、お許しいただきたい。もう十年以上も前になるが、プリンストン神学大学で、アジア神学と教会について、客員教授として教えていたときのことである。五、六人の韓国からの留学生もそのコースをとっていた。ある時、教室での議論の続きをしながら、私は彼らと昼食を共にとっていた。昼食が終わるや、隣のテーブルに坐っていた見知らぬ人がやって来て、話しかけてきた。そこで、私は忘れ難い会話をもったのである。

その人は、昨日韓国から着いたばかりだと言った。そして、今私と話をしていたような韓国人は、例外的であって、人口の一パーセントもいないであろう、どうしてか分かるか、と私に尋ねてきたのである。分かると思うと答えた私に、彼は「あなたたち日本人には決して分からない」と断言的に言うのであった。私は、戦後の日本では、日本帝国主義と植民地主義の実体が明らかになり、客観的な歴史研究がなされていることを述べた。しかし彼は、日本人は今なお本当の歴史を分かっていない、と言い張るのである。どうしてそんなことが言えるのか、と聞いた私に、彼は答えて次のように言うのであった。「自分がこれまで会ったすべての日本人、日本人キリスト者までもが、みんな傲慢な人々だった。それで自分は日本人とは話はしたくないし、日本に行きたいとは決して思わない」。そこで私は牧師であるという彼に聞いてみた。「『敵を愛せよ』についてどのような説教をするのですか?」それに対する彼の答えは「日本人は例外だ」。これが私たちの会話の終わりであった。

このような韓国の牧師は、それこそ例外的な人だと、私は思った。そして私たちの会話は、おそらく極端なケースだと、考えた。しかし、それから数年後に、日本の文部省は、高等学校の歴史の教科書の中の、韓国への日本の「侵略」を「進出」と書き換えようとしたのである。この会話から、私たちが宗教間の対話をもつために、克服しなければならない、第一の問題がはっきり見えてくるのではないだろうか。たとえ双方がキリスト者同士であっても、彼らは対話、特に国際的な対話を持つことはできない。なぜであろうか?

相手を敵と見なしている限り、私たちはその人と対話を持つことはできない。そして、相手を憎んでいる限り、私たちは対話を持つことは不可能である。他方、私たちが相手に対して、傲慢である限り、私たちは対話に入ることはできない。そして、私たちが相手とその歴史に対して無知である限り、対話に至ることは不可能である。したがって、国際的な対話ができるようにならなければ、宗教間の対話をもつことは非常に困難、いやほとんど不可能である。

なぜなら、しばしば国際的な憎悪と敵意は、宗際的な憎悪や敵意と重複し、ほとんど同一だからである。いや、非常に多くの場合、宗教的な憎悪と敵意は、国際的かつ政治的なそれよりも、もっと強いからである。したがって、トインビーは次のように述べている。

「もしあなたがイスラム教徒に、イスラム教の一番の敵は誰か、と尋ねたら、最初にその口に上るのは、『共産主義』でも『国家主義』でもなく、『キリスト教』だろうと思う。そしてもしあなたがキリスト教徒に、キリスト教の一番の敵は誰か、と尋ねたら、『共産主義』や『国家主義』ではなく、『イスラム教』というのが、伝統的な答えであったであろう。共産主義と国家主義は、両方とも、きわめて新しいものである。しかしイスラム教とキリスト教の間の反目は、むしろ古いものである。深く染み込んだ態度と感情の習慣というものを変えるのは困難である」(*Christianity*, p.82)。

二

次に、私はキリスト教内の教会間の対話について、宗教間の対話との関連で、論じたいと思う。教会間の対話は、二十世紀の初期にプロテスタント教会の間でおこった、いわゆる「エキュメニカル」運動によって始まった。しかし、今世紀の半ばには、エキュメニズムは、プロテスタント、ギリシア正教、ローマ・カトリック教会の間の、教会間の対話によって、はるかに広範なものになった。ということは、この世紀になって、キリスト教の内部に、十一世紀の東西分裂のときはもちろん、十六世紀の宗教改革のときにも、全く思いもつかなかった何かが起こったのである。なぜなら、そのとき互いに相手を呪いながら破門してから、教会の間には対話は全くなかったし、悪口誹謗しかなかったからである。

教会間の対話を持つことができないキリスト者が、宗教間の対話を持つことは、さらに不可能と思われるので、宗教間の対話に入る前に、教会間の対話の経験について学ぶことが必要であろう。

『エキュメニカル革命』(*The Ecumenical Revolution*, 1969)と題する書物の中で、アメリカのプロテスタントの神学者である、ロバート・マカフィー・ブラウンは、一九五二年当時、リベラルな週刊誌『クリスチャン・センチュリー』ですら、次のような形容詞でもって、プロテスタントがカトリックのしていることを描写していたことを、列挙している。

「憎むべき……危険な……不愉快な……ひどい……いやな不吉な……嫌な馬鹿らしい……半ば偶像的な……けしからぬ……途方もなく異常な」（五頁）。

しかし六〇年代になると、特に第二バチカン公会議のあとになると、つまり教皇が初めてプロテスタントを「分離した兄弟たち」と呼ぶようになってから、悪口ではなく対話によって特徴づけられるような、風潮の変化、いや革命が起こったのであった。それ以来、プロテスタントとカトリック教会の間で、すべてのレベルで対話が行われるようになったのである。

新しい風潮の中で、プロテスタントとカトリックの神学者の間で行われた、最初の対話の一つは、二人のスイスの神学者、カール・バルトとハンス・キュングの対話である。キュングの博士論文は、バルトとトレント会議における義認論の比較研究であった。周知のように、「信仰による義認」は、ルターとローマ・カトリック教会の間の最大の神学問題であった。しかし、比較研究からのキュングの驚くべき発見は、バルトがその『教会教義学』の中で義認について言っていることと、トレント会議の神学者たちが本当に言おうとしたことは、彼らの議論をその歴史的そして論争的な文脈のなかで理解すれば、同じだ、ということであった。キュングの論文を読んで、バルトは、もしキュングのトレントの解釈が正しければ、ローマ・カトリック教会と彼自身の間には、義認に関する同意があることを、認めざるをえない、と承認している。そして、バルトはさらに言葉をついで、彼がトレントの教父たちに対して罪を犯したことを認めても構わない、とまで言ったのであった。

それゆえに、その論文に基づいた、キュングの義認の書物の序文で、バルトは以下のように書いたのである。

「それで、私はノアのように、私の箱舟の窓から外を見上げ、あなたの書物は、カトリックとプロテスタントの神学者が互いにただ論争的に討論しあった、あるいは平和主義のなかで当たり障りのないことを語り合った、あの時代の洪水が、全くひいたのではないにしても、少なくともはっきりと減じつつあることの、明らかな印として歓迎するものである」。

このようなバルトとキュングの間の対話は、プロテスタントとカトリック教会の間におこった多くの対話の一つでしかない。前述のブラウンは、これらの対話を観察しながら、また彼自身のカトリックとの対話を反省しながら、対話が広がり、さらに続くために役立つ、以下のような七つの基礎的なルールを提示している。

一、各自は、相手が誠意を持って語っていると信じなければならない。

二、各自は、自分自身の信仰について明確な理解を持たねばならない。

三、各自は、相手の信仰を明確に理解するべく努力しなければならない。

四、各自は、そのグループが分裂を起こし、永続させるために、かつてしたことと、していることに対する責任を、謙遜と懺悔をもって受け入れなければならない。

五、各自は、分離の原因となっている問題と、統一を創り出す問題に率直に直面しなければならない。

六、各自は、対話が自身の教会の革新の源泉となるよう求めなければならない。

七、各自は、話し合いが行動につながるものでなければ、空しいことを認識すべきである。

これらの基礎的ルールは、教会間の対話だけではなく、宗教間の対話にも、本当に役立つことを、私は強く思わされている。これらの基礎的ルールは、如何なる対話においても、殊に宗教間の対話においては、不可欠の最小限度である、と言いたいと思う。

プロテスタントとカトリックの間の対話は、それゆえに、プロテスタントとカトリック教会の双方にとって、それぞれがほかの宗教との対話をするために、良い経験であったしまた練習でもあった。プロテスタントの神学者である北森嘉蔵が、日本における、プロテスタントとカトリックの間の対話のみならず、宗教間の対話、特にキリスト教と仏教の間の対話の開拓者でもあったのは、決して偶然ではない。なぜなら、彼の神学は、その国際的に有名な『神の痛みの神学』（一九四六）で論じているように、神の愛の神学であるが、その神とは愛すべからざるもの、神に敵対するものも愛する神だからである。教会間の対話および宗教間の対話は、この神の愛の実践と応用に他ならないのである。

三

第三に、プロテスタント内の対話について、宗教間の対話との関係で論じたいと思う。以上述べた二つの問題が克服されたとしても、なお解決されねばならない、しかもプロテスタント教会に特有の問題がある。つまり、プロテスタント内の対話の問題である。

プロテスタントのエキュメニカル運動のアイロニーは、プロテスタントとカトリック、あるいはプロテスタントとオーソドックスの間の対話は進歩を見せてきたのに、プロテスタント同士の対話が成功を見ていないことである。しかもこれは世界的な現象である。いわゆるＷＣＣ（世界教会協議会）のエキュメニズムと福音派(Evangelicals) のエキュメニズムとの間には対話がない。ＷＣＣの会長の一人であったジョン・コベントリー・スミスの言葉で言うと、「エキュメニカルな福音主義者」と「保守的な福音主義者」との間の対話が行われていないのである。ＷＣＣはグリーク・オーソドックスともローマ・カトリックとも対話をしているが、福音派はそのいずれともしていないので、福音派に対話を持たないことの責任があるように見える。したがって、ＷＣＣは、福音派の閉鎖性、非寛容性、排他性とファンダメンタリズムを責めがちである。他方、福音派は、ＷＣＣの世俗主義、政治的、ヒューマニズム的、イデオロギー的な自由主義を責めがちである。双方がこのように相手を責め批判しあっているかぎり、対話を持つことはできないであろう。少なくとも、福音派がＷＣＣとの対話を持つことができるようになるまで、福音派が宗教間の対話を持つことはできないように見える。いずれにせよ、ＷＣＣと福音派、そして各国における国内教会協議会（ＮＣＣ）と福音派の間の対話は、不幸にして未だ始まっていない。ここかしこで、小さな努力は見られるが。

私自身の日本における福音派との、神学的また伝道的なレベルにおける対話の経験から言って、前述のブラウンが提示したプロテスタントとカトリックの対話のための基本的ルールはきわめて有益である。もし双方がこれらのルールに従うならば、確かに双方は対話に入るようになるであろう。常に覚えておくべき最も大事なことは、プロテスタント同士の間の違いは、プロテスタントとカトリックとの間の違いはもちろん、言うまでもないことであるが、キリスト教と他の宗教との間の違いよりは、大きくないということである。双方の間にある違いよりは、共通のものにもっと関心を持たなければ、対話を持つことはできない。私たちがキリストにおいて一緒であるならば、なぜ私たちのあいだで対話を持つことができないのであろうか。私たちの間で対話ができないのなら、どうして宗教間の対話ができるであろうか。

福音派との関連で、福音派だけではなく、ほかのプロテスタントのなかにもある、もう一つの問題について述べたい。宗教間の対話に関心がないのは、なにも福音派だけではない。ＷＣＣのキリスト者のなかにも、宗教間の対話に全く興味のない人々もいる。後で見るように、キリスト者が宗教間の対話に関心を持つかどうかは、主としてどのような宗教の神学を、その人が持っているかどうかによるのである。ここでは、神学のほかに、あると思われるほかの理由について考えてみよう。

宗教間の対話に関心のない、これらのキリスト者は、逆説的に聞こえるであろうが、しばしばほかの宗教から回心した人々の間に多く見られる。彼らは前の宗教に対して、次のように書いている使徒パウロのように、感じている。

「しかし、私にとって益であったこれらのものを、キリストのゆえに損と思うようになった。私は、さらに進んで、私の主キリスト・イエスを知る知識の絶大な価値のゆえに、いっさいのものを損と思っている」（ピリピ人への手紙三・七―八）。

彼らは他の宗教、すなわちその中で生まれ育ち、そしてそこからキリスト教へと回心した、前の宗教を知っていると思っている。それ故に、彼らは、なぜあるキリスト者がほかの宗教に興味を持ち、宗教間の対話に興味を持つのか、理解できない。

東京神学大学の組織神学教授であった大木英夫は、日本におけるそういうキリスト者の一人である。日本基督教学会の年次大会で行われた「キリスト教と宗教」のシンポジウムで彼は次のように述べている。「教会の中で『キリスト教と宗教』ということを考えた場合、私の言い得る言葉は、『いまだキリストを究め得ず、いずくんぞ他宗教を知らんや』ということである」（『日本の神学』二二号、一九八三）。

おそらく、これがアジアの教会のなかで、数世紀にわたって教会が存在してきたインドを除いて、宗教間の対話に人気のない理由なのであろう。日本と韓国教会のような、やっと一世紀少ししか存在したことのない、いわゆる「若い教会」には、ほかの宗教から回心した、一代目のキリスト者がいつもいるからである。彼らは、回心経験を持ち、自分たち自身を「生まれ変わったキリスト者」と呼ぶ、福音派の人々に似ている。これらの人々は、キリスト教の新しさに圧倒されているために、ほかの宗教の古くさいものに全く関心が向かないのである。

これが、ほかの宗教に囲まれていながら、それらとの宗教間の対話に関心をもつキリスト者が、アジアの教会にあまり多くいない理由である。と同時にこれが、なぜ宗教間の対話に関心を持つキリスト者が、主として第二世代、あるいは第三世代のキリスト者に多いのかを説明する理由である。彼らはキリスト者の家庭に生まれ育ったために、ほかの宗教については何も知らない。ある意味では、彼らはほかの宗教に対しては「外国人」のようなものである。外国人がその国生まれの人よりも、その国のことに関心を持つように、第二代と第三代のキリスト者は、第一代のキリスト者よりも、ほかの宗教に興味を持つのである。彼らには、使徒パウロの次のような勧告がもっとアピールするのであろう。

「最後に、兄弟たちよ。すべて真実なこと、すべて尊ぶべきこと、すべて正しいこと、すべて純真なこと、すべて愛すべきこと、すべてほまれあること、また徳といわれるもの、称賛に値するものがあれば、それらのものを心にとめなさい」（ピリピ人への手紙四・八）。

これが、なぜヨーロッパやアメリカのキリスト者のほうが、アジアのキリスト者よりも、宗教間の対話に興味を持つ理由なのであろう。いわゆるキリスト教国のキリスト者のほとんどは、名前だけのキリスト者でなくても、いわゆる二代目や三代目のキリスト者のタイプであり、非キリスト教世界のキリスト者の多くは、一代目のキリスト者のタイプだからである。

したがって、時々アジアのキリスト者は、宣教師の子供や孫たちに出会って、気まずい経験をすることがある。彼らは宣教師によって、ほかの宗教からキリスト教に回心したのに、その宣教師の子孫はキリスト教よりもほかの宗教に興味を持っているからである。

　アジアにおいて、殊にアジア教会において、宗教間の対話について語るまえに、私たちが忘れてならないのは、彼らの回心経験のゆえに、またキリスト教信仰の独自性の確信のゆえに、プロテスタント内の対話にも、まして宗教間の対話には興味を持たないキリスト者が多くいるということである。その回心経験なくして彼らはキリスト者にはならなかったであろう。

四

　以上論じてきたように、宗教間の対話に入るまえに、克服しなければならない少なからぬ問題が存在するのである。しかしながら根本的な問題は、その一部は前節で言及したように、神学的な問題である。根本的な問題とは、キリスト教の視点から見て、宗教とは何なのか、という問題にほかならない。この問題は以下のような多くの諸問題を含んでいる。私たちキリスト者は、ほかの宗教をどのように理解し、解釈し、評価すべきなのであろうか。キリスト教と他の宗教は、どのような関係なのであろうか。ほかの宗教は、キリスト教の啓示とは全く無関係なのであろうか。ほかの宗教とは、ただの人間の営為に過ぎないのだろうか。ほかの宗教は一般啓示の結果だろうか。キリスト教は唯一の啓示宗教なのだろうか。キリスト教は唯一の真の宗教だろうか。キリスト教の絶対性主張の根拠は何なのか。あるいは、キリスト教は多くの宗教の中の一つの宗教なのか。キリスト教の独自性は一つの神話に過ぎないのか。

これらの諸問題を取り上げ論議しているのが、最近のいわゆる「宗教の神学」と呼ばれているものである。宗教の神学とは、宗教史の視点からキリスト教神学を解釈しようとする、宗教的な神学ということではない。むしろ逆に、宗教を神学的研究と探求の対象にする神学が、宗教の神学である。換言すれば、宗教の神学とは、宗教を神学的な視点から研究し、解釈しそして評価する神学のことである。

一九六〇年代初め頃、H・R・シュレッテ、E・ベンツ、P・ティリッヒなどの神学者が宗教の神学の必要性を呼びかけたが、それ以来、多くの宗教の神学が書かれまた提唱された。キリスト教と他の宗教との関係の説明と解釈にしたがって、三つの類型に分かれる宗教の神学があるといわれている。それはイギリスの神学者であるアラン・レイスの用語を使えば、排他主義、包括主義、多元主義の三つである（*Christians and Religious Pluralism*, Patterns in the Christian theology of religions, 1982）。

第一の類型である排他主義には、キリストへの忠誠はほかの宗教を排除すると考える神学者が属している。彼らによれば、キリスト教は多くの宗教の中の一つではなく、ただ一つの真の宗教、あるいは神の啓示である。この類型の主要な主張者は、カール・バルト、エーミル・ブルンナー、ヘンドリック・クレーマー、W・A・ヴィッサート・フーフトそしてレスリー・ニュービギンなどのWCCの神学者たちである。

第二の類型である包括主義には、キリストはいくらか既にほかの宗教の中にもおられる、と考える神学者たちが属する。彼らは神の業がほかの宗教の中にあることを認めるが、それらの宗教は救いには不十分である。キリスト教はほかの宗教が求めているものを成就する宗教なのである。この類型の主な代表者はカール・ラーナー、アンリ・デ・ルバク、H・R・シュレッテおよびレイモンド・パニカーなどのカトリックである。けれども、プロテスタントの中にも『ヒンヅー教の冠』（一九一三）を書いたJ・N・ファアクハーのような人もいた。ラーナーが言ったように、ほかの宗教は「無名のキリスト教」ということになる。

第三の類型である多元主義には、異なる宗教を独立した信仰の妥当な共同体である、とみなす神学者たちが属する。それゆえに、キリスト教は神への唯一の道であるとは彼らは言わない。キリスト教は、神への多くの道のうちの一つである。この類型の主要な代弁者は、エルンスト・トレルチ、W・E・ホッキング、アーノルド・トインビー、ジョン・B・カッブ、W・C・スミス、ジョン・ヒックなどの自由主義的なプロテスタントである。カトリックの中にも、この類型に属しているように見えるポール・ニッターのような人もいる。ヒックが言っているように「神は多くの名をもつ」のである。

この三つの類型のなかで、第三番目が宗教間の対話に最も熱心である。第二番目も第三番目以上でなくとも、対話には熱心である。第一番目が対話に至るのが最も困難である。しかしながら、神学的に言うと、これらの三つの類型は、神の三つの最も重要な側面を代表している。私が『宗教の神学』(一九八五)のなかで指摘したように、これらの三つの類型は三位一体の神に対応しているのである。第一類型は、第二格、すなわち子なる神を強調している。それゆえに、それはバルトに代表されているような、キリスト中心の神学となるのである。それはキリストの独自性を強調するために、排他的になりがちである。第三類型は、第一格、すなわち父なる神を強調する。それゆえに、それは神中心の神学となる。この類型の指導的な神学者であるジョン・ヒックが神学における「コペルニクス的革命」を呼びかけているのは、決して偶然ではない。それはキリスト中心ではなく、神中心の神学だからである。それは、キリストの独自性を否定するので、普遍主義的になりがちである。第二類型も普遍主義的であるが、キリストの重要性を無視はしない。なぜならキリストのみが救い主だからである。しかしそれは包括的である。というのは、それは神の霊の働きが、キリスト教の外側にあることを認めるからである。

したがって、それは聖霊中心的な神学である。ラーナーが言っているように「キリストの霊を通して、キリストは非キリスト者および非キリスト教の宗教のなかにいまし、かつ働きたもうのである」。

もし私たちが、三位一体の神を信じるのであれば、私たちのほかの宗教に対する態度も三位一体的でなければならない。それはこれらの三つの類型、排他的、包括的、多元的のすべての類型を、その態度自体のなかに含まねばならない。もし私たちが、ほかの二つの類型を犠牲にして、一つの類型だけを主張するならば、私たちは三位一体論的（Trinitarian）ではなく単一論的（Unitarian）になっているのである。かつてH・リチャード・ニーバーは現代神学が「神学的ユニタリアニズム」と呼ぶものになる危険性に対して警告したことがある。普通、「ユニタリアニズム」というのは、父なる神のみを信ずることを意味するが、ニーバーは「イエス・キリストのユニタリアニズム」と「聖霊のユニタリアニズム」なるものがあることを指摘している。

これらの三つのユニタリアニズムは、ひとりの神のうちにあって相互依存的であるはずである。もしそのうちの一つが独立したものになれば、その神はトリニタリアンではなくユニタリアンの神となってしまう。同じように、もし私たちがほかの類型を犠牲にして、ただ一つの類型の宗教の神学を主張すれば、私たちは神学的ユニタリアニズムに陥る危険性のなかにいるわけである。他方、もし私たちが三位一体の神に忠実であるならば、ほかの宗教に対する、これらの三つの類型を統一し統合しなければならないであろう。もし私たちが三位一体的な宗教の神学をもつならば、私たちは矛盾することなく、キリストの排他性と包括性の両方を結合できるであろう。また、キリストの特殊性と普遍性の両方を同時に主張できるであろう。そのとき、私たちはユルゲン・モルトマンのように言うことができるであろう。「十字架が中心になればなるほど、ほかの宗教への関心はより開かれ、聖霊論はより豊かにかつより幅広いものになるであろう」（*Kirche in der Kraft des Geistes*, 1975, S.177）。

これまで「宗教間の対話」について述べてきたが、それは定義なしにであった。もちろん多くの神学者による、多くの定義がある。ここにおいても基本的には三つの類型の定義がある。すなわち、宗教の神学の三つの類型による、あるいはキリスト教と他の宗教の関係についての、異なる見方による類型である。排他的類型にとっては、宗教間の対話は、相互理解のための国際的かつ異文化間のレベルに留まるものであって、キリスト教のアイデンティティは対話によって、いささかも影響されることはないものである。多元的類型にとっては、宗教間の対話は各宗教の魂のなかにまで行かなければならないものであって、各宗教のアイデンティティも対話によって変わるかもしれないものである。包括的類型にとっては、宗教間の対話は排他的類型よりはさらに行くものではあるが、多元的類型ほどには行かないものであって、キリスト教は対話によって、外面的には変化するかもしれないが、内面的には変化するものではないものである。

しかし、それに基づいてこれらの宗教間の対話の定義がつくられている対話観なるものは、実は宗教間の対話にはいる前にすでにできているものである。したがって、そのうちのどれが真の、あるいはよりよい対話観であるかどうかを検討し、証明するためにも、私たちは実際に対話に入ってみなければならないであろう。それでなければ、これらの宗教の神学と宗教間の対話の定義は、単なる推測か教条的な解釈でしかない。それゆえに私たちは宗教間の対話を始め、そのなかに入っていく必要がある。この点で、ポール・ニッターの次の言葉には、聞くべきものがある。

「キリスト教は真の宗教かも知れない。キリスト教はすべての宗教にとっての成就である結晶点かもしれない。しかしこのことが非キリスト者とキリスト者によって知られ、そして主張されるのは、ただ純粋なる対話のあとだけである」(*Interreligious Dialogue*, ed. by R. W. Rousseau)。

五

最後に、私は宗教間の対話の大いなる必要性と緊急性とについて論じたいと思う。宗教間の闘争と敵意は、今日の世界平和と国際的共同体に対する大きな脅威である。宗教間の対話をもつようになり、互いに学ぶことができるようにならなければ、どうして私たちは世界平和を達成できるであろうか。宗教間の対話なくして、国際的な対話はない。そして、国際的な対話なくしては、国際的な平和はなく戦争になる。戦争、特に今日の核戦争は、世界と人類の破壊である。今日、国際的な対話は平和と人類の生存のために、緊急かつ至上命令といわねばならない。このような文脈において、宗教間の対話を開始し、それに参加することは、キリスト者の責任である。なぜならキリスト教は愛の宗教であり、対話なくしては愛はないからである。なぜならキリスト教は正義の宗教であり、対話なくして正義はないからである。なぜならキリスト教は平和の宗教であり、対話なくして平和はないからである。なぜならキリスト教は自由の宗教であり、対話なくして自由はないからである。

忘れてならないことは、聖書の神、新約と旧約の神は、イスラエル民族の歴史とイエス・キリストの出来事を通して、人類と対話をされた神であるということである。それから神は、教会と聖霊を通して、人類との対話をさらに続けておられる。イエス・キリスト御自身は神の言葉であり、私たちとの対話のために受肉された神の言葉なのである。福音書がその記録を残しているように、イエスはまことに対話の人であった。ユダヤ人が差別した人々とでも誰とでも対話された。注目すべきことは、イエスが人々の大いなる信仰に感嘆したのは、ユダヤ人のそれではなく異邦人やカナン人の信仰だということである。イエスがローマの百卒長の信仰について言われたことは、宗教間の対話にとってもまことに示唆的である。

「よく聞きなさい。イスラエル人のなかにも、これほどの信仰を見たことがない。なお、あなたがたに言うが、多くの人が東から西から来て、天国で、アブラハム、イサク、ヤコブとともに宴会の席につくが、この国の子らは外のやみに追い出され、そこで泣き叫んだり、歯がみをしたりするであろう」(マタイによる福音書八・一〇―一二)。

もしキリスト者が、現代における宗教間の対話の必要性、緊急性、責任性を認識し、この章において私が述べた多くの障害を乗り越えて、多くの国において、実際に対話が行われたならば、二十一世紀の宗教間の対話は大いに前進し、地上の平和のために大きな貢献をするであろう。そして、これは私の確信するところであるが、宗教間の対話は、イエス・キリストの福音とは一体なんであるかについて、より明らかにする光をもたらすであろうし、なぜ私たちがすべての人々にこの福音を宣べ伝えねばならないか、今まで以上に明らかにするであろう。

4　キリスト教と仏教の対話

この章では、土居真俊宗教論集『キリスト教と仏教』（一九八九年）と土居真俊対話集『親鸞とキリスト教』（一九九〇年）を合わせて取り上げ、キリスト教と仏教の対話の可能性を論じたいと思う。

著者の土居真俊教授（一九〇七―一九八八）は、一九五五年から一九七八年までの二三年間、同志社大学神学部で主としてキリスト教思想史と組織神学を教え、かたわら一九六五年から一九八五年までの二〇年間、日本基督教協議会（NCC）宗教研究所所長としてキリスト教と諸宗教の対話を促進してこられた神学者である。言いかえると、土居はわが国における「宗教の神学」の先駆者、開拓者であった。拙著『宗教の神学――その形成と課題』（一九八五年）の「はしがき」に次のように記したとき、念頭にあったのは実は土居のことである。「いずれは誰かによって書かれねばならなかった主題であり、またそれによりふさわしい多くの諸先輩がおられるのに、浅学をかえりみず本書を出版するのは、世界の状況がこれ以上の遅延を許さないほどに激しく変化しつつあると判断するからである」（七頁）。

私が『宗教の神学』をプリンストンで書き上げたのは一九八四年の七月であったが、その一年前、渡米の直前、私は京都の宗教研究所に土居を訪ねた。すでに一九八一年から『形成』誌上に「宗教の神学ノート」を毎月連載していたので、アメリカでの一年間の研究休暇中にまとめようと考えていたときであった。結論的な部分を書くために土居の経験と意見を聞いておきたいと思ったからである。そして土居の研究論文などを見せてもらいたいと思っていたからである。

数年ぶりでお会いしたからか、もともと頑健ではない土居は、さらに痩せられて仏教の老僧のようであった。「先生の宗教の神学はいつ出るのですか」という私の質問に、「最近健康も良くないので、まとめる体力もなくなった」と、かれ声で弱々しく答えられた。私の計画を申し上げると「君はいつも元気でいいね。期待しているよ」と言われた。今にして思えば、これが土居と直接交わした最後の会話であった。

そのあとは拙著『宗教の神学』をめぐる文通による「対話」であるが、土居からの葉書と手紙は私信ながら、ここで取り上げる二冊の書物を理解するのに有益と考えるので、それに言及しつつ主題について考察したいと思う。

前述のように『宗教の神学』の出版の予告をしておいたので、一九八五年七月末に出版されるや、真っ先に新著を謹呈したのはほかでもない土居である。さぞかし、もっとも喜んでくれると期待していたからであった。

ところが八月八日付けで次のような葉書が土居から私宛にとどいた。

「御近著『宗教の神学』有り難く拝受いたしました。一気に読み通しました。何時ものように才気煥発という感をもちましたが、率直に云って『宗教不在の宗教の神学』という一語に尽きるようです。内実のある宗教の神学は諸宗教との対話の中から生まれてくるものではないでしょうか。類型論からは中実が脱落してしまう。ましてやキリスト教の類型論を他宗教に押しつける事は西洋優先主義となりましょう。（中略）宗教の神学は息の長い仕事です！」

拙著『宗教の神学』を「宗教不在の宗教の神学」！　とは、致命的な書評ではないか。あの温厚な土居からの厳しい批評だけに、私は失望よりも憤慨に近い気持ちになり、直ちに抗議の手紙を書いた。その手紙のコピーは私の手元にはないので、正確なことは覚えていないが、「はしがき」にも記したように、これはあくまでも「序説」のつもりであって、先生などによる「本格的な宗教の神学」が出るまでの予備的な作業のつもりで出版したのだ、というようなことを述べた。書かなかったと思うが、先生がいつまで待っても出版しないから、このような序説的なものを書かざるを得なかったのだ、という不満の気持ちをぶちまけた。それに対して八月十八日付けで便箋五枚の返信が送られてきた。

先にも述べたように、これは私信ではあるが、発信者はすでに故人であるし、歴史的な意味を持つ資料であり、さらにその死後、出版されたこれらの書物を理解するのに有意義であると考えるので、ここにその中心部を公表する次第である。

「先日は貴兄の折角の力作に対し不躾なことを申し上げ失礼いたしました。貴兄との間柄のことであるから直言しても友情に支障は起こらないであろうと思って、少し舌足らずでした。

御来示の趣旨はよくわかっております。宗教の神学への序論としてはそれなりによく出来ております。資料も豊富だし歴史的叙述も要を得ております。しかし表面切って『宗教の神学』と言われると、その形成の途上で苦労している小生にはあのような読後感が出てくるのです。小生としては大乗仏教との対話を通してキリスト教神学の西洋追随からの脱皮をという意図をもっており、そのためにサンスクリット辞典まで買い込んだのですが、小生の年齢では時すでに遅しであきらめました。この道を行くには神学的基礎のできていない余り若い人では出来ないし、老神学者では先入観念があって駄目でしょう。仏教との対話に入るには仏教についても相当の知識を持っていなければならないでしょう。その上、私の考えでは忠実な教会員であってキリスト教という伝統的な意味意識の担い手でなければならないと思っています。

いろ〳〵なことを考慮して貴兄のような人が今からチャレンジしてはどうかと思います」。

これらの引用文には、土居がどのような宗教の神学、ことに宗教の対話の神学を考えていたのかがよく示されているように思われる。そして同時にそれらは、この二冊の死後出版の書物の意義を明らかにするのに役立つものと思われるのである。

まず『キリスト教と仏教』であるが、この「宗教論集」は宗教の対話の神学をめざす土居の神学的姿勢をよく示す論文が集められている。約五〇〇頁のうちの五分の三は「I　神学の課題」と題されている神学論集である。他宗教と対話するためには「神学的基礎のできていない余り若い人では出来ない」と考えていた土居自身の神学的基礎がここには示されている。さらに土居は対話をしようとするものは「忠実な教会員であってキリスト教という伝統的な意味意識の担い手でなければならないと思っています」と思っていたように、土居自身が教会の伝統を大事にしていたこともよく示されている。

以上のことは重要な指摘である。なぜなら宗教間の対話を強調し、参加している神学者の中には、キリスト教についての理解がどうかと思われる人に、エキュメニカルな会議などで時々出くわすからである。こういう人はキリスト教の側からいって問題であるのみならず、他宗教の側からいっても問題であろう。先日、宗教の神学についてのある研究会で講演をしたとき、「私はバルト神学は時代遅れだと言うキリスト者とは対話する気になれない」という浄土真宗の学者に出会ったことがあった。

この点、土居はティリッヒに出会う前にバルトに傾倒したこともあって、伝統的な教会的神学を十分に踏まえている。第一部は「意味の神学」と題されているように、土居自身の神学は「人間の意味意識を考慮に入れない神学や説教は、水なきところに釣り糸を垂れるに等しい」（六七頁）と明言する意味の神学である。けれどもそれは決してブルトマンやティリッヒを是としてバルトを非とするものではない。「ケリュグマティック・セオロジーかアポロジェティック・セオロジーかというような二者択一的な問いは意味を失う。なぜなら、実存的契機を含まない啓示は存在しないと同時に、啓示の光によって照らされない実存理解は神学的実存理解ではあり得ないからである」（一〇八頁）。

したがって土居自身の神学的基礎はきわめてバランスのとれたものである。しかしながら宗教の神学、ことに宗教の対話の神学においては、決定的にティリッヒから影響を受けている。それは第二部の「ティリッヒ神学」に明らかである。戦後四十歳を過ぎてアメリカに留学してティリッヒを研究し、帰国後『ティリッヒ』（一九六〇年）でデビューして、わが国におけるティリッヒの紹介者となった。そしてティリッヒの翻訳者としても知られる。

けれどもティリッヒの良き学徒にふさわしく師の紹介にとどまらず、師のさし示す方向に向かってまず同時代の他の神学との対話を行う。それが第三部の「終末論研究」である。キリスト教に独自の終末論研究は、おのずから他宗教との対話におけるキリスト教の視点の明確化のための準備となっている。

このあとがきが本書の五分の二を占める「II　東と西の宗教対話」の部分である。しかしこれはもう一冊の『親鸞とキリスト教』のように実際の対話ではない。むしろ土居自身の対話のための準備的な研究である。宗教の神学の「形成の途上で苦労している」ことがよく示される。大乗仏教との対話のために「サンスクリット辞典まで買い込んだ」が高齢のためにあきらめたものの「仏教との対話に入るには仏教についても相当の知識をもっていなければならない」と認識していた土居の仏教研究の努力のあとがみられる。「一種の覚え書きに過ぎない」（三〇三頁）あるいは「一種の素描に過ぎない」（三九五頁）とか「いささか初歩的な説明に堕した嫌いのあることをことわって置きたい」（四一九頁）というような言葉がよく出てくる。これは他宗教を理解すること、さらにそれとの比較研究がいかに困難であるかを実感したからであろう。

「この道を行くには神学的基礎のできていない余り若い人には出来ない」であろうと土居は言っているが、それは神学的基礎だけではなく、古い日本語と漢文的基礎のできていない現代の若い神学者には極めて困難であろう。彼らにとって仏教の経典を日本語で読むことはドイツ語の翻訳で読むよりも難解ではなかろうか。この点、明治生まれの土居は有利であったといえよう。しかし本書では、それこそ初歩的な段階にとどまっていて、本格的な比較研究や対話には入っていない。

けれども『親鸞とキリスト教』はその副題「土居真俊対話集」の如く、実際の対話である。このような対話を実際にしておられたからこそ土居は拙著『宗教の神学』は「宗教不在の宗教の神学」と酷評したのであろう。「内実のある宗教の神学は諸宗教との対話の中から生まれてくるもの」と考えていたからである。

こう言うだけあって本書の対話、それは主として浄土真宗との対話であるが、実に興味深い対話である。三一人の人々と対話をしているが、そのうち二四人は仏教の人々である。阿部正雄、大谷光真、玉城康四郎、西谷啓治、星野元豊といった、神学者たちにも知られている人々もふくむが、一人の神学者でこれだけ多くの仏教者と対話をしたのは、土居以外ほとんどいないのではないだろうか。これは貴重な対話の記録である。実際にこれらの対話が行なわれたのは、一九六九年から一九八〇年の間であって、これまでまとめては出版されなかったものである。拙著『宗教の神学』の出版前に読みたかったのは、このような実際の対話の記録であった。土居自身、生前よりその出版を企画しておられたようであるが、没後、論文集とともに刊行されたものである。対話集の「刊行にあたって」を仏教者の坂東性純教授が記しておられるが、このこと自体が本書の意義と価値を保証するものといってよいであろう。

それによると土居は龍谷大学や大谷大学でキリスト教神学の概論を長年講じ、現在浄土真宗の僧侶となっている多くの人々を教えられたという。したがって土居は生前、多くの仏教者と出会って尊敬されていた神学者であったといってよいであろう。

しかしながらこの対話における土居の仏教批判はなかなか手厳しい。くりかえし疑問を提出しているのは、浄土と歴史社会との結びつきの問題であって、それが「結びつかないと社会倫理は出てこないのではないか」(一二一頁)とたずねている。そして仏教からは倫理が出てこないのではないかと、不満の意を表している。

「仏教が本当に日本の社会の改善のために具体的に貢献するということが出てこないんじゃないか。長年、仏教の方々とつきあいをしておって、いつも私が残念に思うのはその点です。非常に深い哲学をもっておられながら、現世とのかかわり合いということについてはっきりした教えがないということです。その点、私共は不満に思うのです」。

さらに仏教が現代社会に適応性をもたないと「仏教は宝の持ち腐れになって、現代から取り残されてしまいますよ。私はそう心配するんです。ちょっと言い過ぎかも知れませんけれど」(二五〇、二五一頁)。

土居は拙著を批判して「キリスト教の類型論を他宗教に押しつける事は西洋優先主義となりましょう」とのべ

ているが、これもキリスト教の倫理観を仏教に押しつけることになっていないだろうか。あにはからんやこの発言はただちに仏教側からの反論をひきおこしている。仏教に倫理がないのではなくて、キリスト教とは「基礎が違った倫理観」、「別の倫理観をもっている」といわせている（二五二頁）。

しかし最後に「われわれはクリスチャンの方々には非常に敬意を捧げます。けれども倫理観の差違という問題を考えて見たい」と言わしめて、さらなる対話の可能性を引き出している。宗教の対話の良き実例である。

宗教論集の「刊行にあたって」を記しているのは八木誠一である。八木は土居が創立者のひとりである「現代における宗教の役割研究会」（コルモス）や、土居がその初代会長であった「東西宗教交流学会」にも一緒に参加している。しかしこの二冊のどこにも八木と滝沢克己のキリスト教と仏教についての研究や発言についての言及はない。対話集の中には七人のキリスト者も参加してはいるが、彼らとの本格的な神学的対話にはなっていない。仏教者との対話に忙しくて同僚との対話の暇はなかったのだろうか。さらに感じさせられたのはこの小さな日本の中で関東と関西は依然として遠いということである。宗教研究所はほとんど関西の人々だけで行われているし、土居の論文や対話もこの二冊の刊行まで、関東のものにはほとんど目に触れることはなかったからである。しかしそれだけに遅ればせながら、このたび土居の先駆的な業績が公にされたことを喜ぶものである。これ以外にもまだあるのであればその刊行をのぞみたい。

拙著『宗教の神学』に匿名で出てくる「老学者」とは実は土居のことである。前述の最後の訪問の時のことである。

「神学者でありながら、長らく諸宗教の研究をしてきた老学者と、上座仏教の輪廻転生について語っていた時のこと、そのひとが次のようにポツリと述懐されたので少なからず驚いたことがある。『もし私が生まれ変わったら、どの宗教にも属したくない。宗教はみな汚いからね』」(三四頁)。

土居をしてこのように言わしめた宗教の側面はまだ明らかになっていない。今後明らかになるのであろうか。宗教の対話はそういう側面にまで触れるものなのだろうか。少なくとも私の考える宗教の神学はその側面も含むものでなければならない。拙著『宗教の神学』において「宗教形成としての宗教の神学」とともに、いや、その前に「宗教批判としての宗教の神学」をその課題として述べたゆえんである。

最後に、土居が私信で言っているように「宗教の神学は息の長い仕事」である。その仕事をわが国で始めた土居真俊教授の先駆者的、開拓者的な労作と努力は、今後長らく神学者たちによって継承されねばならないであろう。

III

日本のキリスト教

——日本の神学

1　戦後五十年日本の神学の軌跡

一　はじめに

私がこれからお話ししようとするのは、「戦後五十年間の日本における神学」ということです。日本語で「日本の神学」と言っても、いろいろな意味にとれるわけで、「日本的神学」という考え方もある。これは後でまた触れますが、英語でいうと、ジャパニーズ・セオロジーというものです。しかし、そういう日本的な神学という意味で言っているのではないのです。あるいはまた、私の本の題名と関係しますが、『日本の神学』と私が言っているのは、日本を神学の対象にするという、そういう意味での日本の神学ということを、私と大木英夫先生は言っているのですが、そういうのでもない。

英語でいうと、セオロジー・オブ・ジャパンというとき、オブというのは「の」という属格ではなくて対格。すなわち日本に属する神学ではなくて、日本を神学の立場から神学する。これを「日本の神学」と言っています。これからお話しようとすることは、そういうのでもない。ここでは、「日本における神学」ということです。戦後五十年間のセオロジー・イン・ジャパンといっていいと思います。

さらにここで言っている神学というのは、いわゆる「組織神学」です。神学の分野には、「聖書神学」というのもあります。旧約聖書とか新約聖書に基づいた聖書神学というのがあるし、「実践神学」とか、「歴史神学」とかいろいろありますが、私がここで取り上げようとしているのは「組織神学」です。

組織神学というのはまた三つに分かれていまして、教義学と弁証学、それからキリスト教倫理学。英語で言うとドグマティックス、アポロジェティックス、それからクリスチャン・エシックスとなります。その「組織神学」のことです。いわゆる聖書神学の問題もあるのですが、そこまではきょうはお話しするつもりはありません。いちばん神学の中心と思われる組織神学をめぐってお話しするつもりです。

二　二十年周期説

私の書いたものをお読みの方はご存知と思いますが、私は実は二十年周期説ということを言っています。これは非常におもしろいことなのですが、明治の初めから二十年ごとに、日本の風潮が変わるのです。だいたい二十年くらいで、国際主義というか、インターナショナルな時代が来ると、必ずその後に反動として、ナショナリスティックになるのです。それを繰り返している。これは戦争前に八十年間あったわけです。明治元年から明治二十年。これは最初の国際的な、鹿鳴館の時代です。そういうときにはキリスト教が盛んになる。歓迎されるのです。第Ⅱテモテのパウロの言葉に「良いときと悪いとき」（四・二）というのがあります。日本の宣教や伝道にとって「良いとき」というのは、いわゆる国際的な時代なのです。そういうときには、YMCAと英語にとってもよい時です。国際的な時代です。

「英語を使うのはけしからん、やめろ、日本基督教青年会にしろ」などと言われるときは「悪いとき」国粋的な時代です。そうなると、必ずキリスト教は衰退するのです。のみならず、そうなると必ず、教会とかYMCAがおかしくなる。ナショナリズム、国家主義に迎合するようになります。それが明治二十年から四十年にあたります。

今度は明治四十年から大正十五年が二番目のインターナショナルな時代です。いわゆる大正デモクラシーの時代です。そうするとまたキリスト教が盛んになるわけです。

ところが昭和元年から昭和二十年。これはみなさんご承知の最もナショナリスティックな時代でした。それで、私は、二十年周期説ということを言っているのです。私はそれを、戦後の五十年に当てはめても、だいたい当たっているのではないかと思っています。

そういう国際主義と国粋主義という、二十年周期説に従って、戦後五十年をみますと、第一期が一九四五年から六五年、六五年から八五年、それから八五年から今年はもう九五年ですから、戦後の二番目の国際時代の、今ちょうど真ん中に来ているということです。

戦後五十年ですから、これはもちろん現代史です。私はちょうど五十年間、神学の勉強を始めてから今日まで来ています。ですから戦後五十年というと、私自身が勉強してきたのとぴったり合うわけです。戦後五十年といっても今まだ続いているわけです。その中に私どもがいる時代があります。ですから距離を置いて歴史を見ることとは不可能なのです。自分たちは、その渦の中に入っているのですから。今から八十年前か百年前のことになると、距離があるから客観的に見ることはできますが、これはどうしても主観的にならざるを得ない。しかも私自身が日本の神学に、よかれあしかれかかわってきたのですから、私にもそれへの責任があるわけです。

ということは言い換えると、これは必然的に主観的にならざるを得ないのです。いわゆる客観的なものを書くためには、距離が必要でしょう。私が死んだ後で、二十年ぐらいたってから、誰かが客観化できるかもしれませんが、今のところ私にはそれはできない。また、できる人はほかにもいないだろうと思う。

そういう意味で、自伝的な神学史になるということを、初めからご承知願いたいと思います。実は私が編纂した『日本神学史』という、日本で出た最初の神学史があります。明治の最初のところは同志社大学の土肥昭夫教授という、日本プロテスタント史の専門家が書いています。それから大正時代は、東京神学大学の佐藤敏夫教授が書いていいます。この二つの時代は、わりに離れていますから、客観的な資料に基づいています。これが戦後になると難しい。

私はそこで、いろいろバランスを考えまして、戦後の前半を八木誠一さんに頼んだ。彼はもともと新約聖書学から出発した、宗教哲学者です。東京工業大学の教授であった人です。後半を小田垣雅也さんという青山学院にいた人で、この間まで国立音楽大学で教えていた人に頼みました。キリスト教思想の研究者です。戦前の部分に文句を言う人はいませんでしたが、戦後の部分に文句をいう人がかなりいました。

しかしこれはだれがやっても、必ず文句が出る。現代史というのはそういうものです。そういうことをお含みの上で、だれがやっても問題になるのですが、私が依頼されましたので、私の視点からの、日本神学の五十年というものを見ていこうと思うわけです。それがまず最初の序論というか、前置きです。

三　第一期、一九四五年から一九六五年

①戦後国際主義の時代

一九四五年から一九六五年、これは昭和二十年から昭和四十年です。私の二十年周期説によれば、戦後の国際主義の時代です。国際主義の時代というのは、先にも言ったように、キリスト教にとってはいいときなのです。歓迎されるときです。流行するときなのです。だから、そうなると、皆さん覚えていらっしゃるように、戦後のキリスト教ブームというのが始まった。特にアメリカの占領軍はクリスチャン・ジェネラルと言われたマッカーサーが司令官ですから、陰に陽にキリスト教を助けたわけです。

そういうインターナショナルな時代になると、必ずクリスチャンにいい時代だということを象徴的に示すのが、私がずっと関係している国際基督教大学（ＩＣＵ）なのです。まさにインターナショナル・クリスチャン・ユニバーシティ。こういう大学を戦前につくろうと、いろいろな人が考えていましたが、戦前にはできなかった。ところが戦後のこの時代だからこそできたのです。あの三鷹に四五万坪の、しかも、物が何もないときに、一億六千万円の金を集めて建てられたのです。まさに奇跡です。日銀総裁だった一万田さんが募金委員長となり集めたのです。そういうことはあの時代だからできたのです。あの時代でなかったら、絶対にＩＣＵなどという大学はできなかったでしょう。

神学的にいうと、ヨーロッパやアメリカから、当時の一流の神学者たちが続々と日本にやってきたときです。

後でICUで教えるようになったスイスからのエーミル・ブルンナー、それからジョーン・ベネット。この人はニューヨークのユニオン神学校の先生ですが、ラインホールド・ニーバーの都合が悪いというので、その代わりに来た人です。それからパウル・ティリッヒというドイツ人ですが、やはりユニオン神学校の教授だった人。それからヘンドリク・クレイマーと言うオランダの宣教学の神学者です。こういった人たちが次々と日本にやって来た。

ブルンナーが一九四九年富士見町教会で最初の講演会をしたときは聴衆でいっぱいでした。そのときは神学者だけではなくて、東大の教授たちも多く集まって、戦後初めてヨーロッパの一流の学者の話を聞くというので、みんなが熱心に聞いたものです。

そういうときに、日本の神学はどうだったのでしょうか。この時代の代表的なものとして、幾つかの本を挙げますと、最初は、一九四六年に出た北森嘉蔵先生の『神の痛みの神学』です。そのとき北森先生は、三十歳くらいだったと思いますが、その本が出た。その当時は本なんていうものはまずない。しかも、神学書だったのですが、たいへんに注目された本です。

②日本の神学

後に出てくる、カール・マイケルソンの『キリスト教神学への日本の貢献』という本は一九六〇年に出ましたが、その中で彼はいわゆる若い教会、つまりアジアなどの若い教会の中で、意義のある神学を発展させてきた最初の教会は、日本の教会であると言っています。

その中で、特に『神の痛みの神学』を取り上げて、最も意識的に日本的な神学だと言っている。ヨーロッパやアメリカの神学のただ焼き直しや受け売りではなくて、それこそ日本的な神学を考えた。そういう意味で非常に注目されたものです。

ということは、マイケルソンが高く評価するような、学問的に水準が高い神学というものが、既にそのときに出来ていたわけです。このことについては後で言いますが、この北森先生の神学というのは、このときには、もちろん日本人も一生懸命読んだけれども、ほんとうには日本では高く評価されなかった。神が痛む、神が苦しむ、こういう考え方は二十年くらいたって、一九六〇年代の後半になって初めてヨーロッパあたりで注目されるようになったのです。

「神概念の革命」などとモルトマンというドイツの神学者は呼んでいますが、それまでは神というのは全知全能の神だから、その神が苦しんだり、痛んだりするはずはないという考え方でした。これはギリシア以来の伝統なのです。それに対して、北森先生は痛みということを言い出した。しかも、あの先生は歌舞伎が好きなのですが、歌舞伎の中に出てくる辛さとあの十字架上のイエスの苦しみの間には、似ているものがあるといったわけです。

そういう意味で、極めて意識的な日本的な神学だった。しかもそれが、ただとってつけたような話ではなくて、今までの長いキリスト教の歴史、二千年間にわたるギリシアとゲルマンの神学を批判しつつ、日本的なものとして出したというので、非常に注目されたわけです。

ところが日本はご承知のように、戦前からバルト神学が非常に盛んな国です。これはアジアでは日本だけです。ヨーロッパの神学、特にドイツ的な神学が盛んになったのは、日本の帝国大学を初めとする学問の世界と関係しています。ほかの国、例えば韓国とか中国とかインドなどは、ほとんどアメリカやイギリスの神学だけを勉強していました。日本だけはヨーロッパの、特にドイツの神学を勉強してきた。そこにバルトというスイス人ですがドイツ語圏の神学が入ってきて、日本では盛んになったのです。

ですから日本の神学の正統的なものは、だいたいバルト神学に影響を受けたものでした。その代表的なものが、桑田秀延先生の『基督教神学概論』です。桑田先生は、東京神学大学の学長をなさった方です。この本は戦前、たぶん一九四二年に出たと思いますが、それの改訂新版として一九五二年に出た。これはバルト神学によっているわけですが、キリスト教の教義学と、神学、主な教理をまんべんなく、バランスの取れた観点から整理したものです。

ということは明治時代ずっと勉強してきた日本の神学が、だいたいヨーロッパやアメリカの学問的水準と並ぶようになったということです。この本はそういった水準をよく示したものです。その神学の水準の下で教育を受けましたから、私も戦後、アメリカやドイツに留学しましたが、困るということはなかった。

具体的な例でいいますと、私はプリンストン神学校に行く前に、実は一年間、サンフランシスコ神学校に行ったのです。が、当時のサンフランシスコ神学校は、最初の一週間で、私はもうこの学校で勉強する必要はないと思ったくらい、日本の神学は進んでいました。カール・マイケルソンが言ったように、日本の神学というのは学問的にずいぶん水準が高い。そのことをさらに示したのが熊野義孝先生の『教義学』です。

その前に出ましたが、熊野先生の『基督教概論』がありますが、非常にすぐれたものです。これを踏まえた上で、日本で初めて本格的な教義学、キリスト教のいちばん中心的な教理を取り上げた『教義学』が出たのです。これが一巻、二巻、三巻と一九五四年、五九年、六五年という第一期のときに出ました。これはカール・マイケルソンも言っているのですが、教義学というのは、キリスト教の成熟を示す印です。教義学が出るというのは、その国の教会、あるいはキリスト教というものが、成熟してきている証拠なのです。熊野先生は、カール・バルトに大きくよっていますが、独自の視点で展開して、日本で初めて教義学というものを完成したのです。

一九五三年に「日本基督教学会」ができます。これは日本でできた最初の神学の学会です。日本では神学を教えるのには神学校しかできません。京都大学で教えるときはキリスト教学として教えます。それでキリスト教研究という広い意味で、基督教学会を造りました。初代の会長は石原謙先生で、この方は、後に文化勲章を受けられました。

この基督教学会の学会誌は『日本の神学』という誌名です。しかし、それは「日本における神学研究」という意味です。私はその編集長を六年間やりましたが、日本の神学界のいろいろな研究を網羅したものが、基督教学会です。

③「一億総懺悔」の問題

こういう学会ができたのは、クリスチャン・ブームと同じような、神学ブームがあったからだと言ってもいいでしょう。しかし、今の時点で振り返ってみると、非常に問題があったと私は思います。ご承知のように、戦争に負けて、東久邇宮《ひがしくにのみや》内閣のときに、「一億総懺悔」ということを言いました。そうすると全員が悪かったわけでしょう。だれか特定な人が悪いのではないのです。ということは全員が懺悔すると言うことはだれもしないということと同じです。これが今も続いている日本の問題です。しかし、それに対しては、私は日本の神学にも責任があると思っているのです。日本の神学者は懺悔をしなかったのではないか。

しかし、そういう中で懺悔をした人がいました。それは田邊元という、京都大学の西田幾多郎の後継者です。

ちょうど戦争の終わる一年前に京都大学をやめて、軽井沢に隠居していました。北森先生の恩師でもある哲学者ですが、『懺悔道の哲学』という本を書きました。これは京都大学をやめるとき、昭和十九年の十月から十二月の最終講義です。

戦前、田邊を中心とする、いわゆる京都学派の人たちが、いわゆる「大東亜戦争」を肯定して、それを煽動したわけです。ですから、田邊はいよいよ負けることが明らかになって、これは大変だと、非常に深刻に悩んだのです。

田邊という人は写真を見ても分かるように、お坊さんのような人です。真面目な人ですから、非常に悩まれたのでしょう。「懺悔道の哲学」は敗戦直前に執筆されて、戦後出されたのですが、その序文の中でこういうことを言っているのです。「私はこういう時代を見て、自分は哲学教師を辞任すべきではないかと考えた」と。結局、自分は間違えたことを言ったのだ、ほんとうは哲学というのは、その時代時代に正しい真理を示すべきだったのに、自分は結局、間違ったことをしてしまったのだから、自分はこれから哲学をする資格はないのではないか、だからやめるべきではないか、ということまで考えた、と。

しかし、そうなったときにこそ、哲学すべきではないかと考えるわけです。「今や私自身が哲学するのではなく、懺悔が哲学するのである」と言って、『懺悔道の哲学』を公にしました。「今日、我が国の思想家の行くべき道は、文化主義の宣伝よりも前に、懺悔道の提唱でなければならぬ。旧約の予言者エレミヤこそ、我々の道を示すものではないか」。ここから田邊元の亡くなるまでの、戦後の哲学的な軌跡が始まるのです。それまではほとんどキリスト教に関心を持っていなかったのに、キリスト教を研究して『キリスト教の弁証』という本を書いています。そして、仏教からキリスト教への哲学的改心をしたと言われるくらいの「悔改め」をするわけです。

いずれにしても田邊という哲学者は、はっきりと『懺悔道の哲学』を書いて、戦後の再出発をしているわけです。

それに比べると、どうも神学者が、田邊ほどの懺悔もしてないのではないかというのが、私の感想です。日本の「バルト正統主義」に位置づけられる人に山本和という人が出ていますが、実は私の先生です。教会の牧師だったこの先生から私は神学を学んだのです。ですから山本先生というのは、私にとっては非常に近い先生ですが、この先生が『政治と宗教――カール・バルトはどう闘ったか』という本を出している。これは非常によく売れた本です。バルトがナチスに対して果敢な戦いをしたということを、ここで紹介しているわけです。山本先生はそれ以後も、ずっと一貫して、バルトの紹介を情熱を持ってなさった先生です。けれども山本先生は実は戦時中の、しかも戦争の終わる一年前でしたが、『日本の基督教徒より大東亜共栄圏に在る基督教徒に送る書簡』という文書を執筆しました。しかしそれについては、この本の中では一言もなく、バルトがどのようにナチスと闘ったかということを紹介しています。

④甘えの構造

私は『日本の神学』に書きましたが、ドイツのクリスチャンは闘ったのに、なぜ日本のクリスチャンは闘わなかったかと簡単に言うけれども、日本のクリスチャンというのはドイツで言えばユダヤ人のような立場におかれていました。抵抗するどころか、生き延びるだけで大変でした。そういうときに、ここにも経験した方々がいらっしゃるけれども、みんな苦しんだわけです。ですから、我々の先輩、先生たちがだらしなかったと、そんなことを言う気は毛頭ありません。私の父も牧師だったし、YMCAの理事でした。

しかし、戦前がどうであったにせよ、戦後、状況が変わったときに、変わり身が早いだけでなく、もう少し何かがあってもよかったのではないかと思わざるを得ません。つまり、戦争に対する悔い改めのときもなく、再建と復興を開始したからです。これは実は、アメリカの教会にも、ある意味では責任があるようです。アメリカの教会は、YMCAもそうですが、日本の教会にとっては生みの親みたいなものです。

特に帰国した宣教師たちは非常に日本のことを心配していました。日本の教会やYMCAや学校はどうなっているのだろう。そのときにオーファン・チャーチとかオーファン・スクールと言われたけれど、見捨てた孤児のように感じていたのです。彼らは戦争が終わるのを待っていて、日本に戻ってきて、孤児たちが生き延びたというだけで喜びました。戦時中にどういうことをやったか、責める気はありません。日本の教会側もほんとうは会わせる顔がないと思っていたけれども、アメリカの教会や宣教師たちがあまり喜んでくれるから、一緒になって喜んで、反省する機会を失ってしまった。

「甘えの構造」というけれど、日本に来た宣教師たちはだんだん日本化してしまって、日本人を厳しく追及しないのです。大変だったろうと、同情のほうが強かったのだろうと思う。それに我々は甘えてしまって、それで悔い改める、懺悔する機会もなかったのではないかというのが、私の印象なのです。これは全くアメリカの立場からは、善意だけれども、善意が結果的には日本人の我々がほんとうに懺悔するというか、悔い改めるという機会を失わせることになってしまったのではないかというのが、私の考えです。

このクリスチャン・ブームのときに、『中央公論』とか、『展望』などの雑誌で論陣をはったのが、キリスト教の四天王と言われた、北森嘉蔵、山本和、赤岩栄、阿部行蔵の四人の神学者です。

赤岩栄さんというのは、皆さんよく知っているでしょう。その当時、大変な人気だったわけです。あとで共産党に入党するかしないかと、いろいろな問題を起こした人ですが、この人が田邊哲学を批判したのが、『無の克服――田邊哲学批判』という論文です。田邊さんは、先ほど言ったように懺悔するという立場から、『懺悔道の哲学』ということを言ったのですが、赤岩さんは、この田邊先生に対して、これを批判して、この哲学はひと言で言うならば、「傲慢の哲学」であると書きました。勇ましいことを言ったものです。

私はここに、戦争に対して、思想家として、学者として、あるいは宗教家として、どちらのほうが真面目な誠実な態度だったのだろうかと考えると、どうも私は赤岩さんのとった態度というのは、非常に無責任に思われるわけです。事実、赤岩さん自身が、その時は田邊さんの『キリスト教の弁証』を批判しているくせに、次のところに出てきますが、彼自身がキリスト教からはなれるのです。

私が帰国したのは五九年ですがその前後に、戦後アメリカやドイツに留学した若い人たち、神学者たちが帰ってきます。最初が、青山学院の野呂芳男さんで一九五六年に帰ってきました。野呂さんは戦後、アメリカに留学した人で、神学博士号をとって帰ってきた、最初の人です。それから五八年に、佐藤敏夫さんが帰ってきました。そのころから若い人がどんどん、どんどん帰ってくるわけです。

その若い神学者の中に、大木英夫さんがいました。この人はラインホールド・ニーバーの下で勉強して帰ってきた人です。日本の神学を見て、「ゲルマン捕囚」の神学だと批評しました。ちょうどバビロン捕囚と同じように、日本の神学全体がドイツに捕らわれていると。カール・バルトを初めとして、その奴隷の如くなっていて、自分で考えていないのではないと言ったわけです。そうしたらドイツから帰ってきた八木誠一さんも、そうだと言う。

そのころ神学だけではありませんが、哲学も、他の書物を引用するときには、日本語の本は絶対引用しないのです。翻訳があっても引用しないのです。全部、原文で読んだかのごとくにやるのです。権威は外国にあるのです。ですから、北森先生の本を読んでも、それを評価しないのです。これは日本の神学だから。そういう欧米崇拝的な学風を、大木さんや八木さんは批判したわけです。そういうことが戦後、やっと二十年ぐらいたって始まるわけです。これが戦後の最初の国際的な時代です。

四　第二期、一九六五年から一九八五年

①国粋主義の時代

次に、一九六五年から一九八五年、昭和四十年から六十年という、私の二十年周期説によると、反動の国粋主義、あるいは右翼旋回が始まるわけです。最初の一九六五年までの、国際主義時代のクライマックスが東京オリンピックです。あのとき初めて、日本が満州事変以来、世界の国際社会の孤児だったのが、その国に世界中の人が来てくれたと言って、みんな大喜びしました。

ところが、それが終わるとナショナリスティックになるわけです。さっそく建国記念日、昔の紀元節を制定するという動きが起きました。こういうのが始まるし、自民党が靖国神社法案を提出する。それから元号法ができた。歴史教科書問題、これは今でも続いている問題です。これはかつて日本が朝鮮や中国に侵略したことを、「進出」と言い変えようと言う主張です。

その時代の最後のときに、いちばん最後の一九八五年に、中曽根康弘さんは総理大臣として、初めて靖国神社

に公式参拝をしたのです。だから、明らかに私の言う、ナショナリスティックな時代です。

今までの歴史を見ても国粋的な時代になると教会がおかしいことになる。事実、教会にいろいろな問題が起こるのです。皆さんご承知のように、教会紛争などが起こるのですが、そのきっかけになったのが、日本基督教団の戦責告白です。これは詳しくは、「第二次世界大戦下における日本基督教団の責任についての告白」です。議長であった鈴木正久牧師の名前において、これを告白しました。

それをめぐって、議論が起こった。さらに万博問題とかいろいろな問題がありますが、「教団紛争」といわれる日本基督教団内部の紛争が一九六九年あたりから、どんどん深まっていきます。そのころちょうど時を同じくして、大学紛争が起こる。それでキリスト教の諸大学も紛争に巻き込まれました。これはICUでも同じです。さらに東京神学大学に機動隊を導入したということで、今度はそれが、日本基督教団紛争の種になりました。

②キリスト教関係団体に湧き起こる様々な紛争と混乱

国粋主義の時代というのは、キリスト教の学校がつぶれたり廃止されたりすることがいつも起こるのです。逆に、インターナショナルの時代というと、ICUができたように、キリスト教の新しい学校ができる。この時は、学校自身がつぶれたということはありませんが、皆さんご承知のように、紛争の結果、理由は全く違うのですが、関東学院大学の神学部と青山学院大学の神学科が廃止されました。

今までの国粋主義の時代とちょっと違うのは、それまでのナショナリズムの時代は戦前ですが、先ほど言いましたように、国家に迎合して、教会や神学がおかしくなるということが起こるのです。今度の場合は、それに対する反省で、国家に対する批判から起こるわけです。戦争責任ということを言うのですから、あの間違いを繰り返してはいけないというので、始まったのです。あるいは戦争責任を追及するということで始まったのです。だからナショナリズムではなくて、むしろ反ナショナリズムなのですが、共産主義に近いものの考え方をしている学生や教師や牧師たちが、いわゆる反体制、あるいは反米といってもいいのですが、そういう立場から神学や教会を批判して、教会紛争とか、教団紛争が起こったのです。

この時代には、まさに紛争の時代ですから、見るべき神学的な著作などは、まずありません。むしろ神学とは逆のようなものが、出ています。一つは、先ほど触れた赤岩栄の『キリスト教脱出記』です。赤岩さんは、かつては熱烈なバルティアンだったのです。それがだんだん変わってきて、結局、自分はキリスト教から脱出するということになってしまったのです。また赤岩さんの弟子だった人たちは、日本基督教団側を批判する立場に立って、造反という言葉を使いましたが、そちらのほうで活躍した人たちが多かったのです。

国際基督教大学の紛争で活躍したのは新左翼、あるいは心情的ラディカリズムですが、それを代表したのが、高尾利数さんの『キリスト教主義大学の死と再生』という本と、『イエスは全共闘をどう見るか――キリスト証言としての全共闘』です。

私自身もICUの紛争の真ん中にいましたから、その中で、いろいろ経験して苦しんだこともあったのですが、私は当時、『プロテスタント病と現代』という題で、そのことを書きました。

③プロテスタント病

「プロテスタント病」という言葉は、ジョセフ・フレッチャーの『状況倫理』を批判した書評の中で、あるアメリカの神学者、倫理学者が言った言葉なのです。プロテスタントには病気と強みとがある。病気はアナーキー、強みは自由。逆にカトリックの強みは秩序、オーダーであるが、カトリックの病はティラニー、専制主義であるというのです。

プロテスタント病というのは、アナーキー、無秩序です。大学紛争も、初めは自由を求める運動だったけれども、そのうちアナーキーになってしまいました。教団紛争もそうです。私が教団紛争のほうがもっと深刻だと言ったのは、プロテスタント病とカトリック病が一緒になってしまったからです。アナーキーとティラニーが一緒になってしまったからです。これは「死に至る病」だと、私はその時に言っているわけです。

キリスト教を批判する人たちがこの時期に現れたのにはいろいろな理由がありますが、大きいのは当時の冷戦構造です。アメリカを中心とする自由主義諸国と、ソ連を中心とする共産主義諸国との対立ですが、いわゆる造反の人たちは、どちらかというと、心情的に東寄りの人々です。

これは具体的に言うと、キリスト者平和の会という、チェコスロバキアのフロマドカという神学者が中心になってできた運動がありました。フロマドカはチェコスロバキアにいるのですから、そこでは本当のことは言えないわけです。フロマドカはナチスの時には、アメリカのプリンストン神学校に亡命していた人です。共産党化した祖国に帰るというので、アメリカの友人たちは帰らない方がいい、あそこには自由がないからと忠告したのにあえて戻りました。

彼は何とかして東と西の関係をつけようというので、「キリスト者平和の会」を作った。けれども、やはり大変でした。東側では自国の政府批判はできません。戦時中の日本と同じです。

ところが日本のキリスト者平和の会の人たちはナイーブでした。東側のキリスト者たちの苦悩を本当には理解せずに、結局は共産党の宣伝にのったのでした。

④世界的な教会内の分裂

そういうことがあったために、日本の教会やキリスト教大学が非常に混乱してしまったと私は思っています。しかし、これは大きく見れば、日本だけでなくて、実は世界の教会、特にプロテスタント教会のいずれの国においても起こった問題です。例えばWCC、世界教会協議会というのがありますが、そこでもやはり日本と同じような教会派と社会派と言われた対立があるのです。社会派は東寄りですから、結局、共産党寄りの立場をとる。だから、アメリカのことをいつも悪く言う。いわば反米になるのです。

そうなってくると、もちろんアメリカの教会の人たちはおもしろくないから、WCCを支持しなくなる。ところが、いわゆるメインライン・チャーチ、主流派といいますが、日本の基督教団などがいちばん関係している、アメリカの長老教会とか、メソジスト教会などは、WCCを支持していたのです。それが、それらの教会で、今、軒並みに教会員がどんどん減っているのです。

長老教会というのは、日本の教団といちばん近いと思いますが、一九六五年、三十年前には教会員が三〇〇万いたのです。それが、一九九五年で一五〇万です。半分いなくなってしまったのです。減った分が、いわゆる福音派という、エバンジェリカルのほうに行ってしまうのです。あるいは南バプテストに行ってしまうのです。このいちばんの右翼は、いわゆる宗教的右翼とか、モラル・マジョリティということになりますが、いずれにしても、WCCを支持していた主流派の今までの指導的な教会の教会員数が軒並みに下がってしまって、そうでない福音派とか保守派が上がってくるという事態が起こってきているわけです。

この時代は、たまたま、今まで世界の神学、この場合もちろんプロテスタントですが、プロテスタント神学界のリーダーであったのみならず、巨人と言われた神学者たちが相次いで亡くなりました。ティリッヒが一九六五年、ブルンナーが六六年、バルトが六八年、ニーバーが七一年、ブルトマンが七六年、こういう偉い先生が軒並みに亡くなりました。『神の死の神学』という本が一九六六年に出版されましたが、ある人は、これは「バルトの死の神学」だと言いました。バルトのような偉い先生がいなくなってしまった神学だと。偉い先生たちは、いろいろな意見を大きくまとめていました。共産主義に対しても、いろいろな意見があったけれども、だいたいのコンセンサスができるようなリーダーシップがあったのです。

ところが、その偉い先生が亡くなってしまうと、今度は小者がいっぱい出てきました。そして体系的な神学が、体系的でなくなってしまいました。体系的なものが非体系的に、組織的なものが断片的に、統一的なものが分裂的になり、思いのままに勝手なことを言い出しました。これが神学かと思われるようなものでも神学になってしまいました。

例として、一九六五年以後、出てきた神学書を挙げますと、まずハーヴィー・コックスの『世俗都市』が出ました。いわゆる世俗的というのは、非キリスト教だと思っているけれども、そうではない。世俗的ということは、実はキリスト教から来ているという考え方です。

この本を日本で訳したのは塩月賢太郎さんですが、ＹＭＣＡでもこれに乗ってしまって、これはすばらしいものだというわけです。もちろん、『世俗都市』には自由解放などすばらしいものがあります。しかし、コックスは二十年後に『世俗都市の宗教』という本をかいて、「あのときは宗教はもうなくなると思っていたが、なくならない。かえって盛んになる。だから自分は間違っていた」というわけです。そういう一時的に流行する神学が出始めました。

メアリー・デイリーの『教会と第二の性』、これは女性神学のはしりです。この人はカトリックですが、今プロテスタントでも非常に盛んになっている、フェミニスト・セオロジーです。

それからさっき言った、ジョセフ・フレッチャーの『状況倫理』。こういうものもペーパーバックでベストセラーになりました。実は律法主義、原理主義を批判する状況倫理の結果がフリーセックスをもたらし、家庭は崩壊し、離婚は増えて、アメリカ社会に混乱をもたらした、というのは、あながちあやまってはいないでしょう。

けれども、これらの神学はみな「自由解放」をめざす神学だと自称しています。ジェームス・コーンはニューヨークのユニオン神学校の黒人の神学者で、「ブラック・セオロジー」ということを言うのです。そのように形容詞をつける神学がはやります。セキュラー・セオロジー、フェミニスト・セオロジー、ポリティカル・セオロジー、ブラック・セオロジーと、何でも神学になるわけです。コーンに言わせれば、今までの神学というのは中立的な学問的な普遍的な神学だと思っているが、そんなものではない。それは白人の神学だった。ホワイト・セオロジーなのです。その神学が語る神はホワイトである、それに対して、われわれはブラック・セオロジーを語る、「われわれの神は黒だ」とも言い出したのです。

これはもちろん神は白人の専有するものではなくて、白人と黒人を越えた神だということなのですが、今まではその点は無意識でした。さきほど挙げた、ティリッヒ、ブルンナー、バルト、ニーバー、ブルトマン、みな白人の神学者です。彼らはもちろん白人の神を言っているのではないけれども、黒人から言うと、やっぱり白人の神になっているのです。

それに対するアンチテーゼとして、黒人の神ということを言い出したのです。しかし、それはどういう運動でもそうですが、初めは極端な主張がなされるけれど、落ちついてくると、バランスが取れるようになります。初めは極端な主張をする人たちが出てくるわけです。

それから『解放の神学』。グティエレスという人は南米の人ですが、南米で、いわゆるリベレーション・セオロジーが始まるのです。これもちょっと日本では理解しにくいことですけれども、南米はカトリックの国です。カトリック教会がいちばんの大地主なのです。フィリピンもそうです。その教会の貧しい人というのは、みんなカトリックですが、彼らにはほんとうに自由がない。そこで、そういう貧しい人たちと働いている、下級の司祭たちが、おかしいではないかと言い始めた。ほんとうは教会が自由解放しなくてはいけないのに、教会が今まで支配し、搾取しているのではないか、と。

その主張はマルキシズムではないかと、ローマ法王庁から批判されました。けれども、彼らは実践的にも頑張っています。そういう解放の神学が、ボンヘッファーやマーティン・ルーサー・キングなどの影響を受けて、世界中に広がってきた。この影響を受けているのが日本でも、さきほどあげた新左翼とか、心情的ラディカリズムの人々です。

⑤アジアの神学

次はアジアの神学になりますが、ひとことでいえば、今までの伝統的な神学に対して、状況的な神学、状況に応じた神学といえます。彼らに言わせれば、神学のコンテクスチュアライゼーションということです。ヨーロッパやアメリカとは、コンテクストが違うのだから、アジアにはアジアの神学が生まれるべきだという主張です。

それを言った最初の人が小山晃佑さんです。私とは東京神学大学やプリンストン神学校で一緒でしたが、彼がタイのチェンマイで神学校の教授として教えているときに書いた『ウォーターバッファロー・セオロジー』という本があります。タイの農民たちに説教をするためにはバルトやティリッヒの神学ではなく、彼らは水牛と一緒に住んでいるのだから、その水牛の言葉で語らなければいけないということです。私はその考え方に対してはまったく賛成です。説教は水牛の説教でも結構です。けれども神学というのは学問ですから、私は問題ではないかと思います。事実、彼の影響を受けた人たちで、ヨーロッパやアメリカの神学を勉強する必要はない、というアジアの神学生に出会って疑問を持ちました。

しかし、それに元気づけられて、アジアの各地で今までの神学とは違った、それぞれの国の神学をつくろうではないかという流れができました。金容福さんという人は『民衆の神学』を提唱しました。韓国における民主化運動にかかわった神学者たちがつくった神学ですが、そういうのが生まれてくる。

宗泉盛さんは台湾の出身の人で、今カリフォルニア・バークレーの太平洋神学校で教えていますが、この人の『民話の神学』があります。台湾などで伝道するときに、ヨーロッパやアメリカの話ではなくて、台湾に伝統的に伝わっている民話とか、日本で言えば「桃太郎」の話とか、そういうものを用いながら語らなければ、本当に伝わらないのではないかということです。こういう試みが行われているわけです。

この人たちから見ると日本の神学というのは全然ないではないかと批判されます。北森先生の『神の痛みの神学』という日本的なものが出たけれど、その後、何もないではないかというわけです。私はこの時代は、紛争の時代であって、神学的には非常に不毛な時代だとみています。神学を生み出すどころか教会内の紛争に明け暮れていた、非常に不幸な時代だったと私は思っています。

五　第三期、一九八五年から一九九五年

①国際主義の時代

次の時期は一九八五年から九五年、昭和六十年から平成七年までです。またインターナショナルな時代が始まるのです。そうすると、変わるのです。私は紛争の時もそういったのですが、いつまでもこのような状況が続くと思う必要はない。長くても二十年しかないのだから。ところがそれが待てないのです。戦時中の過ちもそうです。いつまでも続くと思ってしまうから、妥協したり迎合するのです。

この時期は、明らかに国際化の時代です。それを象徴的に示したのは、一九八五年には靖国神社に行った中曽根さんは一九八六年にはもう行かないのです。その理由は何かといったら、もちろん国内情勢も配慮するけれども、今や国際的な時代には国際的配慮をしなくてはいけないといって、行かないのです。このときから猫も杓子も国際化です。中曽根さん自身が、一万人しかいなかった留学生を、十年のうちに十万人にしようと提言しました。

そうすると、先ほど私が言いましたように、インターナショナルな時代ですから、キリスト教学校にとってはいいときです。明治学院大学国際学部ができたのが一九八六年です。それから恵泉女学園の大学、聖学院大学ができます。東京基督教大学というのは、日本の福音派がつくった初めての四年制の大学です。

この間に、昭和天皇が亡くなって、今の天皇になる。こういうことがあると非常にナショナリスティックにな

りがちです。しかし、あの程度で終わったのは、やはり国際主義の時代だからです。これがもし十年早かったら大変だったでしょう。

この時代には教会もだんだん落ちついてくるわけです。さしもの日本基督教団の東京教区総会、これもずっと開かれていなかったのが、十九年ぶりにやっと開かれた。そして日本基督教団総会が一九九二年、二十三年ぶりに開かれて、やっと正常化というか、落ちついてきたということです。

②新しい方向へ向かう日本の神学

そうなってくると、今度は神学のほうでもそれに応じて、神学らしい神学が生まれてくるわけです。これは私自身が関わっているので、ちょっと手前味噌、我田引水になるのですが、私の『宗教の神学』が出たのが一九八五年です。別にそのときから国際主義の時代だからといって書いたのではありません。たまたま出たのが一九八五年ですが、多くの人が関心を持ちました。神学書には珍しく、よく売れました。今、第五刷まで出ています。

これは、私が書いたからというのではなくて、日本の神学全体がやっと新しい方向に向きだしたと思うのです。『宗教の神学』というのは、厳密には諸宗教の神学なのです。セオロジー・オブ・ザ・レリジョンズ。いろいろな宗教がいっぱいあります。キリスト教からオウム真理教まで。しかしそういう諸宗教というのは、いったい神学の立場からいったら何なのだろうか。日本には多くの宗教があるのですから、このことを、初めから日本の神学者は考えるべきなのに、不思議なことに今までだれも書きませんでした。

おそらく欧米の文化と結びついたキリスト教が、トラの威をかるキツネのようになっていたからでしょう。仏教も神道もいずれはなくなると思っていたのでしょう。

ところが、ヨーロッパやアメリカのほうで、仏教やヒンズー教、イスラム教が急に盛んになりました。外国人労働者とか移民が急速に増えてきたからです。それで、キリスト教と他宗教との関係が具体的な問題になりました。そして宗教の神学が注目されるようになったのです。

そこで、日本のクリスチャンに、百何年以上も諸宗教の中にいるから、仏教や神道についてよく知っていると思って、日本の神学者や牧師に聞いたら全然知らない。バルトは知っているけれども、仏教の経典は読んだこともない、それを聞いて、ヨーロッパやアメリカの人々はがっかりする。キリスト教は、他宗教をどう理解したらよいのか、これが『宗教の神学』を著した理由です。

実はその前の時代に、滝沢克己さんの『仏教とキリスト教』、あるいは八木誠一さんの『仏教とキリスト教の接点』などという本が、これは神学というよりも、宗教哲学の本ですが、そういうのが出て、だんだんと日本でも関心が広まっていたのです。それから土居真俊さんは同志社大学にいた先生ですが、NCC、日本キリスト教協議会の宗教研究所というのが京都にありますが、その所長をしていた人です。この先生の亡くなった後の出版の書名ですが、やはり『キリスト教と仏教の対話』をずっとやっておられた方で、その本も出ました。

こういうものが出てきたということは日本で初めてなのです。

その意味は、これから初めて日本固有の問題というものに神学が取り組むときが来たことだと思うのです。それが私と大木英夫教授が共著で出した『日本の神学』という本です。この『日本の神学』は、先ほど言いましたように、日本的な神学というものではないのです。これはセオロジー・オブ・ジャパンといって、日本とは何かを神学の視点から探求する神学です。

神学の立場から、いったい日本とは何なのか。日本人とは何なのか。日本文化とは何か。このことを研究しないで、今まで、伝道していたわけです。神学は教会が伝道する相手、日本というものを客観化し、対象化し、神学化して研究しなければいけないのではないかと、そういうことを提唱したのが『日本の神学』です。

さらに注目すべきは、栗林輝夫さんの『荊冠の神学――被差別部落解放とキリスト教』です。栗林さんは、ICUの学生時代には、闘うキリスト者の会の闘士でした。私もずいぶん追及されました。刑務所に入っている間に一生懸命聖書を読んで、そして出てきて伝道者となる決心をして、東京神学大学へ行って、さらにニューヨークのユニオン神学校で勉強して帰ってきた。

ユニオンでの博士論文がこの『荊冠の神学』です。これはおそらく、日本で初めて生まれた日本人の手による被差別部落の解放の神学です。こういう神学が出てきたということは、今までの欧米の翻訳のような神学ではなくて、日本のコンテクストの中から生まれた神学が現れ出したということです。しかも、それが先ほど言ったように、欧米の神学を勉強しなくてもいいというのではなくて、現代世界と同じ問題意識を持って、日本の問題に取り組んだ、エキュメニカルな世界的な神学です。

私は『日本の神学』の中でも言ったのですが、日本の問題というのは、実は日本だけの問題ではないのです。今はもう日本というのは、我々が自覚する以上に、世界中に影響を与えているのですから。世界の問題の大きな部分を日本人がつくっている。今の経済摩擦の問題にしても、そうです。それは世界の経済の問題に、日本がすごい影響力を与えているのですから。その場合に、日本人がどういう行動をするか。どういう考え方を持っているかということは、世界的な問題なのです。だからその日本人を神学的にとりあげて、それを批判し、また新しい方向を示すということは、世界的意味を持つのです。だから日本の神学というのは、決して日本だけの問題ではなくて、世界の問題と相通ずると考えているわけです。

佐藤敏夫さんの『キリスト教神学概論』、これは、一九九四年に出版されました。戦後すぐの桑田先生の『基督教神学概論』以来の、四十年振りに日本で出た神学概論です。非常にバランスの取れたものです。非常に分かりやすいし、信徒の方が読んでも分かると思う。今日のキリスト教を代表する神学的な、教理的な意見が、よくまとめられている概論です。こういうものが出るということが、日本の神学の世界的水準を示すものだと思います。さらに、付論として日本独特の問題も取り上げています。

最後に挙げたのは、これも一九九四年に出た大木英夫さんの『新しい共同体の倫理学』です。上下巻で出ました。先ほど、組織神学の中に、キリスト教倫理学があると言いましたが、それの代表的なものです。新しい共同体の倫理学というのは、和辻哲郎に代表される、古い共同体の倫理学に対立するものです。普遍的な、例えばキリスト教に基づいた、人権に基づいた新しい倫理学を打ち立てることによって、日本を根源的に変えていこうという、非常に野心的なキリスト教倫理学を提唱しました。これらの神学書に共通な一つの特徴は、その人名索引に明らかです。その三分の一から半分近くが日本人名です。こういうことは、五十年前にはなかったことです。

このことは、戦後五十年にして、やっとそういう日本の問題と取り組む日本の神学が出てくるようになったと私は見ているわけです。

六　まとめ

したがって、私の結論をいうと、今までの見方からでもお分かりでしょうけれども、戦後の第一期、戦後の国際主義の時代ですが、あれが始まる前に、戦前、戦中の教会と、あるいは神学の反省、特に戦争とアジアに対する悔い改めなしで出発したことから、第二期の不毛な紛争と混乱を経験せねばならなかったのではないかと見ています。先ほど言いましたように、懺悔や悔い改めをする暇もなく、アメリカによって助けられる。それで復興に忙しいと言って、そういうことにかまけて、ほんとうに悔い改めるべきことをしなかったのではないかと思うのです。

ということは、現在も、結局昔の体質をそのまま引き継いでいるわけです。ただ、方法が異なっているだけです。戦時中には、無批判に国家に迎合して妥協してしまった。今度は、逆に国家を批判していればいいといってやはり無批判に反体制にのめり込んだ。やり方は全く似ている。

私は、熱狂主義者というのは、右翼だけだと思った。左翼というのはマルクスなどを勉強していても、もっと理性的だと思った。ところが学生たちを見たら、全く同じなのです。熱狂主義に右も左もありません。

ただ、マルクスの有名な言葉を思い出します。「歴史は繰り返す。最初は悲劇として、二番目は茶番劇として」。戦時中の、日本の教会のしたことは全く悲劇です。無力な、小さな、クリスチャンがいじめられたのですから、国家の権力によって。それで我々の先輩たちは大変苦労しました。しかし戦後は国家が何もしないのに、教会内の教会員、学生たちが弱い教会をいじめたのですから、まったく茶番劇です。

戦争責任を追及したあの人たちは、今、あの紛争の責任をどうとっているのでしょうか。そういう意味では、日本の教会の体質は変わっていません。それを変えるのが、本当は日本の教会、あるいは神学の責任なのに、教会と神学自身がそういうことをしていないところが問題です。ここで、日本の教会とは何か、をもっと神学的に反省すべきではないかと思わざるを得ません。

そういう意味では、第三期に入って、やっと戦後の時代に入る入り口に立っているのではなかろうか。そして、日本およびアジアの伝道に対する責任を、日本の教会がどれだけ深く自覚するかどうかに、日本の神学の将来がかかっているのではないかと思っているわけです。

神学というのは教会の学問ですから、教会の責任は何かと言うことをまず考えなければならない。ところが、実に不幸なことに、日本は、口だけではアジアの一員だとか、アジアは一つだとか、大東亜共栄圏などというけれど、本当にわれわれは、アジアの一員と考えたことがないのです。

クリスチャンとして、あの戦前の時代に朝鮮のクリスチャンがどんなに苦しんだか。台湾の教会がどうだとか、本当に知らない。たとえば戦後の代表的な神学である『神の痛みの神学』には一つ限界があったと思うのです。あの本が出たとき、世界中の人は、ああ、これは第二次世界大戦中の痛みから生まれた神学だと思ったのです。ところが確かにあそこには日本人が苦しんだということは出てきます。日本の兵隊とか、病気の兵隊とか。しかし、日本によってアジアの何百万、何千万という民衆が苦しんだと言うことに対しては何もない。もちろん著者は「神の痛みの倫理」ということを言っています。けれども、日本人同士の間の辛さとか痛みはあるかも知れないけれども、アジアの人々の痛みというのは視野にない。関心がないのです。

では、今はどうかというと、依然としてないのです。そのことを日本キリスト教会の渡辺信夫牧師が『教会が教会であるために』という、数年前に出た本に書いています。

確かに日本はアジアの中で、ほとんど唯一、タイもそうですが、独立国で植民地の経験がありません。そこで教会も自主独立ということを主張して、そして、努力してきた。それはいいところです。しかし、その代わり、世界教会的な視野がない。自主独立はいい。けれども、国境を越えたほかの教会との交わり、特にアジアの教会との交わりを持つことはほとんどない。ヨーロッパやアメリカなどとは交わりはあるかもしれないけれども、アジアの教会とはあまりなかった。

ＹＭＣＡなどはわりに一生懸命やろうとしているかもしれないけれど、日本の教会の真の関心にはなっていない。アジアの教会の人たちは、貧しい、苦しい状況の中で生きている。それこそ隣人です。

そういう問題を自分の問題として考えるときに、初めて日本の教会の責任とは何か、使命とは何かということが明らかとなり、新しい神学が生まれ、教会も変わるだろうと思っています。

わたしは、『日本伝道論』という本を最近出しましたが、ここで、日本の教会の伝道が振るわないのは、アジアの教会に対して全然関心がないからだと言っています。まず、日本に伝道してそれからアジアに行きましょう、ではだめです。われわれは日本の伝道とアジアに対する伝道を同時に遂行する責任があるのです。

パウロがまず、ユダヤの伝道、それからヨーロッパに行きましょうなんていったら、絶対ローマになんか行かなかったでしょう。アメリカの教会が、まずアメリカの伝道、そして余ったら日本に行きましょうでは、日本に福音は伝えられなかったでしょう。言葉の真の意味で、教会とはエキュメニカルなのです。日本の教会は、世界教会の一員だということを、本当に自覚して、今の世界をどうするかと考えてくれれば、おのずから問題がはっきりしてくるし、それと取り組む神学が出てくるだろうし、取り組む教会の態勢が出てくる。ＹＭＣＡもその中でどうすべきかということが、はっきりしてくるのではないかと思います。

以上で、「日本の戦後五十年間の神学の軌跡」を私が理解している範囲で申し上げました。皆さんのご参考になれば幸いですが、ご批判があったら承りたいと思います。

2 日本におけるプロテスタント・キリスト教史の評価

本章では、土肥昭夫著『日本プロテスタント・キリスト教史論』をとりあげるが、まず筆者は日本キリスト教史の専門家でもないことを、はじめに断っておきたい。ではなぜ専門家でないのに筆をとるのか、と問われるであろうが、それは第一には、日本の教会と神学に関心のあるものにとって、日本のキリスト教史に無関心であることはできないし、たとえ自分の専門分野ではなくとも、少しでも勉強したいと日頃から願っていたからである。

第二に、本書は著者がその「あとがき」に書いているように、過去約十年間に書かれた日本キリスト教史に関する随筆あるいはエッセー集だからである。「ここに収録した二十編は、いわゆる学術的研究論文ではなく、随筆風のものである」と言っておられるが、それなら学術的書評ならぬ随筆風の書評でも許されるだろうと思ったからである。

しかし随筆といっても、それらは決して学術的なものと無関係ではない。著者は「随筆風の論文」とも呼んでおられるが、学術的にも意味のある、価値ある論文集になっている。いやこのような随筆風の論文は、学術的研究とくに歴史的研究の場合には、有益かつ重要な意味を持つものと思われる。隅谷三喜男氏は日本プロテスタント・キリスト教史の開拓者の一人であるがその『日本プロテスタント史論』（一九八三年）の中で次のように歴史について述べておられる。

「歴史的事実というものは、客観的事柄であって、誰でも同一の認識をもつものであると考えがちであるが、実際にそういう事実というものは、ごく限られた面についてだけいえることであって、歴史的事実といわれるものも、ある視点から解釈されたものである』（二二一—三頁）。

つまり歴史というものは史観なしには描けないものだということである。しかし歴史家の視点や史観というものが学術的著作や研究論文に全面的にあらわれるということはまれである。歴史認識や叙述が客観的・公式的であることを示すために、できるだけ主観的・恣意的な印象を与えまいとして著者自身の視点や史観について述べることを「禁欲」するからであろう。

ところが本書のような随筆風の論文では、そのような著者の視点や史観がより明らかに示される。著者自身「あとがき」で『取り上げた問題といい、叙述の内容や方法はかなり自由で個性的色彩の強いものが、ほとんどである』と自認している通りのものになっている。それゆえに本書は随筆風の論文であるにもかかわらず、というよりは、まさに随筆風の論文であるがゆえに、日本プロテスタント・キリスト教史における史観の問題を検討する有益かつ重要な著作であると思うのである。

本書の二〇の論文は五部に分けられているので、その順序にしたがって、その内容とそれに対する筆者の感想を随筆風に述べさせていただく。

①日本キリスト教史の方法論

第一章「日本キリスト教史の課題」の『はじめに』は著者がどうしてアメリカ留学中に日本キリスト教史の研究を志すにいたったかの自叙伝的な言及があるが、これはまさに著者の視点の出発点である。なぜ日本にキリスト教があるのか、なぜ自分はクリスチャンなのか、という信仰的・神学的な問いである。それゆえに著者は隅谷氏が前述の著作で提起された、社会科学的方法と神学的方法の統合による日本キリスト教史の追求に賛成される。これまで隅谷、工藤英一氏らによってなされた社会科学的視点と、石原謙、熊野義孝氏らによっておこなわれた神学的視点のあいだには大きなギャップがあったからである。この点では筆者も著者を支持する。筆者はかねがね、アメリカの教会であれ日本の教会であれ、その実体とその使命を明らかにするためには神学的視点と社会学的視点の統合が必要不可欠であると主張してきたものである。著者がこの統合をめざして努力されることに大きな期待をもつのは、著者は現在のところ数少ない神学者、教職の日本キリスト教史家だからにほかならない。思想史的な武田清子氏や大内三郎氏らにしても神学者ではない。したがって著者に神学的視点の明確化とそれによる歴史分析の成果を希望したい。その点で石原氏だけで熊野氏のキリスト教史論を取り上げなかったのは残念であった。しかし石原氏の遡源的な歴史観に対して、著者が将来発展的なのは賛成である。とするとトレルチ的であった熊野氏をどう評価されるのか、一層ききたくなった。第二章と第三章は「各個教会史編纂の方法について」と「各個教会史の研究方法をめぐって」きわめて実際的、具体的なことが述べられている。これから各個教会史を刊行しようと考えておられる人には有益であろう。

②民衆とキリスト教

この部分は第一章の4「民衆史よりの問いなおしの問題」で提示した視点からの展開と分析である。民衆史とは、近代日本史研究において色川大吉、安丸良夫、鹿野政直氏らによって開拓された新しい視点と方法論であるが、著者はこの視点をとり入れて日本キリスト教史を叙述したいという。著者はこれにも賛成である。明治以来、わが国に導入されたキリスト教、とくにプロテスタンティズムを受容した階層が士族であったことが、日本キリスト教の体質と性格を大きく決定し、それによって現在もむしろ否定的な意味で規定されていると思われるからである。日本キリスト教が都市の中産階級、知識人の中に入り、そのために「頭でっかち」となり、一二〇年以上の伝道にかかわらずキリスト者は全人口の一パーセントに満たないという事実のその歴史的理由は、キリスト教が民衆の中に入っていかなかったからである。したがって著者が民衆史の視点から従来のキリスト教史を問い直す作業に携われることによって大きな成果が生まれることを期待するものである。その一つの作業はいわゆる庶民層に属すると思われる人びとでキリスト者となった人たちの研究であるが、それは第七章の「逸見斧吉のこと」に示されている。商人または実業家のキリスト者の一例であるが、この種の研究はもっとなされる必要があろう。マックス・ウェーバーのプロテスタント倫理は商人と結びつくが、わが国では武士・知識人と結びついているからである。さらに著者はこの部分で民衆の宗教意識を取り上げて、習俗としての宗教を論じ、「キリスト教は日本で独自の習俗をつくっていかねばならない」と結論される。宗教の神学を提唱してきた著者とはこの点でも一致を見る。しかし内村鑑三を日本的だとするのはよいが、彼はもっとも武士・知識人的であって民衆・庶民的ではないのではないか。

③天皇制とキリスト教

戦中・戦前にキリスト教が天皇制に屈服させられた歴史的事実をふまえた上で著者は次のように言う。「天皇制をうつもの——それは民衆の生活意識であり、生きざまである」。ここでは戦時中の著者の個人史が語られている。筆者も著者と同じく太平洋戦争が始まった時は中学の三年生であった。徴兵検査で著者は不合格だったが、筆者は合格し、敗戦の直前二カ月間の軍隊生活を体験した。その出征の時のことである。当時のキリスト者のだれも、牧師も教師もそして親も言わなかったことを口にしたのは無学な農婦の伯母だった。「死ぬんじゃねえ、生きてけえってこうし」。それ以来、筆者は知識人への不信と、庶民への敬意を持ち続けてきたので、著者の視点に賛成する。もっとも著者はいわゆる民衆を理想化して、その虚像にまどわされるほど愚かなことはないという。「しかし、民衆は茫漠とした歩みのなかに、大地にしっかりと根をおろし、生活の知恵をもって生きようとしている。その生きざまのなかに強烈な活力が生《なま》の素材としてひそんでいる。それを探り当て、そこから天皇制をうつものを考えてはどうか」というのが著者の提案である。そして第九章と第一〇章で天皇制とキリスト教の歴史的検討をおこなっているが、この部分は大変興味深い分析になっている。キリスト教の大勢は天皇制に対して自己弁護しているうちに、いつしか天皇制に忠実なキリスト教に変質してしまったのであるが、このような変貌の原因をキリスト教自体の中から探り出す作業が、今日の天皇制強化に対応するために不可欠であるという。ここでも武士・知識人が天皇制にまきこまれやすいのに、農民・民衆あるいは民衆の視座に立ったものは、本田作平、浅見仙作、明石順三などのように、はっきりと信仰を堅持している。そこで著者は天皇制の恐ろしさを知るゆえに、現代キリスト教に認められているのはキリスト教自体の水平的、民衆的志向の確立だと言うのである。

④日本基督教団史論

この部分には戦時下の「ホーリネス弾圧の歴史的意味」（第一二章）のような戦前の問題をとりあげたものもあるが、大部分はつい最近の事件や問題を論じたものである。第一三章「戦責告白の歴史的意義」、第一四章「戦後における教団の伝道」、第一五章「万博問題の総括に向けて」、第一六章「今日における教派的教会の確立について」のように、まさに現代史の諸問題である。よくいわれるように歴史の中でも現代史を叙述することはきわめて困難である。歴史家自身がその事件や問題の渦の中に巻き込まれているのみならず、史料もまだそろっていないからである。筆者自身がそのことを経験したのはあの大学紛争の時である。一つの小さな大学における事件でさえ、これが歴史的事実であったということは容易ではない。したがって現代史をのべるときには歴史家自身の視点や歴史観が生《なま》のままにでてくる。本書においてもこの部分と次の部分がそうである。そしてその点で筆者は著者に対して少なからぬ疑問を抱かざるを得ない。前述の隅谷三喜男氏の著書を書評しているのはほかならない土肥氏である（『日本の神学』23、一九八四年）。ところがその書評ではとくに論ぜられていない隅谷氏の疑問はほとんどそのまま筆者の著者への疑問でもある。隅谷氏は「戦争責任告白」に積極的な人たちのなかに見られる一つの傾向を問題視しておられる。「それは現代の日本の中に帝国主義の復活を読み取るとともに、第二次大戦を帝国主義戦争と規定し、これを社会科学的な歴史観と考えている見解である」（二二四頁。傍点は著者）。隅谷氏がこの帝国主義史観を問題にするのは「日本のキリスト教会に根深く存在する事大主義思想」のゆえである。つまり第二次大戦中の日本の教会を批判する批判の姿勢であるが「この批判もまた別の権威を借りて教会のあり方を考えようとする、文化的批判であり、事大主義の一つの姿ではないか」(二二六頁)。隅谷氏も土肥氏もともに社会科学的視点と神学的視点の統合を志向しておられるが、両者の間の違いに一つのアイロニーを感ぜずにおれない。社会科学者である隅谷氏の方が社会科学を相対化しているのに対して神学者である土肥氏の方が絶対化しているのではないか、という疑問が起こるからである。「そもそも歴史の中では、一方が白で他方が黒というようなことは、ほとんどありえない」のに、どうも土肥氏には二元論的な絶対視が強い。国家や政府はすべて悪とみなしているようだ。本書のなかでH・R・ニーバーの『キリストと文化』に言及しているけれども、土肥氏の立場はむしろ第一類型「文化に対立するキリスト」ではないだろうか。数少ない神学者の日本キリスト教史家としての著書に、社会科学以上の神学的視点、神学的相対主義の確立と、その視点からの歴史研究と歴史叙述を期待したい。

⑤戦後のキリスト教

この最後の部分には第一七章「戦後民主主義とキリスト教」、第一八章「戦後日本のキリスト教平和運動」、第一九章「ビリー・グラハム国際大会について」、第二〇章「戦後における日韓両教会の交流」がふくまれている。いずれも現代史の問題であって、先に述べた疑問はそのままここでも残る。戦後民主主義にしろ、平和運動にしろ、それらがもし不毛であったとするならば、とくにキリスト教界内において見るべき成果がなかったとすれば、それはすでに述べた二元論的な絶対視のゆえではないだろうか。そのことのゆえに、日本基督教団のなかに民主主義が確立せず、それ自体の中の平和が喪失して今日に至っているのではないだろうか。みずからのうちに民主主義と平和運動を推進する力となり得るだろうか。このような不幸な事態を生んだ大きな一つの理由として、著者が志向している民衆の視点がわが国のキリスト教に確立していないことを挙げたい。しかし同じく民衆の視点と言っても、著者と筆者の間には大きな違いがあるようだ。今なお解決を見ていない日本基督教団紛争のきっかけとなった万博問題であるが、著者によれば万博とは、これを主催する国家権力と独占資本がその「支配勢力を拡大強化し、民衆を思いのままに操作していく情報ファシズムの手段」にほかならない（二七二頁）。それゆえに著者はその「犯罪性」を口にし、それに参加しようとしたキリスト教を批判するのである。しかし著者が大いに期待している民衆は万博をどのように見たのであろうか。民衆や庶民の宗教意識と習俗を評価する著者には、民衆のお祭りとしての万博の意味は見えなかったのであろうか。万博に反対するキリスト教徒は、村のお祭りに反対するキリスト教ではなかったか。民衆は政府に操作されるだけの愚衆なのだろうか。

さらに、たとえ万博が民衆操作の一手段であったとしても、その賛否をめぐって教団が分裂し、正常な活動ができないほどの混乱状態を生み出してまで、それに反対することは意味のある、そして賢明な方策であったであろうか。それこそ反動勢力がほくそえむところであり、日本基督教団こそ逆に操作されてはいないであろうか。また著者はビリー・グラハムの大衆伝道も批判しているが、そこには現代の民衆がエリートや知識人の集まりである教会、とくに日本の教会では得られないものがあるのではないだろうか。すべてのものには明暗の両面があることこそ歴史が教える知恵であろう。本書はまさに随筆風の論文であるがゆえに、歴史の知識だけではなく知恵についても考えさせてくれる、問題提起の書でもある。

3　天皇制とキリスト教――社会的、政治的、神学的な視点から見た天皇制

「象徴」について

わたしに与えられた課題は「社会的、政治的、神学的な視点から見た天皇制」について語ることであるが、現代に限って述べることにする。

まず現代の天皇制は、太平洋戦争以前の天皇制すなわち明治憲法に定められた天皇制ではなく、戦後の日本国憲法に定められた天皇制であることは言うまでもない。そしてその第一条は「天皇は、日本国の象徴であり日本国民統合の象徴」であると規定している。

「象徴」という言葉を誰が言い出したかについては、中村政則『象徴天皇制への道――米国大使グルーとその周辺』（一九八九年、岩波新書）にくわしいが、「象徴」(the symbol) という天皇規定のあるマッカーサー草案をはじめて受け取った松本烝治国務大臣（一九四六年当時の日本政府の憲法問題調査委員会委員長）は、「憲法のようなものに文学書みたようなことが書いてあると思って、大いにびっくりした」と語ったと言う（同書、一

九五頁)。

明治憲法のように天皇を絶対的な神聖天皇と規定し、元首と定めていた憲法になれ親しんでいた人々にとって、「象徴」天皇とはいかにも軽いもの、あるいは実質のないものと感じられたのであろう。しかしそれでなくても、「天皇はもはや国の元首ではなく、たんなる象徴に過ぎない」というような言い方がしばしばなされる。つまり現代の天皇制は、戦前の絶対天皇制のような天皇主権から国民主権への原理的転換をおこなった象徴天皇制であって、それは「主権なき君主」であり、ただ国家的儀礼のみをおこなう「社交的君主」に過ぎないからだと言われる。

しかしながら果たしてそうであろうか。現代の神学者のなかで象徴の意義、とくに宗教における象徴の意義を強調してやまなかったのはパウル・ティリッヒであるが、彼がくりかえして警告していたことが思い出されるのである。

『ただの象徴』(only a symbol) と言う人は、象徴の意味をまったく誤解している。その人は象徴と記号 (sign) を混同しているのだ。そして真正なる象徴は、それが象徴しているものの現実に参与しているということを無視しているのだ」(C. W. Kegley and R. W. Bretall (eds.), *The theology of Paul Tillich*, 1954, pp.334-35)。

なぜならば一九八八年九月の昭和天皇の病状悪化から改元にいたる百余日の出来事、社会的、政治的出来事は、まさに天皇制とは「ただの象徴」ではないことを如実に示すものだったからである。

天皇報道

昭和天皇の病状悪化が公表されるや、いわゆる「自粛ブーム」が全国に広がっていった。その出発点となったのは、大臣たちが国連総会や国際会議への出席を取り止めたことであったが、自粛ムードはまたたくまに国内の諸行事をおおうようになった。学校の運動会、大学の大学祭や学園祭、町の祭りなどが延期になったり中止された。結婚式や宴会を行うことがはばかられるような社会的雰囲気がつくられていく。ある教会ではバザーの時の恒例の赤飯を販売するのを取り止めたという。首相も自宅で好きな晩酌を止め、いざという時のために待機するようになった。

こういう自粛ブームなるものは、マス・メディアの発達した現代においては、マス・コミによっていわゆる「天皇報道」という異様な報道、とくに外国からは異常と思われる現象を生み出していった（『検証・天皇報道』、一九八九年、日本評論社）。それは天皇死去報道において頂点に達し、海外では「集団的熱狂」と報道されるようになる。ある大学教授が天皇死去の翌日、タクシーに乗った時のことである。

「車内のラジオから鎮魂歌が流れていた。重苦しい雰囲気だった。そのために『新聞もテレビもラジオも、天皇一色ですね』と、運転手に話しかけてみた。返答はこうだった。『しかたがないじゃあないですか。こんなときだもの。お客さん、なにを言うの？』」。

この体験について戦中生まれのこの教授は次のようにコメントをしている。

『こんなときだもの』という非常用語もさることながら、『しかたがない』『なにを言うの』といった運転手のことばには異議の申し立て者を圧倒するだけの語気の荒々しさがあったが、こういう発言が、戦前、戦中、いかに時代傾向に疑いをもった人たちを沈黙させていったかは、想像に難くない。『一億一心』『忠君愛国』の思想が、国家の一大事のときには異議を申し立ててはならないという約束ごとをつくることによって、いまもなお、民衆史の底流に息づいていることに注目したい」（門奈直樹「天皇死去報道の思想――民衆にとって戦後の天皇制とは何だったのか」、岩波新書編集部編『昭和の終焉』、一九九〇年、岩波新書、八六―八七頁）。

さらにこのような「集団的熱狂」が、「閉鎖的なナショナリズムや偏執な愛国心を生むことで、異端分子の排除にもつながっていく」（オリヴァー・トムソン『扇動の研究――歴史を変えた世論操作』、邦訳、一九八三年、TBSブリタニカ、参照）ことにこの教授は言及しているが、その事例の一つが「明治学院大学事件」である。

明治学院大学事件

一九八八年（昭和六三年）九月十九日、突然の天皇の容態急変のニュースが流れるや、国民がこぞって、天皇の回復を一心に祈願しているかのようなマス・コミの天皇報道が始まり、日本列島は「自粛ムード」におおわれていった。そういうなかで明治学院大学は、いわゆる「Xデー」（天皇死去の日）の際にどう対応すべきか、を検討していた。多くの大学が学園祭を中止していた時、明治学院大学でも十一月一日から三日に予定されていた「白金祭」の開催について、学生、教職員の中から疑問が提出されていたからである。その疑問に対する回答として出されたのが、森井眞学長名による次のような「学長声明」であった。

「天皇の病状悪化に伴い、世間では行事の自粛が行なわれているが、いわゆる『Xデー』については、すでに学部長会議で、『当面特別のことはしない』ときめている。つまり現天皇が亡くなっても、休講にするとか、白金祭を中止するよう学生に勧告するとか、半旗を掲げるとか、そのようなことは一切しない、ということである。

但し、その日が到来し、公式日程が発表されてから、それについての対応を検討することにもしているので、その『検討』のさいの基準となるべき私どもの考えを予めお伝えしておきたいと思う。

1、現天皇個人の思い出を美化することにより、昭和が、天皇の名によって戦われた侵略戦争の時代であったという歴史の事実を、国民が忘れることになるような流れを作ってはならないこと。

2、現天皇個人の意志や感情がどうであれ、『天皇制』を絶対化しこれを護持しようとする主張が、どれほど多くの無用な犠牲をうみ惨禍をもたらしたかを、今後いよいよ明らかにせねばならないこと。

3、『天皇制』の将来を国民がどう選ぼうと、それが神聖化されてはならないこと、国の体制は人間の精神を抑圧し、思想・信仰・表現・行動を害なうような性格からできるだけ遠いものでなければならないこと。

以上の願いをもっていわゆる『Xデー』に対処していきたいと考えている。

一九八八年一〇月十九日
学長　森井　眞」

（ドキュメント『明治学院大学1989学問の自由と天皇制』、一九八九年、岩波書店編集部編、岩波書店）。

さらに、それ以前から教員有志によって協議されていた「天皇問題を考える一週間」が十一月二十八日から始まった。有志の呼びかけに他の教員たちはすばやく反応し、六十余の特別講義が行われた。それらは通常の授業時間になされたが、それぞれの講義で天皇問題をとりあげ、ふだん以上の学生が出席したという。

これらの明治学院大学の動向が報道されると、支持、賛成、激励の手紙も寄せられたが、反対のビラが貼られたり、脅迫電話が学長宅のみならず教員宅にもかかってきた。怪電話は天皇死去のあと激しさを増したが、森井学長はその電話について隅谷三喜男・前東京女子大学長との対談でこう語っている。

「私がいちばんこたえたのは、いきなり『ふざけるな朝鮮人。ぶっ殺すぞ、この野郎』というものです。これはあまりにもひどすぎる。あの戦争、あるいはもっと遡って関東大震災の頃と何も変っていない、歴史から何ひとつ学んでいないのではないかという気がしてなりません」（同書、三八頁）。

明治学院大学は言うまでもなく、一八七七（明治十）年に創立された、わが国最古のプロテスタント系のキリスト教学校である。その明治学院大学の今回の事件は、日本の画一主義、とくに天皇制についての画一主義にプロテストすることが、現代においても今なおいかに困難であるかを如実に示すものである。

長崎市長発言事件

もう一つの事例は、本島等長崎市長発言事件である。一九八八年十二月七日、市議会で本島市長は共産党議員から天皇の戦争責任について質問され、次のように答弁した。

「戦後四十三年たって、あの戦争が何であったのかという反省は十分できたというふうに思います。外国のいろいろな記述を見ましても、日本の歴史をずっと、歴史家の記述を見ましても、私が実際に軍隊生活を行い、特に、軍隊の教育に関係をいたしておりましたが、そういう面から、天皇の戦争責任はあると思います。しかし日本人の大多数と連合国側の意思によって、それが免れて、新しい憲法の象徴になった。そこで、私どももその線に従ってやっていかなければならないと、そういうふうに私は解釈をいたしているところであります」(『検証・天皇報道』、一九九頁。以下の記述は同書の「萎縮する言論の自由」による)。

この発言は極めて当然のことを言ったまでであって、世界的には常識と言ってよいであろう。ところが「天皇に戦争責任があると思う」というわずか十三文字が大問題となったのである。その日の夜半に最初の抗議電報が寄せられてきた。「天皇陛下を戦争犯罪者の責任者とは何事か。この暴言を撤回し、陛下、国民に深く陳謝せよ。さもなくばわれわれは、一命を賭けて天誅を下すであろう」。つづいて「本島は地獄に落ちろ」とか「国賊」などの抗議電報、電話、手紙などが続々、市役所に届けられた。

さらに直接行動による抗議が始まった。ガソリン入りの容器とライターを持った男や、ナイフを持った男が市役所に乗り込んでくる。また右翼団体は数十台をつらねて抗議パレードを行い、市長あての辞職勧告書を提出した。また実弾入りの脅迫状が送られたりしたために、市長は厳重な身辺警戒のなかで過ごさねばならなくなった。

市長発言に批判的なのは右翼だけではない。市長選挙の時に支持した自民党など保守系議員らからの発言撤回の要求が相次いだ。たとえば長崎県民会議は市議会議員全員にたいして、次のような「天皇の戦争責任に関する議会答弁の取り消し及び陳謝要求のお願い」を出している。

「本島市長の天皇陛下戦争責任発言は、自治体首長としては全国でも極めて異例の、実に不謹慎な発言だ。歴史的事実に対する重大な誤認と、さらに天皇が大変お苦しいご闘病を続けておられるこの時に、このような発言をなすことは、人道上からも全く許し難い。……今回の市長答弁に対して長崎市議会としては、厳正な処置がなされなければ、長崎市民の良識が疑われる重大な事件である。ついては今回の市長答弁に対して、あらゆる機会に追求し、発言の取り消しと陳謝がなされるように、強力に働きかけてくれるように」。

もっとも、市長発言を支持し激励する動きが全国的に広がったことも事実である。一九八九年三月六日までに寄せられた総数七三二三通の書信の内、約九五パーセントは支持・激励であった。このように反応は戦前戦中では全く考えられないことである。また地元長崎市では「言論の自由を求める長崎市民の会」が結成され、活発な署名運動を行い、その数は四月半ばで三二万人に達した。しかしこの街頭署名運動は、右翼の攻撃を思って「顔がこわばった」記者会見から始まり、「こわごわスタートした」、と言う。天皇問題は依然として「タブー」だからである。

このタブーに挑戦したのが本島長崎市長であった。市長がカトリックのキリスト者であることと、このタブーに足を踏み入れたこととは無関係ではないであろう。これまでのところ、そのことは表面立って問題にはなっていない。しかし前述の明治学院大学の件と同じく長崎市長発言事件もともにキリスト教と無関係でないどころか、大いにあることは注目すべきであろう。

この問題はのちに取り上げるとして、発言事件を取り上げたマス・コミに対して、本島市長は次のように述べている。

「ほとんどの新聞が、言論の自由という面からの論評が主だったものであったと思います。私の記憶では、敗戦直後の新聞は、もっと天皇の戦争責任が自由にできていたのではないかと思いますが、その点が論じられなかったのは残念でありました」。

周知のようについ先日、一月十八日にこの長崎市長は右翼によってついに銃撃されるに至った。幸い、生命は助かったものの、この事件は天皇制がわが国において依然としてタブーであり、それについて批判的な発言をすることは生命がけでなければできないことを示すものである。

天皇死去報道

以上の社会的動向は政治的動向と密接不可分であるが、天皇報道に見られた「自粛ブーム」や「菊のタブー」が、とくに政府主導によるものであったことは明らかである。

とくにそれが顕著に示されたのは、天皇死去の一月七日から十日にかけてみられた集中豪雨的な天皇報道であった。新聞もテレビもその報道は全く画一的であって、報道の多様性は全くといってよいほど見られなかった。天皇に対して批判的なことを言うことなど、もってのほか、というぐあいに、各新聞社、各テレビ局は一斉に天皇讃美に終始していた。その基調を作ったのは竹下首相が発表した次のような「内閣総理大臣謹話」であるといってよいであろう。

「この間（在位六十二年間）、大行天皇には、世界の平和と国民の幸福とをひたすら御祈念され、日々実践きゅう行してこられました。お心ならずも勃発した先の大戦において、戦禍に苦しむ姿を見るに忍びずとの御決意から、御一身を顧みることなく戦争終結の御英断を下されたのであります……」。

「爾来、我が国は、日本国憲法の下、平和と民主主義の実現を目指し、国民のたゆまぬ努力によって目ざましい発展をとげ、国際社会において重きをなすに至りました。

これもひとえに、日本国の象徴であり、国民統合の象徴としてのその御存在があったればこそとの感を一入強く抱くものであります。

大行天皇の仁慈の御心、公平無私かつ真摯誠実なお姿に接して感銘を受けなかった者はありません。その御聖徳は、永久に語り継がれ、人々の心の中に生き続けるものと確信いたします」（朝日新聞、一九八九年一月七日、夕刊）。

ここには天皇の戦争責任についての言及は全くなく、ただ平和主義者としての天皇讃美しかない。はたせるかな諸外国、とくに戦争時代の交戦国ではそれに対する抗議のような報道がおこなわれた。当時たまたまロンドンに滞在していた作家の井上ひさしは、イギリスの新聞やテレビの天皇報道で、人々が次のように語ったり、述べたりするのを直接見聞きしている（「ロンドンの二日間」、『昭和の終焉』に収録）。

「エンペラー・ヒロヒトの統べる日本軍は、先の大戦中に、一二四三三名の英兵捕虜を奴隷小屋よりひどい収容所で餓死させた。彼はヒトラーと同じタイプの戦争犯罪人である」。

「世界の他の地域に住む多くの人々にとって、ヒロヒト天皇は彼の名によって始められた侵略戦争でのみ記憶されている。これはアジアの基準からしても野蛮なものであった。彼の死を悼むというよりは、喜びさえ感じる人もあろう」。

「ヒロヒトが戦後も天皇であり続けたことは、日本人の戦争への罪悪感を軽減させ、西独がいまも悩んでいるような過去へのこだわりから解き放った。しかし西独の目には、これは集団的な責任隠しのようにうつる」。

「昨夜、イギリスとアメリカの旧軍人たちはヒロヒトの悪魔の如き恐怖統治が終わったことを祝った。旧軍人たちは、彼を、ヒトラーよりも悪質な、世界で最も野蛮なリーダーであったと言っている」。

したがって、イギリスの王室と政府が天皇の葬儀に王族や政府高官を派遣しようという意向のあることがもれたとき、大議論を巻き起こしたのであった。

外国の反応をみて思い起こされるのは、戦争直後の天皇制をめぐる議論である。戦時中から連合国内に天皇制の廃止か存続か、の対立意見があった（武田清子『天皇観の相剋――一九四三年前後』、一九七八年、岩波書店）。しかし最終的に象徴天皇制という形で天皇制が存続したのは、何といってもマッカーサーの政治的判断によるものである。象徴天皇制にしたければ、とうてい天皇退位と天皇制廃止を強く要求していた国々を押さえ切れなかったし、また天皇制を残さなければ平和裡に日本占領を終えられなかったからである（高橋紘『象徴天皇』、一九八七年、岩波新書。なおマッカーサーの判断に影響をおよぼした河井道、賀川豊彦などの日本人キリスト者については、拙著『日本の神学』に言及がある）。つまり象徴天皇制自体が本来極めて政治的な所産であり、政治的な性格を持ったものであった。それ故に、戦後の歴代の内閣はいずれも象徴天皇制を政治的に利用してきたのであって、いわゆる皇室外交と行幸啓はその一環にすぎない（渡辺久丸「象徴天皇制の政治的役割」、後藤靖編『天皇制と民衆』、一九七六年、東京大学出版会）。

変わらない精神的核

いいかえると昭和天皇の最後は、まさに先に引用したティリッヒの言葉のように天皇が「ただの象徴」(only a symbol) ではないことを改めて示したものであった。しかしそれはただ政治的な利用のゆえ、あるいは政府の大衆操作のゆえだとは言い切れない力を持ったものである。

今回の「天皇フィーバー」とも称しうる状況に驚かされたという憲法学者の奥平康弘はこう告白している。

「同じ現象にかんして私の注意を惹いたのは、マスコミの大騒ぎといい、昼間の『自粛』動向といい、ともに、一方では『なんなく』ムードに支配されたものと捉えることができるものではあるにしても、所詮は『自由意志』の所産というべき実質を具えていたという点である。強いことばでいえば、国民大衆は『自主的』に好んで大騒ぎしたといえる気配がうかがえるのであって、これが私には深刻に響いた」。

そこで奥平はいわゆる「『内なる天皇制』がしたたかな強さを持って生き残っていること」を改めて確認したという（「日本国憲法と『内なる天皇制』」『昭和の終焉』に収録）。そこからさらに日本国憲法において天皇制が存続し得たのにもっとも力があったのは、体制の側はもちろんのこと国民一般のあいだにも根強く残っていた、この「内なる天皇制」のゆえであることに気付く。「これがあるがために、憲法において天皇制は生き残りえたのである」。「内なる天皇制」とは「伝統的、情緒的、多かれ少なかれ倫理的な『あこがれの中心としての天皇』といった文化現象」としての天皇制にほかならない。したがって「内なる天皇制」に関する限り明治憲法と日本国憲法に断絶はないと言う。

西ベルリンでドイツの学生たちに両方の憲法を読ませたときに、「ふたつの憲法にはそんなに違いはないじゃないか」とたずねられたことから、この憲法学者は次のような興味深い指摘をしている。

「それでは一体、この学生の第一印象を軽く一蹴すれば、それで済むのだろうか。そうはゆかないところに、ことの本質がある。日本国憲法は、そういう印象、つまり『両者あまり違わないではないか』と思わしめる構成を腐心してわざと取っている面がある。天皇主権から国民主権へという『主権の変更』が新憲法の最も重要な契機であったにもかかわらず、このことが憲法の字面ではとても見えにくい構造に、意図してあるのである」。

奥平がおどろきをもって発見した明治憲法の天皇制と日本国憲法の天皇制の間の連続性あるいは不変性は、実は外国人の目にはそれ以前から注目されているところであった。たとえばオランダの神学者・宗教学者であるヘンドリック・クレーマーは一九六〇年以前にすでに次のような観察と判断を公にしている。

「アメリカの占領の時、アメリカの圧力のもと……天皇制は『神性』を否認し、国家神道は廃止された。しかし天皇の……この否認によって、日本人の『階層的生き方』における天皇の重要な地位に関して日本人の心が少し変わった、と考えるのはあまりにもナイーヴすぎる。天皇は依然として、すべての批判から免除されている神聖不可侵の元首である。そして国家神道あるいはそれと同等のものは、再びしのび込まないだろうと考えることは（日本の内部からみるとき）まさしく驚きであり不自然である。事実、まだ内密ではあるけれども、すでにおこなわれているのである」。

さらに続けてこう述べている。

「一九四五年の敗北とそれを認める天皇の詔勅……は状況を変えてしまった。正確には……それは過去形で書かれるべきものである。けれども、日本の精神的核は変わっていないという事実を考慮に入れた方が賢明であろう。西洋文明への適応とそれとの共生は、始められたばかりであり、まだわからないが、将来の発展は、前科のないきれいな経歴の上にかかれる話ではなく、この時代には驚くべき、特殊な消すことのできない形状がまだのこっている紙の上に書かれる話だからである。神道はこれからも日本の実の魂をまつるものとして存続するであろう」(Hendrik Kraemer, *World Cultures and World Religions*, 1960. pp. 225-227)。

同様の意見はイギリスの外交官で日本史家のジョージ・サンソムによって一九五六年頃、次のように言われている。

「日本は変わったように見える。しかし少しも変わっていない。日本には不変の核がある」(石田良一「神道の思想」、日本の思想14、『神道思想集』、筑摩書房、一九七〇年に引用)。

戦前から戦後にかけて、憲法をはじめとし「大きく変わったかに見える」、日本及び日本人の「変わらない精神的核」が、依然として天皇を中心とする神道的なものであることを確認させられたのが、天皇の病気、死去をめぐる一連の社会的、政治的現象であったといって決して過言ではなかろう。

変わらなかった理由

ではなぜ、日本の精神的核は変わらなかったのであろうか。言いかえると、なぜ天皇制は本質的には変わらなかったのか。この問いに答えるためには、いろいろの視点からの考察が必要であろう。

基本的には、前述の「内なる天皇制」の問題に帰着すると思われるが、その問題はあとで取り上げることにして、ここでは戦後の占領政策にかかわる二つの理由をのべたいと思う。

第一の理由は、アメリカが日本の占領統治にあたって既存の官僚制をそのまま利用したことである。これはアメリカの日本占領が、ドイツにおける直接軍政とは異なって、間接統治、つまり日本人官僚を使って行なわれたということである。実はこの間接統治も天皇制があったればこそと思われる。なぜなら戦後ただちに天皇制を廃止すれば、日本国民のアメリカ軍に対する敵愾心はつのって、混乱や流血事件がおこったであろうし、その際に英語と日本語の問題もあって、日本人官吏を使う方が万事スムースにいくと判断したからであろう。もっとも、この間接統治方式に連合軍が踏み切ったのは、ポツダム宣言のときではなく、終戦後のことと推察される。

「その最大の理由は、天皇の詔勅一つで数百万の日本軍がたいした抵抗もせずにあっさり武装解除したことにある」（中村政則『象徴天皇制への道』、二〇四頁）。

つまりアメリカは予想以上にスムースな日本軍の武装解除を見て、「あらためて天皇の威力とその効用を知った」のである。そこから占領軍最高司令官は「天皇を含む日本国統治機構および諸機関を通じてその権限を行使する」という対日占領方針が決定されたのであった。

したがって、天皇制存続と間接統治は、初めから一つのセットになっていたのであるが、この両者の綿密な関係はその後も、そして現在にいたるまでも続いているわけである。官庁の中でも宮内庁と文部省が「菊のタブー」化を推進する役所として、しばしばマス・メディアから批判されるが、この二つの役所こそは、戦前においてもっとも絶対天皇制を護持し固守した官庁であった。この二つの役所は戦後において天皇制保持のために今なお忠義をつくしている双璧であろう。宮内庁の「大喪の礼」のやり方、いわゆる「大喪戒厳令下の怖い話」(『検証・天皇報道』)や、今秋に予定されている「大嘗祭」のやり方、また文部省の歴史教科書検閲、最近の「日の丸」の掲揚と「君が代」の斉唱の義務化などの一連の動向を見ていると、官僚機構の存続が天皇制の存続と深い関係にあったことを改めて思い知らされるのである。

第二の理由は、宮内庁と文部省の保守主義や権威主義をよく批判する新聞が、やはり戦後そのまま残ったことである。

戦争中、当時のマス・メディアとくに新聞は学校と並んで、日本国民の精神的領域に天皇崇拝を確立するのにもっとも力のあった組織であった。ところがその新聞の戦争責任を、アメリカ占領軍は天皇および官僚制同様、免責したのである。

敗戦の八月十五日、『朝日新聞』の当時の東京本社編集局長、細川隆元(後にタカ派の政治評論家となる)は、編集局部長会でこう述べている。

「仕事は平常通りやっていこう。なにも動揺することはない。今まで一億一心とか、一億団結とか、玉砕とか、醜敵撃滅とかいう最大級の言葉を使って文章を書き綴って、読者に訴えてきたのに、今後はガラリと態度を変えなければならない。これはしかたのないことだが、それだからといって、昨日の醜敵が救世主に変わったようなな、歯の浮くような表現もとられまい。まあだんだん変えていくことにしようじゃないか。マッカーサーが乗り込んで来ても、新聞に関するかぎり、日本が占領地でやったようなバカげたことはやらぬと思う。何ごとによらず先走ったことはよそう。ボツボツいこうじゃないか」（『検証・天皇報道』、七六頁に引用）。

このような新聞を占領軍はなぜ免責にしたのか。それは多くの新聞社内でおこったいわゆる民主化運動が、共産主義（反天皇制主義）によって指導されることを恐れたからであった。同じ敗戦国でもドイツの場合、ナチスに協力した新聞はすべて廃刊され、現在ある新聞はいずれも戦後創刊されたものだという。これだけみても、日本の新聞の姿勢は、ドイツとは全く異なる。今回の天皇報道において我が国の新聞が、依然として天皇の戦争責任に沈黙を守り、天皇讃美に終始したのは、当然と言えば当然なのである。

占領政策の意図と結果

以上見てきたように、神聖天皇から象徴天皇に変わったとはいえ、戦後も天皇制が残ったことに大きな力があったのは、占領軍の政策であった。

しかし占領軍が望んだ天皇制は、言うまでもなく新憲法と合致した天皇制であって、それは新憲法の基本原理であるところの、国民主権主義、永久平和主義および人権尊重主義とは矛盾しないはずのものであった。そのために占領軍が占領の最初に行った二つの指令がある。このことについて、連合軍最高司令官総司令部の宗教課の調査スタッフを勤めた、アメリカの元宣教師ウィリアム・ウッダードは次のように回想している。

「占領初期の数カ月間に、日本の宗教にとってとくに重要な二つの指令が、連合軍最高司令官によって発令された。その第一は『人権指令』で、信教の自由の原則にかんするものであった。第二は『神道指令』で、これは神社神道の制度廃止、政教分離の原則の確立、信教の自由の原則の強化を取り扱うものであった。これらは占領政策文書のなかでもとくに重要なものであるが、一般大衆はおおむね忘れてしまっている。しかしその影響は今日にいたるまで残っている。そしてその基本原則は一九四七年の憲法に組み入れられているのである」(William P. Woodard, *The Allied Occupation of Japan 1945-1952 and Japanese Religions*, 1952. 阿部美哉訳『天皇と神道』一九八八年、サイマル出版会、四七頁)。

しかしこの二つの指令の成果は、憲法を待たずしてあらわれた。一九四六年一月のいわゆる「天皇の人間宣言」と呼ばれる詔勅である。天皇自らが天皇の神格化を否定した、この画期的な宣言が、どのような経過で出されるようになったのか、またあの宣言に対する評価については、いろいろの議論があるところであるが、次のウッダードの発言はだれも否定できないであろう。

「天皇の人間宣言にたいして歴史がどのように判定しようとも、この詔勅が当時盛んに論議を呼んだ天皇制にかんしての憲法の改正に道を拓いたこと、完全な信教の自由の樹立を容易にしたこと、そして占領軍の機能の円滑化に重要な貢献をしたことは事実であった」(同書、二九四頁)。

つまり占領軍は「人権指令」と「神道指令」によって、天皇を非神聖化し、象徴天皇制への道を拓いたのであった。しかしそれは逆にいうと、天皇制が残っても、二つの指令が目指した信教の自由と政教分離の原則が確立していれば、それは民主主義、平和主義、人権主義にとって有害となることはないと考えたからであろう。そしてさらに言えば、これは公文書には記されてはいないが、信教の自由と政教分離の原則によって、キリスト教が盛んになり、キリスト者人口が増加して、日本の民主化に貢献すると期待していたと思われるのである。

それは自他ともに「クリスチャン・ジェネラル」をもって任じていたダグラス・マッカーサー占領軍総司令官が最も期待していたところであった。彼が宗教問題にはじめて公の場で発言したのは、一九四五年九月二日の日本軍降伏調印式の演説においてであったが、そこで占領問題は「根本的には神学的」であり、「精神的再生と人間性の改善」をふくむものと述べている。そしてその後に来日した四人のアメリカの教会の指導者に対して一千人の宣教師を送るよう要請し、キリスト教をあからさまに支援したのであった（同書、二八一―二八三頁）。

それからいわゆる「クリスチャン・ブーム」現象がおこる。教会や伝道集会はいずれも満員であった。しかしこのブームは長くは続かず、周知のように今日に至るまで、キリスト者人口は国民人口の一パーセントに満たないままの少数派にとどまっている。折角、信教の自由と政教分離の原則が確立されたにかかわらず、マッカーサーの期待したようにキリスト教は伸びなかった。逆に延びたのはいわゆる新興宗教とくに創価学会と、日本共産党である。創価学会と共産党はともに、皮肉なことに、政権を手にしたときには信教の自由と政権分離の原則を無視するものではないか、ともっとも疑われている集団である。私がかつてこの二つを「『信教の自由』の鬼子」と呼んだゆえんである（拙著『現代キリスト教と将来』、一九八四年、一七八―一八三頁）。

それは別としても、一九四九年末頃、マッカーサーは総司令部の宗教課長に次のように語ったという。

「日本は、近い将来にキリスト教化することはないだろう。なによりも民族の自負《プライド》が日本人のキリスト教化を妨げるだろう」（『天皇と神道』、二八八頁）。

多神教と一神教

マッカーサーが「民族の自負（誇り）」と呼んだものこそ、わたしが大木英夫氏との共著『日本の神学』（一九八九年、ヨルダン社）の中で「日本キリスト教にとっての最大の問題（は）日本それ自体、とくに天皇を頂点とする神道的なもの」（二一三頁、二〇六頁）と言ったものである。

ここにおいて天皇制の問題は、ただ「社会的、政治的な視点から」ではなく、さらに「宗教的、神学的な視点から」取り上げねばならないことは明らかであろう。本章の課題は「社会的・政治的な視点からみた天皇制」について語ることであったが、最後に「宗教的、神学的な視点からみた天皇制」について語りたいと思う。

確かに最近の日本人は「民族の自負」として、天皇制を正面からかかげることはしない。最近流行している日本人あるいは日本文化の優越論は、むしろ一神教に対する多神教の優越という議論である。たとえば『朝日新聞』の「新春対談」に、宗教学者の中村元と哲学者の梅原猛の「日本人を語る」という対談がある。仏典に出てくる「いかだのたとえ」、つまり川を渡ったら用のなくなった、いかだは捨てなければならない、ということをめぐって次のように話は進む。

「**梅原**　ところで先生、今いちばん捨てられるべき『いかだ』は、どうも一神教ではないか、と私は思うんですが。

一神教は人類のある段階で出てきて、人類文明を発展させるのに非常に役に立った。けれど、今のように地球が有限になって、たくさんの宗教を持っている人たちが共存していかねばならない時代になって、自分の信ずる神だけが正しく後は間違っているという一神教は古い『いかだ』になりかねないと思うんです。

中村　そう思いますね。……

梅原　僕はある意味で、一神教は『自然開発』『自然征服』のための宗教じゃなかったかと思うんですね。つまり多神教だと、山や川が神だったりする。一神教は超越神を信じて、そういう山の神や川の神を否定するわけですから、一神教を信ずれば、開発は自由、自然征服が自由になるということ」（『朝日新聞』、一九九〇年一月八日）。

さらに雑誌『諸君！』の二月号は、「多神教文化の時代」と題して、佐伯彰一、平川祐弘、宮田登という三人の学者たちによる座談会を載せている。ここでは二十世紀の前半は一神教とくにプロテスタントの国々が経済的に栄えたが、二十世紀末になると、非プロテスタント国である日本が経済大国となったのはなぜか、と問うて、それは神道の多神教的寛容のゆえだ、と答えている。

「**平川**　要するに、日本という国の特色は世界でも稀な多神教が現存している国だということですね。この多神教はいろいろな欠陥もあります。適当なときに適当な神さまを引っ張り出したりする。思想的に首尾一貫性がないのかも知れない。しかし神道という多神教は他の偉大を容れる寛やかさをもっている。案外そこに一神教のプロテスタンティズムの社会にない日本の活力の秘密があるのかもしれない」。

話はアニミズムに移るが、そこで天皇がでてくる。

「**宮田**　天皇家にしても、絶対的な神を祀って自らは権威的神官として祭祀をとりおこなうのではなく、様々なこうした神々をアレンジするようなお祭りをする。新嘗祭や神嘗祭などがそうですね」。

そして結論としてこう言っている。

「**佐伯**　平川さんが、冒頭で言われたように、プロテスタンティズムとはっきり違う点が、いつか強みになってきたと言えそうですね。とくに最近では、あまりに個人中心、また唯一絶対信仰が世界的にもち切れなくなりつつあるんじゃないかな。一神教よさらば、多神教こんにちは、と言いたい」(『諸君!』、一九九〇年二月号)。

以上のような最近の論調に対して、加藤周一が「新春対談」に関してのべた次の評論は、的を射た問題の指摘である。

「しかしこの議論は、理くつとして弱い。多神教がこの神もあの神もよろしいというのはその体系内部での話である。別の民族の別の多神教の体系に対しても寛大であるとはかぎらないだろう。また多神教の体系は、その多数の神の間に上下の階層的構造を備えることが多く、最高神を別にする体系に対しては攻撃的であり得る」(『朝日新聞』、一九九〇年二月十五日)。

加藤は、この世界が一神教的文化から多神教的文化へ移るだろうという議論は、日本では天皇の戦争責任問題がほとんど全く議論されないことと同じく、「まさに日本国内の議論と国外の学識とが著しい差違を示す例の一つである」と附言しているが、これは極めて興味深い指摘である。なぜなら多神教の問題と天皇制の問題はその根が一つだからにほかならない。

単一神教と閉鎖社会

日本が多神教の国であると言いながら、これらの学者たちが口で言うほどに寛容な国でないことは、外国人からの指摘をまつまでもない。いわゆる帰国子女と言われる子どもたちが、なぜ「いじめ」られ「外国はがし」と「日本もどし」を強要されるのか、を日本人の子どもたちから聞くだけで十分である。

日本は一見、多神教の社会に見えるが、実は単一神教の社会なのである。それだから寛容に見えて、実は非寛容なのである。この消息はアメリカの神学者、リチャード・ニーバーの「信仰の三類型論」によって明らかになるであろう（H. Richard Niebuhr, *Radical Monotheism and Western Culture*, 1960. 東方敬信訳、『近代文化の崩壊と唯一神信仰』、一九八四年、ヨルダン社）。

ニーバーによれば、「西洋の宗教制度と政治制度は、長い間、公には唯一神教であった」。これは言うまでもなくキリスト教のゆえである。ところが、実際にはその歴史が示すように、この唯一神教はたえずほかの二つの信仰形態、すなわち単一神教と多神教との相剋対立のなかにあった。

単一神教（Henotheism）というのは、歴史的にも原初的な信仰形態でありまた社会形態であるが、多くの神々のなかの一つの神を信じ、その神に忠誠をちかうものである。現代的に言うならば、国家主義（ナショナリズム）というのはこの単一神教にほかならない。多くの国々の中の一つ（one out of many）の国を絶対化し、神聖化して、それを究極的価値と見なし、それに生命をささげ献身するからである。ニーバーはその例としてドイツのナチズムとイタリアのファシズムを挙げているが、日本の戦前の国家主義は言うまでもなく、その精神的中核は不変と見られている戦後のナショナリズム、天皇を中心とする神道的な日本主義も、この単一神教の一形態である。「国家主義は、国の繁栄やその存続が生の最大目標とされる場合いつでも、常に信仰としての性格をましている」と言うが、これも現代の日本に当てはまるであろう。さらにニーバーは単一神教の特徴はフランスの哲学者、アンリ・ベルクソンのいう「一つの閉鎖社会」(a closed society) を形成することにある、と言っているが、これも「国際化」を口にしながら依然として「閉鎖社会」だと国際的に批判されている現代日本の実相ではないだろうか。単一神教は国家、民族、階級、文明のどれであれ、そのうちの一つだけを価値の中心、忠誠の対象また目的とするからである。

これに対して多神教というのは、多くの (many) 神々を信じ、多くの神々に同時に忠誠を捧げる信仰形態である。歴史的には、単一神教の崩壊後にもっとも多く見られると言う。現代的に言うならば価値的な多元主義である。そう言えば、戦前と戦後の日本は、まさしく単一神教から多神教への移行にほかならない。現在は戦前のように、天皇のため、という一つの価値や目的しかないのではなく、多くの価値と目的が共存し、それを同時に追求している。

しかし西洋の歴史がそうであったように、多神教が行き着くところまで行くと、その反動として再び単一神教に戻ろうとする動きが出てくる。多神教が徹底すると、極端な個人主義、利己主義がはびこり、社会はアトム化し、やがてアナーキーに陥るからである。そうすると多神のなかの一つの神が優位を主張して、そのもとに他の神々を従わせようとする。戦後の日本が多神教文化だと言いながら、単一神教である天皇が生き続け、それが昨今のような天皇タブー現象をひきおこすゆえんである。

いや多神教と単一神教は実は根は一つであって、多神教のなかから単一神教が生まれてくるのであり、単一神教が行き詰まると多神教になる、といった具合に、状況に応じて変化するに過ぎない。共通していることは、ともに「閉鎖社会」をうみやすいということである。単一神教がそうなることについては前述したが、実は多神教もそうなのである。多神教は一見非常にオープンに見えるが、その愛すべき隣人とは、自分と利益や価値を共有する非常に小さなグループやクラブのメンバーに限られてしまう。したがって単一神教社会よりはさらに小さな「閉鎖社会」になってしまうのである。戦前より戦後の方が、「いじめ」が多くなり、隣人に対して冷淡、無関心な人々が増えているゆえんである。

日本学を提唱した中曽根元首相は、しばしば、欧米諸国は一神教だから排他的、非寛容になりがちだが、日本は多神教だから包括的、寛容である、と言っていた。しかし天皇報道をめぐる自粛ムードは、多神教も単一神教も、ともに寛容をうみださないことを示してあまりがあるのではなかろうか。

徹底的唯一神教

最後に神学的な視点からみた天皇制について述べたい。以上の議論から明らかなように、天皇制の宗教的母胎は、多神教的な神道と、単一神教的な国家主義とである。その両方の結合が極端なまでに徹底した形態が、戦前の国家神道にほかならない。極端に非寛容な、そして閉鎖的な社会をうみだしたゆえんである。そのことの反省からうまれたのが、戦後の憲法であり、象徴天皇制であった。

問題は、いかにしたらこの憲法が守られ、いかにしたら、その憲法にふさわしい象徴天皇制となるかということである。かつて、キリスト者であり憲法学者であった鵜飼信成は象徴天皇について次のように述べたことがある。

「日本国憲法の規定する、日本国民の象徴であり、日本国民統合の象徴であるという天皇の地位は、かかって一に、その象徴の演ずるべき役割を規定する国民の政治的意志と、政治的心理とのいかんにある。天皇の地位が形式的なものに過ぎないか、実質的なものであり得るかは、憲法の文字だけではきまらない問題である」（鵜飼信成『憲法における象徴と代表』、一九七七年、岩波書店、一一五頁）。

つまり天皇制をどうするか、またどう運営するかは、まさに日本国民の意思と心理いかんによるのである。より根本的には、したがって神学的には、ニーバーの「信仰の三類型」論で言えば、単一神教・多神教（この二つは前述したようにともに神道的なもの）か、あるいは徹底的唯一神教（キリスト教）か、という二者択一にかかっているといってよい。

「徹底的唯一神教」（Radical Monotheism）とは、唯一神（the one God）のみを信じ、その神のみに忠誠をささげる信仰形態である。聖書が主張し教えている信仰であるが、歴史の中においては、つまりキリスト教史においても「事実であるよりは希望として、現実としてよりは可能性として存在している」とニーバーは言う。したがってそれは本来のあるべきキリスト教信仰であって、歴史上にあらわれた具体的なキリスト教――しばしば多神教や単一神教と結びついて変質したキリスト教――を審くとともに、本来あるべき形態への悔い改めに導くところのキリスト教信仰である。

この徹底的唯一神教とは、逆説的に、単一神教や多神教よりも、はるかに、いや徹底的に「開かれた社会」

(open society) すなわちもっとも寛容な文化を生み出すものである。なぜならば唯一神とは天地創造の神であり、全人類の神であって、同一グループだけの神や、同一国家や同一民族だけの神ではないからである。したがって、だれを愛する隣人と見なすか、という隣人愛は多神教では、自分の属している利益グループに所属している少数の人にしか向けられないし、単一神教においても同一国民や同一民族に限られてしまう。ところが、唯一神教においては、すべての人、すべての民族は、唯一の神が創造された子どもであり、わたしの兄弟姉妹となる。したがって、「敵をも愛する」ようになるのである。したがって、徹底的唯一神教において、はじめてもっとも開かれた、普遍的な倫理による寛容な社会と文化が生まれ得るのである。

もし日本国民がこのような徹底的唯一神教を信じ受け入れるとき、天皇制は存続したとしても、「内なる天皇制」は克服され閉鎖社会を生み出す排他的かつ非寛容な文化を生み出す精神的核とは成り得ないであろう。そこで私はかねてより、日本国民人口の「せめて一〇パーセント」をキリスト者にすることこそ、日本にとって必要なことであり、日本の教会の緊急な課題であると、主張してきたのである。これは宗教社会学的に言って、国民人口の少なくとも一〇パーセントをしめなければ、宗教であれ政治であれ、一国の動向に影響を及ぼすことはできないからである。逆に言えば一〇パーセントくらいになると大きな力となるからである。日本に公明党という政党があるのは、創価学会のメンバーが日本人口の一〇パーセントもいるからにほかならない。アメリカで公民権運動が成功をみたのは、その母胎であった黒人教会のメンバーがアメリカ人口の一〇パーセントを越したからであった。明治学院大学や本島長崎市長のような発言をするキリスト者が、現在の十倍以上になったとき、天皇制に対する日本国民の態度は今とはかなり違ったものになるであろう。

しかし周知のように日本のキリスト者人口は、長らく一パーセント未満にとどまっている。これにはいろいろの理由があるであろうが、一つの理由はキリスト教とくにプロテスタントが明治以来、知識階級に限られた宗教、つまり単一神教(ニーバーの言う「一つの社会的信仰」)になってしまい、民衆を含む、すべての階層の人々をふくむ宗教、つまり徹底的唯一神教になっていないからである。この点、明治以来、民衆への伝道に努力してきた福音派のキリスト教にわたしは大きな期待を寄せるのである。天皇制についても、戦前戦中にみられるように、「天皇とキリストとどちらが偉いか」と官憲に問われて、はっきりと答えられたのは、ホーリネス教会などの民衆のキリスト者であった。それゆえに、天皇制の将来はいつに日本におけるキリスト教の伝道いかんにかかっている、というのがわたしの結論である。宗教学者の山折哲雄は「天皇の宗教的権威とは何か」を論じて次のように言っている。

「しかしここに、確実な事実が一つだけある。われわれ日本人の側が、同時に人間であり神主であり生き神であるような『天皇』という存在を必要としてきたということである」(山折哲雄『天皇の宗教的権威とは何か』、一九七八年、三一書房、一六頁)。

しかしここに、確実な可能性がもう一つある。もし日本人がキリスト教の神、すなわち徹底的唯一神を信じるようになれば、日本人はもはや「同時に人間であり神主であり生き神であるような『天皇』という存在」を必要としなくなる、ということ、それである。

参考文献

中村政則『象徴天皇制への道――米国大使グルーとその周辺』、一九八九年、岩波新書。

『検証・天皇報道』、一九八九年、日本評論社。

岩波新書編集部編『昭和の終焉』、一九九〇年、岩波新書。

岩波書店編集部編『明治学院大学１９８９学問の自由と天皇制』、一九八九年、岩波書店。

武田清子『天皇観の相剋――一九四五年前後』、一九七八年、岩波書店。

高橋紘『象徴天皇』、一九八七年、岩波新書。

後藤靖編『天皇制と民衆』、一九七六年、東京大学出版会。

石田一良「神道の思想」、日本の思想14、『神道思想集』、一九七〇年、筑摩書房。

W・ウッダード（阿部美哉訳）『天皇と神道』、一九八八年、サイマル出版会。

古屋安雄・大木英夫共著『日本の神学』、一九八九年、ヨルダン社。

『諸君!』、一九九〇年二月号。

H・R・ニーバー（東方敬信訳）『近代文化の崩壊と唯一神信仰』、一九八四年、ヨルダン社。

鵜飼信成『憲法における象徴と代表』、一九七七年、岩波書店。

山折哲雄『天皇の宗教的権威とは何か』、一九七八年、三一書房。
C. W. Kegley and R. W. Bretall (eds.), *The Theology of Paul Tillich*, 1952.
Hendrik Kraemer, *World Cultures and World Religions*, 1960.

4　神の痛みの神学の世界教会的《エキュメニカル》展開

『神の痛みの神学』がきわめて日本的な神学であることは周知のことである。しかしそれは著者が国粋的（ナショナリスティック）な神学者であって、近年流行のいわゆる「アジア的神学」を意図したからではなかった。(1) つまり著者は長い歴史と伝統をもつ西洋のキリスト教特にその神学を無視して、あるいはそれに対する無知のゆえに日本的な神学を提唱したのではなかった。

そのことは『神の痛みの神学』の十一章「神の痛みと福音史」に明らかに示されている。そこで北森嘉蔵教授は使徒行伝一七章二六—二七節のテキストを取り上げ、「ここには神の真理が歴史といかに連関するかという問題が示唆されている」と述べ、さらに「ここに、国人の区別が神の真理の発見保持と必然的連関をもつゆえんが存するのである」と言明している。(2) そして具体的な例として原始教会より古カトリック教会にいたる約五百年間、福音の保持のためにギリシア・ローマ的世界が積極的意義をもっていたことをあげている。さらにローマ・カトリック教会が福音を見失うに至った時、神はゲルマン民族に福音を委ねたもうて宗教改革をおこされたと説明される。しかしながら神学の根本たる神観に関する限り、宗教改革はギリシア・ローマ的教会のそれを継承しているだけであって、それ独自のものを提示していないといわれるのである。

そこでギリシア・ローマ教会の神観の結晶ともいうべき内在的三位一体を論じて「本質」という概念において捉えられたこの神観には積極的意義とともに一つの制限があるという。つまり三位一体の真理を完全な明確さを持って概念化したことはその貢献であるが、それは同時に聖書に示されている神の痛みを見失っているからである。そしてこの点ではゲルマン的神学も同列であって、ギリシア的限界をのりこえることはできなかったという。

以上の考察から北森教授が「神の痛みの神学」をもって従来の西洋神学の限界を乗り越えようと意図していたことは明らかであろう。しかしそれはただ日本的な神学を提唱しようとしたのではなく、日本あるいは日本人という「国人」を媒介として永遠かつ普遍的な福音の真理を明らかにしようと意図されたのであった。ここに北森神学のエキュメニカルな――時間的に世界教会史的のみならず空間的にも全世界教会的な――意義と性格があると思われるのである。北森教授が岸千年教授とともにルター派の教会を母教会としながらも、エキュメニカル運動に早くから熱心に参加されたゆえんである。

それゆえに、北森神学を正しく継承するという課題は、決していわゆるアジア的神学の方向ではなく、エキュメニカルな方向で遂行されるべきであると考えられる。エキュメニカルとは前述のように、世界教会史的であるのみならず、全世界教会的な視野と展望をもって、福音の真理を保持発展することにほかならない。このような視点に立つとき、北森神学とそれをうんだところのわが国のルター派の教会には、少なくとも以下に述べる三点の課題があるのではないかと思う。これらの課題は、岸教授と北森教授にもやや突飛なものと思われるかも知れないが、これは私自身が両教授の指導のもとエキュメニカルな視野を与えられてきたこととは無関係ではないつ

もりである。(3)

教会の名称の問題

第一の課題は「ルーテル」教会という名称の問題にかかわる。周知のようにルーテル教会は世界の全プロテスタントの約三〇パーセントを占めるプロテスタント最大の教派である。と同時に個人名を教会の名称にしている唯一の教派である。

かつてあるアメリカのルター派の神学者が書いた論文の中に次のような言葉があった。「もしルターが現在のアメリカに再来したならば、彼は決してルター派の教会に所属しないであろう」。このような話は半分冗談にエキュメニカルな会合でも耳にすることがあるが、アジアのとくに日本のルター派の神学者や牧師あるいは信徒は深刻に受け止めるべき問題であると思う。なぜならば、これも周知のようにルター自身がその名前で呼ばれる教会や教派を作ることにもっとも反対していたからである。

「私は人々が、私の名前に心を向けず、ルター派と唱えず、キリスト者と自らを呼ぶことを心から願っている。ルターとはいったい何者なのか。まったくのところ、教義は私のものではなく、私はだれのためにも十字架につけられなかった。聖パウロは、コリント人への第一の手紙三章の中で、人々が自分たちをパウロ派とか、ペテロ派とか呼ぶことを認めず、キリスト者と呼ぶことを望んだ。それなのにどうしてこの私が——不潔な臭いのするうじ虫のいっぱいつまった袋のような私が——、キリストの子どもたちに、何の価値もない私の名前をつけさせることができようか。とんでもない、諸君。私たちの党派の名前など捨ててしまって、私たちがもっている教義に従い、キリスト者と呼ばれようではないか[4]」。

このようにルター自身が拒否しているにもかかわらず、なぜその意志に反して「ルター」（「ルーテル」）教会と呼び、そして現在なお依然として呼び続けるのであろうか。一八六一年に出版された『合衆国における宗教的諸教派――その過去の歴史、現状および教理』という大冊の書物がある。この種のものとしてはアメリカでも最初のものであるが、各教派の代表的な神学者や牧師がそれぞれの教派について叙述している。ルター派について書いているのはペンシルヴェニア州のゲティスバーグ神学校の神学教授であったS・S・シュマッカーであるが、名称について次のように記している。

「異邦人への偉大な使徒のように、ルター自身は彼の名前を一分派の合言葉とすることに断乎として抗議した。それで彼の忠告が無視されたことは遺憾とすべきことである[5]」。

遺憾であるとは言っているが、なぜそうなったかの説明はない。これも歴史のアイロニーの一例であろう。最初のプロテスタント（ルター）のプロテストにかかわらず、最初のプロテスタント教会はそのプロテスタントを無視したからである。そして今なお無視しつづけてきているからである。

わが国にルター派の教会が設立されたときに、名称をめぐる議論があったのかどうか、私は寡聞にして知らない。いずれにせよ、はじめから「ルーテル教会」と呼んで今日に至っているわけである。しかしこのままでよいのだろうか。北森教授のようにギリシア・ローマ教会のみならずルターの神学をも乗り越えて、永遠かつ普遍的な福音の真理を捉えようとするのであれば、従来の欧米教会の慣習的名称を無批判に受け入れ継承することは、その神学にふさわしくないのではなかろうか。むしろ積極的にルター自身の抗議と意志を尊重して、それにかなった新しい名称をつけるべきではないだろうか。

この点で私が教示を受けたのは、中国のルター派諸教会の名称である。日本ルーテル神学大学の学長室と会議室には額に入った墨書がかかっているが、日本路徳神学大学へ香港信義宗教会から贈られたものと記されている。つまり中国では路徳宗教会とは呼ばず、信義宗教会と呼んでいるのである。おそらくルターの中心教理であった信仰義認を教える教会という意味であろう。中国共産革命以前の諸教会名をみると、スウェーデン、ノルウェー、フィンランドなどの宣教会や自由教会のみならずアメリカのルター派教会のミッション・ボードによって始まった中国の教会もほとんどみな信義会と呼ばれている。(6)

この中国名を決定するにあたって欧米の宣教師たちと中国人キリスト者たちとの間でどのような議論があったのか知らない。周知のように中国においても日本においても、聖書翻訳にあたっては「テオス」あるいは「デウス」を何と訳すかはカトリックとプロテスタントを問わず大問題であった。「天主」、「上帝」、「天帝」、「真主」、「神」などいくつかの訳語をめぐって宣教師の間で、そして宣教師と中国人あるいは日本人との間で議論がなされている。(7)同じような議論がルター派の諸教会の名称をめぐっても、あったのかどうか、今のところ照会中であるがわからない。

いずれにしても名称の問題は再考されるべきであると思う。とくにわが国の場合、カタカナで「ルーテル」という個人名のついた教会というのは、なじみにくいのではないだろうか。ただでさえ「キリスト教」というのは欧米の外国の宗教であるという感じが残っている上に、さらに「ルーテル教会」となると、よけいに外国的な印象を強く与えないであろうか。このこととわが国におけるルーテル教会がキリスト教内の少数派にとどまっていることとは全く無関係であろうか。

わが国の問題は別としても、全世界にあるルター派教会の問題としてその名称を再考するべく、わが国のルーテル教会は問題提起をすべきではないかと考えるのである。

教会暦の問題

第二の課題はイースターつまり復活祭の期日にかかわる教会暦の問題である。周知のようにイースターはクリスマスとはちがって、毎年同じ月日に祝われる教会の祝祭ではない。イースターは教会暦の中でもっとも古い祝日であるが、その日取りをめぐって長いことといわゆる復活日論争が続いた。今日プロテスタント教会とカトリック教会が守っているイースターの日取りというのは三二五年のニカイア総会議で決定されたものである。つまり春分（三月二十一日）後の最初の満月の後に来る第一日曜日をイースターと制定したものであって、三月二十二日から四月二十五日までの間を年ごとにうごく移動制定法によるものである。したがってクリスマスのように十二月二十五日と決まっておらず、牧師であっても毎年いつがイースターかはただちには答えられないようになっている。日本のような非キリスト教国において、クリスマスが商業主義と結び付いて国民の間に定着ないし土着しつつあるのに対して、イースターが教会のみの祝祭になっている一つの理由は、日取りが年によって移動するからであろう。救い主の誕生日という誰にもわかるクリスマスと、死からの復活日というだれにもわかるとは言えないイースターのメッセージの違いも大きな理由と思われる。しかしその日取りの問題も無視できないのではないか。日取りが年によって動くのでは、さすがの商業主義も手が出しにくいのであろう。

したがってイースターの移動制というのは不便なものである。では、なぜあえてこのように不便な移動制定法をとったのであろうか。元来初代教会ではユダヤ教の過越から由来したキリスト教の過越として復活日が守られたという。ギリシア語やフランス語で復活日のことをヘブル語の過越を意味するペサーにもとづくパスカやパックと呼ぶゆえんである。しかしその後、復活日論争（Paschal controversies）という、はるか後代の聖餐論争と同じく、激烈な論争がおこった。その結果、今日のように日曜日に、しかも決してユダヤ教の過越の日と重ならないように、ニサンの月の十四日に引き続く日曜日と決められたのである。なぜこんなめんどうな取り決めをしたのであろうか。これについてフィリップ・シャッフはその『キリスト教会史』の中で次のように説明している。

「この規定の指導的動機は、主を十字架につけることによって過越を汚したユダヤ教にたいする反対であった[8]」。

そしてこの決定に関するコンスタンティヌスの回勅を引用しているが、それはいかに主の殺害者である悪しきユダヤ人と関わりを持ちたくないか、というユダヤ教に対する敵対心むきだしの書簡である。つまり復活祭の日取りが一定でないのは、古代教会の反ユダヤ主義のゆえだというわけである。反ユダヤ主義のゆえにイースターは、クリスマスと違って移動制定法によって毎年その日が変わるようになったのである。

いうまでもなく反ユダヤ主義（anti-Semitism）はキリスト教、ことに西洋キリスト教の最大の恥辱面の一つである。ユダヤ人に言わせるとキリスト教の反ユダヤ主義は福音書、とくにそのイエスの十字架の死の叙述からすでに始まっているという[9]。それ以来続いた反ユダヤ主義が二十世紀にナチス・ドイツのユダヤ人大虐殺に爆発したのであるという。そしてそれに対してはほかならぬルターにも責任があるという。『第三帝国の興亡』の著者ウィリアム・シャイラーは、ナチ政権当初なぜドイツのプロテスタントの大部分がヒトラーに従ったかの理由として、その歴史とともにルターの影響をあげてこう言っている。

「この新教の偉大な創設者は、熱烈な反ユダヤ主義だったと同時に、政治的権威に対する絶対服従の頑強な信奉者だった[10]」。

そして四世紀のちにヒトラー、ゲーリング、ヒムラーはドイツからユダヤ人を追放せよと勧告したことを「文字どおりに実行」したのだと付言している。

ルターとナチスの関係はもっと複雑な関係であると思うが、ルターと反ユダヤ主義の関係は否定できないようである。シャイラーのようなジャーナリストならぬルター研究者のローランド・ベイントンはルターのユダヤ人に対する態度の両義性を指摘はしているが、反ユダヤ主義については苦しい弁明をしている。ユダヤ人を全部パレスチナへ追放せよと晩年のルターは「下品な憤りの文章を発表」したと認めつつ次のように述べているからである。

「人は、ルターがこの論文を書く前に死ねばよかった、という気がする。けれども、人は、彼が勧告していることと、その理由について、よく知らなければならない。彼の立場は全く宗教的で、決して人種的ではなかった[11]」。

人種的でなく宗教的であっても反ユダヤ主義は反ユダヤ主義である。そして不幸なことにこのような反ユダヤ主義から西洋のキリスト教は今なお完全に自由ではない。この点でいまだ反ユダヤ主義に感染されていないアジアことに日本の教会には独自の課題があるのではなかろうか。ニコライ・ベルジャーエフが『キリスト教と反ユダヤ主義』という小冊子の中で次のように述べているのは、きわめて示唆的である。

「ユダヤ人が改宗させられるためには、まずキリスト教徒が自分自身を改宗させること、すなわちキリスト教徒が形式的な信仰者ではなく真の信仰者となることをもってその出発点とすべきであって、これが最も重要な問題である。人を憎み、十字架にかけるような人びとは、外面的にはどのような形の信仰をもっていても、キリスト教と呼ばれる資格はない。というのは、自称キリスト教徒こそが東洋人の改宗、つまり中国人やインド人の改宗をはばむ最大の障害となっていることを忘れてはならないからである[12]」。

ここに日本人が含まれていないのは当時日本がナチス・ドイツと同盟関係にあったためかもしれない。いずれにせよキリスト教の反ユダヤ主義が日本人にとっても大きな障害となっていることは否定できないであろう[13]。そうであるとすれば、この反ユダヤ主義からうまれた復活祭の日取りの移動制はやめて、新たな日取りを、できればクリスマスのように一定の日取りを決めることはできないのだろうか。もちろんこの問題はルター派の教会だけの問題ではない。全プロテスタント、ギリシア正教会、ローマ・カトリック教会をふくむエキュメニカルな問題である。さしあたり世界教会協議会（WCC）などで協議をはじめるべきであろう。そのときWCCと相並ぶ実力をもつといわれているルーテル世界連盟（LWF）あたりが、イニシアティヴをとって協議をはじめてはどうであろうか。

アジアの民衆の苦しみとの関わり

第三の課題は「神の痛みの神学」と第三世界とくにアジアの民衆の苦しみとの関係である。周知のように『神の痛みの神学』は敗戦の翌年、一九四六年に出版された。ということはこの書物は戦前、戦中、戦後にわたって執筆されたということである。したがって「痛み」という題名からして人々は戦争の痛みと関係があるだろうと感じたとしても無理はないであろう。このことは日本だけではなく外国においても同様である。第二次大戦直後に出版されたということから、その「痛み」とあの戦争状況とは無関係ではないと一般には受け取られている。たとえばユンゲル・モルトマンは『十字架につけられた神』の中でこの神学に言及しているが、それはボンヘッファーの獄中書簡の文章、苦しむ神についての数行を引用したすぐあとで次のように述べているところである。「だいたい同じ頃、そしてその国の同じような政治的状況の中で、日本人のルター派神学者北森嘉蔵は『神の痛みの神学』という同じような十字架の神学を展開している書物を書きつつあった[14]」。

それゆえにドイツあたりではこの書物は二つのカイロスをもっていたという。一つは第二次大戦中に書かれ、敗戦直後に刊行されたという「日本的カイロス」であり、もう一つは一九七〇年代にドイツの神学者たちが十字架の神学に関心を持っていた時にこの書物のドイツ語訳が出たという「ドイツ的カイロス」である[15]。

しかしながら実は『神の痛みの神学』全体を読んでも、意外なほどにあの戦争の影は濃くはでていない。たしかに次のような文章はある。

「そして今日こそ『痛みの時代』である。今日を『痛みの時代』と呼ばずしていつの日をしか呼ぼうか[16]」。

「しかるに我々が生きている今日は、もっとも優勢なる意味において『死の時代』であり、『痛みの時代』である。私の眼には、今日世界は大空の下に横たわっているのではなく、痛みの下に横たわっているものとして映ずる。『人生二十五年』という言葉を生んだ今日を『死の時代』と呼ばずしていつの日をしか呼ぼうか[17]」。

「今日世界のなしていることがたといことごとく空しくなろうとも、ただ世界が今日苦しんだということ、しかもかつてないまでに苦しんだということ――この一言のみは決して空しくならぬであろう[18]」。

これらの言葉はもちろん、あの戦争の時代について述べたものであろう。そして二カ所ほど小説の引用を通して日本人の戦死者と戦病者に言及しているところはある[19]。

けれども本書のどこにも、広島と長崎への言及はない。この点は私が外国で『神の痛みの神学』について講義している時に少なからぬ人々からも質問された点である。さらに本書のどこにも出てこないのは、あの戦争中いや戦争以前からの長年にわたって日本人がアジアの隣人に与えた痛みや苦しみのことである。それらのことはあたかも無かったかのようである。日本帝国主義下の朝鮮人や台湾人の痛みや苦しみ、中国本土での虐殺事件、マニラやシンガポールなどのアジア各地の民衆がこうむった痛みや苦しみについては一行もふれられていない。

第七章「神の痛みと倫理」には先に引用した「今日を『痛みの時代』と呼ばずしていつの日をしか呼ぼうか」という言葉につづいて次のような文章がある。

「今日の固有なる倫理として『痛みの倫理』(Schmerzesethik) がその姿を明らかにせねばならぬ。――『喜ぶ者とともに喜ぶ』ことは確かにむずかしい。しかし『泣く者とともに泣く』こともそれに劣らずむずかしい[20]」。

この「泣く者」のなかにはアジアの民衆ははいっていないようである。あの敗戦直後の日本人はいわば「虚脱状態」にあったたし、戦前戦中に日本人がアジア各地で何をしたかという真相もまだ知らされていなかったからであろうか。いずれにせよ、現時点で敗戦直後に出版された『神の痛みの神学』を読むとき、あの戦争で苦しんだアジア民衆の痛みについて全く言及のないことは、理解に苦しむと言わざるをえない。日本の庶民の「つらさ」に対してあれだけの理解をしていながら、どうしてその日本の庶民が兵隊となって苦しめたアジアの庶民の痛みに対する鋭敏な感覚がないのであろうか。

この問題は、一個人の問題であるよりは、当時の日本のキリスト教と教会全体の問題というべきであろう。当時のわが国のキリスト者にはそれこそエキュメニカルな視野がなかったのである。それゆえに「神の痛み」というときの神もエキュメニカルな神ではないのである。たしかに「世界の苦痛は神の苦痛の象徴」であるという言葉もある。[21] しかしその「世界の苦痛」のなかにはアジアの民衆の苦痛はとくに意識されていないのである。

ここに今日わたしたちが「神の痛みの神学」をさらに継承発展させるためには不可避的な課題があるのではなかろうか。日本人がアジアの民衆に苦しみと痛みを与えたのはあの戦争中だけのことではない。戦争後とくにいわゆる経済大国となって「ネオ・コロニアリズム」のもと、さらにアジアの民衆に苦しみと痛みを与えつつあるのである。現在の日本の経済的繁栄は実にアジアの貧しい民衆の痛みと苦しみという犠牲の上に成り立ったものにほかならない。その日本の中にある教会はどれだけアジアの「泣く者とともに泣く」ことをしているのであろうか。

この点で岸千年博士が身をもって示している方向にわれわれは一層の努力をもって前進すべきであると思う。博士がそれぞれ理事長として指導しておられる日本聖書協会と基督教児童福祉会はそのよい実例である。聖書協会は「アジアの友に聖書をおくろう」という運動を展開しているし、児童福祉会は「東南アジア地域の要援助児童に対する精神里親事業の開拓と推進」を実行しているからである。

神学的には「神の痛みの神学」とこれらアジアの民衆の苦しみと痛みからうまれてきた「解放の神学」や「民衆の神学」との対話を行なう必要があろう。それは「神の痛みの神学」が今日なお現実性をもつためでもあり、さらに「解放の神学」や「民衆の神学」がたんなる政治社会運動のイデオロギーに堕とさないためでもある。

以上、三つの課題について私見を述べたが、あるいは岸、北森両教授の真意を誤解しているかも知れない。けれどもこれらをめぐって議論し再考することは、両先生から学んだ者たちの課題をより明らかにするのに役立つことと信じて疑わない。

注

(1) 拙著『現代キリスト教と将来』一九八四年に収録の論文「いわゆるアジア的な神学について」を参照。
(2) 北森嘉蔵『神の痛みの神学』、講談社学術文庫、一九八六年、二一九—二二〇頁。
(3) 日本信仰職制研究会編『教会一致の神学——モントリオールとヴァチカン』、一九六五年、二〇—二一頁。一九六二年に結成されたエキュメニカルな日本信仰職制研究会の中央委員会の委員長は岸千年、土居真俊の両氏、委員は北森嘉蔵、前田護郎、松村克己、高地時夫の四氏で、最年少の私は書記兼会計であった。一九六四年に入ってカトリック教会からネメシェギ神父らがオブザーバーとして加わった。
(4) 宝珠山幸郎編訳『ルターのことば』《ルター選集・3》、聖文舎、一九八三年、一〇三—一〇四頁。〈一五二二年のルターの名前の使用に対する個人的な抗議より〉とあるが、出典はW.A.8, S.676-687.『ルター著作集』第一集第五巻、二一頁。

（5） *Religious Denominations in The United States: Their Past History, Present Condition, and Doctrines*, 1861.（Reprinted 1975), p.320.

（6） 山本澄子『中国キリスト教史研究――プロテスタントの「土着化」を中心として』一九七二年、付録参照。ただしミズーリ・ルーテル教会だけは今なお「路徳会」と香港および台湾で呼んでいる。

（7） 柳文章『ゴッドと上帝』、一九八六年、鈴木範久「『カミ』の訳語考」（『講座宗教学』第4巻、一九七七年）。とくに鈴木論文はくわしい。

（8） Philip Schaff, *History in The Christian Church*, Vol.III., 1914, p.405.

（9） Joel Carmichael, *The Death of Jesus*, 1962（西義之訳『キリストはなぜ殺されたか』一九七二年）参照。

（10） William L. Shrier, *The Rise and Fall of the Third Reich*, 1960.（井上勇訳『第三帝国の興亡』2、一九六一年、一四頁）

（11） Roland H. Bainton, *Here I Stand*, 1950.（青山一浪・岸千年訳『我ここに立つ』、一九五四年、五一〇頁）

（12） Nikolai A. Berdyaev, *Christianity and Anti-Semitism*, 1938.（『現代キリスト教思想叢書』7、田口義弘・木村守雄訳、一九七二―三頁）

（13） 竹山道雄『剣と十字架』、『妄想とその犠牲』（竹山道雄著作集5と1）を参照。

（14） Jurgen Moltmann, *Der gekreuzigle Gott*, 1973, S.49.

（15） 講談社学術文庫版の北森教授自身の解説と倉松功氏の論文にそれぞれ引用されている。

（16） 右文庫版の一四五頁。

（17） 同前、二三三―四頁。

（18） 同前、二三四頁。

（19） 同前、一四七、二五三頁。

（20） 同前、一四五頁。

（21） 同前、二三五頁。

Ⅳ

アメリカのキリスト教

——アメリカの神学

1　アメリカのキリスト教をどのように捉えるか

教会の三類型——国教会・教派・分派——

アメリカの宗教を研究する時、特に政治、社会、経済などとの関連において研究しようとする時、必要不可欠と思われるのは「チャーチ」(church)、「デノミネーション」(denomination)、そして「セクト」(sect)についての理解である。これは宗教社会学においては、いわば「常識」になっている宗教の社会学的な三類型であるが、アメリカ研究においてはまだ必ずしも「常識」となっていないように見受けられる。これは筆者が一九八九年度札幌セミナーの政治史部門に参加して痛感したことであった。したがって、本章ではこの三類型によってアメリカのキリスト教をどのように捉えるかを、特に日本のアメリカ研究者を念頭に、論じたいと思う。

一

札幌セミナー政治史部門のアメリカ人講師、クッシング・ストラウト教授がその基調講演でも言及したように、宗教の（といっても実際にはキリスト教の、そして厳密にはプロテスタンティズムの）社会学的な類型論を初めて展開したのは、ドイツの神学者であったエルンスト・トレルチである。トレルチは神学者であっただけではなく、歴史哲学、宗教哲学、文化哲学、宗教社会学においても大きな業績を残した博学な学者であった。彼はハイデルベルクではマックス・ウェーバーと同じ家屋に住み、学問的にも相互に刺激しあった親密な関係にあった。[1]

ウェーバーの『プロテスタンティズムの倫理と資本主義の精神』が発表されたのは、一九〇四年から一九〇五年にかけてであるが、その間にウェーバーはトレルチとともに最初にして最後のアメリカ旅行をしている。セント・ルイスでの万国博覧会を機に開かれた学術会議にともに招かれたので、その前後数カ月にわたってアメリカの各地を見てまわった。この「近代世界」の経験が、二人の最もドイツ的な学者に及ぼした影響に計り難いものがあったことはウェーバーの妻による伝記にも記録されている。[2] なかでもアメリカの宗教がヨーロッパのそれとは異なることが強烈な印象として残ったことは、それ以後の両人の著作にも示されている。

ウェーバーの場合は、アメリカ旅行後に書かれ、前掲大論文の付録小論文となった「プロテスタンティズムの諸分派と資本主義の精神」"Die protestantischen Sekten und der Geist des Kapitalismus" (1906) がそれである。[3] トレルチの場合は、彼の宗教社会学的な大著となった『キリスト教会および諸集団の社会的教説』*Die Soziallehren der christlichen Kirchen und Gruppen* (1912) がそれである。[4] ともにアメリカの宗教の特質を「ゼクテ」(Sekte) と呼んで、ヨーロッパの「キルヘ」(Kirche) とは異なるその特質に注目したものであった。後者、つまりトレルチの大著は、ウェーバーをしてその後、プロテスタンティズムないしキリスト教に関する研究の続行を取り止めさせ、キリスト教以外の諸宗教の研究へと向かわしめる理由にもなったといわれる。

この『社会教説』の結論部のところに出てくるのがトレルチの有名な、宗教の（厳密にはキリスト教の）社会学的な三類型である。つまり、「教会」(Kirche)、「分派」(Sekte)、「神秘派」(Mystik) の三つの類型である。

「教会」というのは神の恵みと救いの客観的な制度・組織体であり、国家あるいは民族全体を包括しようとする普遍性を目指した宗教の一類型である。したがって、一国に一つの教会あるいは一つの宗教という、いわゆる国教会 (State Church) のことである。日本語の訳語としても、ただ「教会」というよりは「国教会」と訳したほうがよいのではないかと思われる。ある国に生まれれば、自動的にその国教会の教会員となる仕組みである。英国国教会 (Church of England) は、今なおその伝統が残っている教会であって、国家の首長が同時に教会の首長であるという具合に、教会と国家はほぼ重複している。それゆえに、現在でもドイツなどで行なわれているように、教会税を州教会 (Landeskirche) に納めるということになる。アメリカ史でいうならば、政教分離の原則が確立する以前の、ニューイングランドに存在していた、いわゆる"Established Church"のような教会のことである。

「分派」というのは、国や国教会から分離した宗教団体であって、特に国教会とは対立的な集団である。したがってこれも日本語の訳語としては、Sekteを「宗派」と訳すよりは「分派」のほうがよいであろう。「宗派」というのは仏教内の宗派、例えば浄土宗とか禅宗のように、仏教用語であるのみならず、それは国教会あるいは国家宗教 (State Religion) に対立し分離している「分派」ではないからである。分派は、国教会のようにある国に生まれると自動的に、あるいは強制的にその教会員となるのとは異なって、自発的に参加する人々によって構成される組織である。つまり、自覚的に信仰をもった信仰者たちが自発的に形成した宗教団体のことである。ウェーバーもトレルチもそのアメリカ旅行で目を見張った、いわゆる"believers church"のことである。ただ名目的な信者ではなく、新生（new birth）あるいは再生（born again）を経験した信仰者たちの自発的な集団である。ウェーバーはアメリカに盛んなクラブ（club）というのは、このゼクテの世俗化したものだ、と言っているが、それは自発的な団体の原型をゼクテに見たからであった。(5) トレルチはこの分派の具体例として、バプテスト派、メソディスト派、メノナイト派などをあげている。これらの分派は世俗世界からも自らを分離し、それぞれの分派内での厳格な規律を守って生きている集団である。

「神秘派」というのは形式的な礼拝や儀式と教理よりも、個人的かつ内面的な経験を重視する信者のグループのことである。個人主義であるために、永続的な形式や形態をもつことを避け、小規模の集会となる。トレルチがあげている神秘派の代表的なものは、いわゆるクェーカー派である。しかし、神秘派を「霊感主義」（Spiritualismus）とともに論じているので、かなり多様なグループが入っている。トマス・ミュンツァー（Thomas Müntzer）のような農民戦争の指導者から、ヘルンフート兄弟団（die Herrnhuter Brüdergemeinde）のような敬虔主義（Pietismus）も含まれている。さらにバプテスト派やメソディスト派内の神秘的、霊感的グループも入っている。

以上三類型が、トレルチの類型論である。これはキリスト教および諸宗教の社会学的類型論の原型として、それ以後しばしば引用され、利用されてきたものである。事実、前述のようにストラウト教授もこの類型論に言及し、それによりながら議論を展開したのであった。しかし、このトレルチの類型論は、ヨーロッパではまだ妥当するとしても、アメリカには不適当である、というのが今日の宗教社会学の常識である。

二

しかしながら、トレルチが「ゼクテ」と呼んだものが、アメリカでは「セクト」ではなくて、むしろ「デノミネーション」（教派）と呼ぶほうが適切である、とアメリカ人自身が思うようになったのはわりと最近のことである。

もっとも「デノミネーション」という用語は「セクト」と並んで、一つの共通な信仰や教理をもつグループをさす用語として十八世紀の前半には用いられている。例えば、ベンジャミン・フランクリンは、その『自伝』の中で、一七三九年にイギリスから来たジョージ・ホイットフィールドという大衆伝道者の説教を聞いた時のことを次のように記している。「彼の説教を聞くために出席したすべてのセクトとデノミネーションの民衆の数は莫大であった」[6]。ここではセクトとデノミネーションは同義語で使われている。

セクトとデノミネーションの間に違いが出てくるのは、独立戦争後、憲法が成立し、いわゆる政教分離、「教会と国家の分離」（Separation of Church and State）の原理が確立してからである。例えば一八一六年、下院で「異なるデノミネーションから、二人のチャプレンが任命されること」が決議されたと報告されている[7]。これは当然といわねばならない。セクトというのはチャーチ、より厳密にはステート・チャーチ、つまり国教会の対立概念だからであり、国民の大部分を包含する国教会から分離しているのが分派だからである。したがって、国教会の存在しないところでは分派は存在しないのである。

しかし、かのアレクシス・ド・トクヴィルでさえ分派と教派の違い、少なくともその用語の違いには気づいていないようである。あれだけアメリカの宗教の強力な影響について報告し、その大きな理由が政教分離にあることを指摘しながら、全部「セクト」で通している[8]。けれどもこれは当時のアメリカ人自身が、自覚的に分派と教派の違いを認識していなかったからと思われる。トクヴィルのアメリカ報告から約二十年後にアメリカ報告を書いたヨーロッパ人に、スイスの神学者フィリップ・シャフ（Philip Shaff）がいる。その著書『アメリカ——その政治的、社会的、宗教的性格の一描写』*America: A Sketch of Its Political, and Religious Character*（1855）の中で、彼は次のように報告している。「告白（confession）あるいは教派（あちらでの用語）と分派の区別は全く気紛れである[9]」。「告白」というのはドイツ語ではカトリックとプロテスタントの違いをKonfessionの違いというからである。そしてさらに興味深い説明を加えている。「今からいくつかの告白についての考察に入る——それらはアメリカでは『教派』と呼ばれている。なぜなら違いは実際にはしばしば名目的でしかないからである（merely nominal）そしてそれは教理的な告白ではなく、政治形態、礼拝及び外的な習慣に関係した違いである[10]」。

「教派」という呼称が一般的になったのは、一八九〇年に初めて行なわれた政府の国勢調査のとき以来のようである。そのとき宗教観や教会観の違いを“denomination”の違いとしているのである。この国勢調査に刺激されて、シャフの指導のもと『アメリカ教会史』*Ameican Church History* シリーズ全十三巻の第一巻が一八九三年に出版されたが、その序文に次のような言葉が見られる。「リストを詳しく調べてみると、一四三の教派の多くはただ名前だけの違いだということがわかる」。そして例として“Presbyterian Church in the United States”と“Presbyterian Church in the United States of America”をあげている[11]。

しかしながら世界教会史家のケネス・ラトウレット（Kenneth S. Latourette）が次のように言った時、彼は

「教派」的なキリスト教を考えているのである。「アメリカ合衆国で一八〇〇年以後に発展したキリスト教は、極めて特異なものであった。それは、今までどこの国にも、いつの時代にも見出されないものであった[12]」。教派とは、国教会という独占体制ではなく、いわば自由競争の国において存在する宗教形態なのである。

わが国の場合でいえば、戦前は国家神道がまさに「国教会」であったゆえに、他の諸宗教は神道であれ、仏教やキリスト教も「分派」的な宗教であった。ところが戦後、政教分離の原則をうたった憲法により、「国教会」たる国家神道は廃止されてしまった。それゆえに創価学会や立正佼成会のような「教派」的な宗教が、急速に成長したのである。いやすべての宗教が、神社神道さえもが一つの教派になったのであった。そしてそれぞれの教派が自由に競争するようになったのである。

アメリカにそのような宗教の自由競争の時代が訪れたのは十九世紀になってからであり、時たまたまフロンティアの時代であり、フロンティアが西へと拡大され始めた時代であった。この時に急速に成長したのがメソディスト教会とバプテスト教会という教派である。これらの教派はフロンティアへの新移住民を自分の教会の教会員とすべく、熱心な伝道と教会員獲得運動を展開した。それはまた教会税ならぬ自由献金によって財政的に維持される教会にとって、いわば死活問題であって、教会員獲得の競争は熾烈を極めた。しかし、それによって互いに刺激し合って大きく成長したことは事実である。

しかしながら、その反面、いわゆる「教派主義」(denominationalism) の弊害が出てきたことも否定できない。自分の教派の勢力拡大のために、他の教派の悪口を言い、自分の教派だけが正しい教会であると主張するようになったからである。互いに協力するどころか、互いに排他的となり、攻撃し合うというような敵対関係になったからである。

そのような教派主義の否定的な面は、いわゆるミッション・フィールド（mission fields）と呼ばれたアジアやアフリカなどにおける海外伝道地においても顕在化した。例えば、日本に来た宣教師たちは、各教派から派遣されてきた宣教師であったので、ここでも自分の教派に日本人を一人でも多く獲得しようという競争になった。教派の何たるか、各教派の違いの何たるかを知らぬ日本人にとっては、まことに迷惑なことであった。日本人は「クリスチャン」になったつもりであったのに、宣教師たちはそれだけでなく「プレスビテリアン」か、それとも「メソディスト」になるかも求めたからである。

この「教派主義」の問題に最初に直面した一人が、札幌農学校の生徒であった内村鑑三である。彼が札幌独立教会を創立したのは、この教派主義から自由な教会を目指したからであった。のちに内村が「無教会」を提唱したのも教派主義と無関係ではない[13]。さらに戦前、賀川豊彦がアメリカの各地を回って伝道説教をした時、彼の“denomination”という英語が“damnation”と聞こえた、と注意されたことがあった。すると賀川はすかさず「教派と呪いは同じものだ」と答えたという[14]。それほど「教派」は当時、否定的な響きをもつ用語であった。

三

以上のような教派主義に対して否定的な風潮の中で出版されたのが、教派についての古典的な名著となったリチャード・ニーバー（H. Richard Niebuhr）の『教派主義の社会的起源』*The Social Sources of Denominationalism*,（1929）である[15]。著者は、より有名な神学者、政治哲学者、ラインホルド・ニーバーの弟で、ながらくイェール大学の神学部と宗教学部の教授であった。

ニーバー（以下、リチャード・ニーバーのこと）が本書を著わしたのは、彼自身が、当時教派主義を克服しようとして抬頭してきた教会合同運動（Church Union）および超教派運動（Interchurch）、のちに教会一致運動あるいは教会運動と呼ばれるようになった「エキュメニズム」（Ecumenism）を指向していたからであった。そして教会一致のためには、諸教派間の神学的な違いを問題にするよりは、諸教派間の社会学的な違いに目を向ける方がより効果的であることに気がついたからであった。つまり諸教派間の違いというのは、ただ神学あるいは教理をめぐる違いだけではなく、それとともに社会学的な違いもあることを明らかにしようとしたのであった。

ニーバーによれば、教会の分裂をもたらしている教派主義というのは、「教会の倫理的失敗」であり、「キリスト教と現世の間の一つの妥協」にほかならない。「教派主義は、キリスト教が人間社会の階級体制に順応したことを示すもの」であり、教会が国家的、政治的、経済的、人種的な諸集団と諸階級によって分裂した結果なのである。

ニーバーは、ウェーバーとトレルチの注目した教会と分派の区別から出発する。しかし、ニーバーがまず注目するのは「分派が一つの教会になる」（the sect becomes a church）という歴史的事実である。[16] 教会とはそのメンバーが「そのなかに生まれる」ところであるのに対して、分派とは、そのメンバーがそこに「自発的に参加する」ところである。したがって、前者が包括的であるのに対して、後者は排他的である。いや、そもそも分派は、教会に批判的で反対する者たちが形成した少数派の秘密集会にほかならない。しかし、このようなセクト型組織はその「本質上」（by its very nature）、ただ一世代しか続かないというのがニーバーの指摘するところである。なぜならば、第二世代は、第一世代がもっていた情熱的な信仰や、反教会及び反社会的な態度を継承しないどころか、むしろ教会と社会とに妥協していくからである。その実例としてニーバーは、ニューイングランド時代に起こった、いわゆる「半途契約」(Half-way Covenant) をあげている。これは第一世代のように「神と契約を結んだことを告白」した自覚的な信者と異なって、未だ自ら信仰を告白していない第二世代に、その子どもたちが洗礼を受けることを認めようという、妥協策にほかならない。因みにこの「半途契約」に反対したために、ジョナサン・エドワーズは二十三年間もその牧師であったノーザンプトン教会から追放されたのであった。

このようにセクトが教会となることによって、教会が増えてくるわけである。しかし、分派と教会の関係は、前者が後者となるだけの関係ではない。逆に社会と妥協した教会に飽きたらず、「イエスの非妥協的な倫理を擁護し、『貧しき者に福音』を説く」という人々によって新しいセクトが発生するからである。そしてこれらの新しいセクトは、既成の諸教会に本来の使命 (mission) を思い起こさせる役目を果たすのである。

そしてこのような教会と分派との相互関係から、多くの教派が発生してきたのである。しかし、それらを更に増加させたのは、教会が政治的、経済的、社会的、階級的、人種的、地域的な対立に巻き込まれ、その利害関係の代弁者となることによって、分裂を繰り返してきたからである。ここに、いわゆる教派主義の弊害があらわとなる。なぜなら、「諸教派はそれが提携している特定の非宗教的集団の代弁者となってきた」からである。したがって、ニーバーにとって教派とは、極めて否定的なものである。そのことは第一章の結論部の次の文章に明らかであろう。

教派、教会、セクトは、社会学的な集団である。そして、それらは、原則として社会階級の秩序に適合しながら分化していくと考えられる。もちろん、教派が宗教的目的を有する宗教集団であることを否定するとしたら、その主張は誤りである。しかし、教派は、確かに宗教が階級体系に同調していることを示している。そのため、教派は、教会に対するこの世の勝利とキリスト教の世俗化との象徴である。そして、教派は教会の福音が非難している、あの分裂を教会が承認したということの象徴なのである。このように教派的精神はキリスト教の道徳的失敗を表現するものである。[17]

しかし、この著書のどこにも教会と分派との関係においてなされた教派の定義は見当たらない。確かに前述の引用文の冒頭に、「教派、教会、セクトは、社会学的な集団である」とはいっているが、その三つがどのように関係しているかの言及はない。ウェーバーとトレルチの三類型、「教会、分派、神秘派」に対して、「教会、教派、分派」を主張しているのではないのである。教会であれ分派であれ、その堕落形態を教派と呼んでいるのであって、教会と分派に並ぶ類型としての教派ではない。しかしながら、否定的な意味であれ、アメリカにおいて成立し、発展してきた教会が、「教派」(denomination)という、著しく非宗教的なもの(政治的、社会的、経済的、地域的、階級的、人種的なもの)と深く結合した教会組織、しかもアメリカ特有のものであることを明らかにした功績は否めないであろう。[18]

四

おそらく教派を否定的な意味ではなく、記述的に取り上げ、「教会、教派、分派」という三類型を提示したのは、宗教社会学者のヨアヒム・ヴァッハ（Joachim Wach）が最初であろう。彼はドイツで生まれ、ライプチッヒ大学で教えていたが、ユダヤ系であるために（作曲家フェリックス・メンデルスゾーンの曾孫）ナチスに追われてアメリカに亡命した。十年間ブラウン大学で教えた後、シカゴ大学に移り、そこでの十年間にシカゴを現代宗教学の中心地の一つにまで高めたが、スイスの旅行先で急死した。

アメリカに移住してから著わした『宗教社会学』*Sociology of Religion*,（1944）には、まだこの三類型はない。一九四五年に出版された『宗教大事典』*An Encyclopedia of Religion*（ed. by V. Ferm）にも denomination という項目は見当たらない。この三類型が初めて出てくるのは、ヴァッハが一九四六年にある神学校で行なった講演 "Church, Denomination and Sect" においてである。(19) この講演によると、ヴァッハが教派とアメリカにおける特異性と意義に注目するようになったのは、オランダ人デ・ヨング（de Jong）という人の学位論文 "The Denomination as the American Church Form"（1938）を読んでからのようである。この論文は、教派の形成に民主主義が大きな役割を果たしていることを明らかにしたものであって、アメリカという風景の中でこそ成立したものが教派であることを指摘したものである。

この三類型とその相互関係に最近新しく関心と議論が起こってきた理由の一つとして、ヴァッハは「エキュメニカル・ムーヴメント」、すなわちプロテスタント諸教派間の一致運動をあげている。これは前述のようにニーバーが既に関心を持っていた運動であった。そしてその一致への関心から、ニーバーは分裂を引き起こす教派主義に対して否定的な価値判断を下したのであった。ところがヴァッハの教派への関心は、むしろ純粋に宗教社会学的なものである。それゆえに次のように述べている。

「以上の分析はキリスト教の共同体の組織を三類型に区別することが可能であることを示唆する」といって、

"the ecclesiastical body, the independent group or denomination, and finally, the sect"をあげている。そして、括弧の中で次のような注意を付け加えている。

「これらのすべての概念は純粋に記述的な意味で（purely in a descriptive sense）用いられている。この分類において我々はできるだけチャーチ（church）という用語を避けてきた。なぜなら、それは神学的（規範的、normative）な決断を含むものだからである[20]」。

"ecclesiastical body"という言葉は、ギリシア語の「エクレシア」、教会とかチャーチの原語からきた用語である。ヴァッハはそれをチャーチと区別しようとして用いているが、エクレシアも規範的に用いられる。例えば、内村鑑三の「無教会」は「教会」とは異なる本来の「エクレシア」であると主張される。したがって、結論的には論文の題名のように「チャーチ、デノミネーション、セクト」という呼称の三類型として定着するようになったのである。

具体的に第一の「教会」型としてあげられているのは、ルター派、ツウィングリ派、カルヴァン派、そしてアングリカン（英国教会、聖公会）である。第二の「教派」型に属するのはバプテスト派、クェーカー派、コングリゲーショナル派など、教会型に比べるとあまり排他的、制度的でなく、むしろ霊感的な共同体である。第三の「分派」型は、第一と第二の型にそれぞれプロテストして成立したもので、それらをキリスト教の堕落と見なし、厳格な基準や戒律を守って世俗との妥協を排するグループである。多くの教派はそのはじめはこのような分派型であった。分派は絶えず発生するもので、現在でも数百もある。しかし、その多くは小人数のメンバーからなる

(1) 教会型

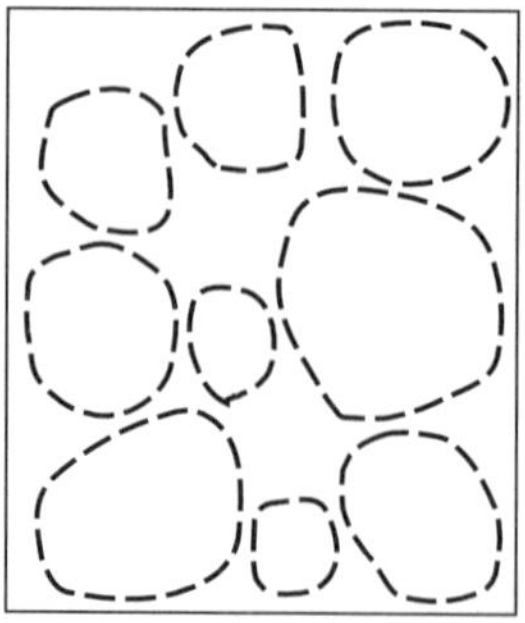

(2) 教派型

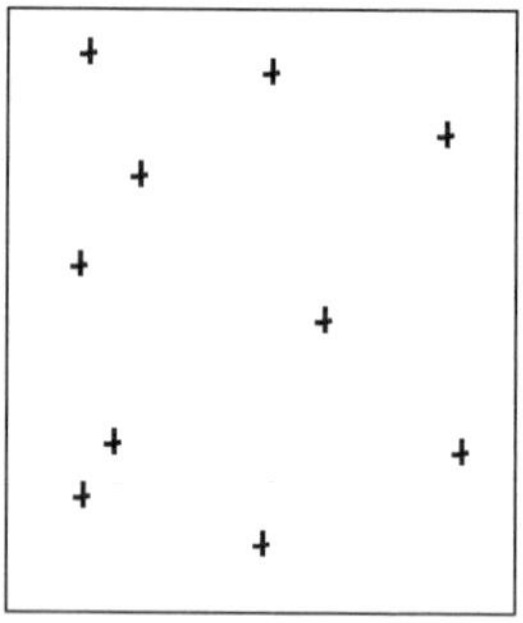

(3) 分派型

セクトである。

この三類型がアメリカの宗教を研究する場合に非常に有効であるのは、どの宗教、どの教会、教派、分派が、政治、経済、社会の諸問題にどのように関わるかを明らかにするのに便利だからである。ヴァッハもこれらの三類型と国家の関係を論じているが、私は以下のような図形を用いることによって、その相違点をよく示すことができるように思う。

正方形は国家および国民を示す。その中にある点線の円および点は、宗教団体とそのメンバーを示す。第一の教会型の場合、教会員と国民はほとんど同一である。国教会型といわれるゆえんである。したがって、戦争が起こったときには、その戦争を全幅的に支持し、協力するのが常である。ましてや教会の首長が同時に国家の元首である場合は、教会は国家と一致団結して戦争に参加する。第一次大戦のドイツ、イギリス、ロシアがそうであった。

第二の教派型の場合はそれと異なる。国民人口はいくつかの教派に分かれている。したがって、ここでは教派によって戦争に対する態度に違いが出てくる。あるいは一つの教派の中に違った態度をとるものが出てくる。ヴェトナム戦争の時に、あれだけ反戦運動が盛り上がったのは、アメリカの宗教が教派型の宗教であったからである。と同時に戦争支持の教派も存在しうる。国家が戦争をめぐって分裂したのは、教派間で、また教派内で分裂したからである。

第三の分派型の場合、それらはほとんど少数の集団であり、しかも、もともと国家との妥協を拒否して成立したものである。それゆえに戦争の場合、ほとんどすべての分派は反対の立場をとる。いわゆる良心的兵役拒否者が出てくるのはこれらの分派からである。伝統的に「平和教会」(Peace Church) として絶対平和主義を守ってきたクェーカー派やメノナイト派が、今なお少数教派として、教派と分派の境界線上にあるゆえんであろう。

以上のことをわが国に即していうならば、戦前の国家神道が戦争に全面的に協力したのは当然といわねばならない。それはまさに国家教会型の宗教であったからである。また仏教が戦争に協力したのも、政教分離の原則が確立していなかったために、教派ではなく、国教と重複した宗教だったからである。キリスト教のなかでも教派型に近かった主流派が戦争に協力したのに、反対したのがホーネリス派や灯台社(エホバの証人)および無教会派の一部の人々であったのは、それらが分派型のキリスト教であったからにほかならない。

五

最近、といっても第二次世界大戦以後のアメリカ宗教の研究者のなかで、教派及び教派主義の意義を積極的に認め、さらに強調してやまなかったのは、シドニー・E・ミードである。特に邦訳もある著書 *The Lively Experiment, the Shaping of Christianity in America* (1963) にそれはよく示されている。[21] ミードによれば、教派とは国教会とは異なる「自由教会」(Free Church) すなわち教会と国家が分離している社会での教会であって、国家から独立している自由な教会のことである。さらにそれはいわゆる分派 (sect) とも異なる。分派とは国教会から分離した、非公認のグループという意味があるからである。しかし、教派とは信仰の普及という「同じ目的をもつ個人からなる自発的共同体 (voluntary association)」であるが、公認のグループである。したがって、ミードはアメリカの宗教を論じる場合には、教会と分派というカテゴリーだけではなく、教会、教派、分派という三つのカテゴリーで論じるのがもっとも適切だと主張するのである。[22] なぜなら、教派こそ政教分離の原則が確立したアメリカでこそ発達した、アメリカ特有の宗教形態だからである。ミードも引用しているが、前に引用したラトウレットの言葉は何度繰り返しても決して過言とは言えないのである。「アメリカ合衆国で一八〇〇年以後に発達したキリスト教は、極めて特異なものであった。それは、今までどこの国にも、いつの時代にも見出されないものであった[23]」。

わが国でアメリカ宗教の教派について注目し、強調してきたのは井門富二夫である。その著書『世俗社会の宗教』の第三節「政教分離社会の宗教集団――デノミネーション論」がそれである。そこで次のように明言している。「トレルチの指摘した……三類型は、政教分離以前の社会の宗教集団のあり方で、今日も各集団の基本的性格として姿だけは残している。これに対して、政教分離が完成した社会か、荒野をもったアメリカのようなスペース社会(政教分離を可能にさせる社会)では、チャーチもセクトも単なる集団の教義が基本的性格として残すのみで、組織そのものは、成員の『参加』を原則として伝道で競合する形をとる。アメリカでは、カトリックすら自由に参加でき、また退会できる組織であることは、ホフスタッターらが指摘するまでもない[24]」。

それゆえ、わが国の『宗教学辞典』(一九七三年) には、「チャーチ、セクト、デノミネーション」という項目が載っているのである。[25]

注

（1）H・E・テート、宮田、石原訳『ハイデルベルクにおけるウェーバーとトレルチ』、一九八八年。
（2）マリアンネ・ウェーバー、大久保訳『マックス・ウエーバー』I、一九六三年、二三一〜二四一頁。
（3）Max Weber, *Gesammelte Aufsätze zur Religionssoziologie*, I, 1920.
（4）Ernst Troeltsch, *Gesammelte Schriften*, I, 1923.
（5）Weber, p.217.
（6）B. Franklin, *The Autobiography of Benjamin Franklin*, 1949, p.345.
（7）*A Dictionary of American English*, Vol.II, 1960, p.742.
（8）A. de Tocqueville, *Democracy in America*, Vol. I, 1987, p.300-314.
（9）Philip Schaff, *America: A Sketch of Its Political, Social and Religious Character*, 1855, p.116.
（10）Schaff, p.125.
（11）*American Church History*, Vol. I, 1893, xvi.
（12）Kenneth S. Latourette, *A History of the Expansion of Christianity*, Vol. IV, p.424.
（13）内村鑑三『余は如何にして基督信者になりしか』（*How I became a Christian*）。
（14）Yasuo Furuya, "Toyohiko Kagawa," in *Sons of the Prophets* ed. by H. T. Kerr, 1963.
（15）邦訳は柴田史子訳『アメリカ型キリスト教の社会的起源』、一九八四年。詳しい解説を参照。

(16) H. Richard Niebuhr, *The Social Source of Denominationalism*, 1957, p.20. 邦訳、二七頁。

(17) H. R. Niebuhr, p.25. 邦訳、三一頁。

(18) 教会の社会的な側面を強調したこの著書に対して、その一方性を正すためにもニーバーは後に *The Kingdam of God in America*, 1937 を著して、教理的な側面の重要性も強調した。さらに *Christ and Culture*, 1951.（赤木泰訳『キリストと文化』）においてはトレルチの三類型を踏まえてキリスト教と文化の関係における五類型を提唱した。

(19) この論文は、ヴァッハの論文集 *Joachim Wach, Types of Religious Experience, Christian and Non-Christian*, 1951 に収録されている。

(20) Wach, p.197.

(21) 野村文子訳『アメリカの宗教』、一九七八年。

(22) 同書、二〇一頁。

(23) 同書、一九九頁。

(24) 井門富士夫『世俗社会の宗教』、一九七二年、四四〇頁。なお、デノミネーション論をアメリカの空間という視点から展開した同氏の『告白と抵抗』、一九六九年を参照。

(25)『宗教学辞典』、東京大学出版会、一九七三年、五四〇頁。

2　ポスト・キリスト教国アメリカ？

一　ピューリタニズム

「宗教は文化の本質であり、文化は宗教の形態である」（ティリッヒ）とすれば、今アメリカ文化が大きく変わりつつあるのは、その本質あるいは精神であるアメリカの宗教が大きく変わりつつあるからである。またアメリカは「教会の魂をもった国家」（チェスタトン）であるとすれば、アメリカという国家が今大きく変わりつつあるのは、その魂である教会がやはり大きく変わりつつあるからである。

しかし宗教や教会といっても、日頃あまり宗教に関心のない平均的日本人には、アメリカの中でもっともわかりにくい部分であるかも知れない。けれども世論調査などで明らかなように、アメリカはいわゆる先進諸国の中でもっとも宗教的な国、あるいは宗教が盛んな国である。一九六〇年代の六〇パーセントをピークにして減少傾向にあるとはいえ、今でも国民人口の五〇パーセントは、教会に所属している教会員である。そして毎日曜日の礼拝に出席しているのは四三パーセントである。この出席率は五パーセントから二〇パーセントのヨーロッパ諸国と比べるとかなり高い比率と言わねばならない。

アメリカ人というと、もっとも物質的あるいは科学技術的な国民というイメージが強いわが国では、アメリカ人がもっとも宗教的な国民である、というのは意外に思われるであろう。しかし、たとえば、アメリカの貨幣にはみな「神に信頼して」（IN GOD WE TRUST）という言葉が刻まれている。また大統領就任式では、聖書の上に手をおいて宣誓をしているし、牧師が祈祷を捧げている。また現代科学・技術の最先端であるアポロ計画で月に上陸したり、宇宙を旅行した宇宙飛行士の少なからぬ人々が牧師になったり伝道者になっている。

アメリカ人は日本人には意外なほど宗教的な人々なのである。日本人の七〇パーセントは自分は無宗教であると言ってはばからないが、アメリカで無宗教と自認する人々は五パーセントもいない。九五パーセントは神を信じている、宗教を信じていると公言するからである。宗教はない、と言うとけげんそうな顔をされる。つい数年前までは、無宗教というと、無神論主義者あるいは共産主義者と同一視されたものである。

なぜアメリカ人はそんなにの宗教的なのか。そのことを理解するためには、アメリカの建国の歴史にまで遡らねばならない。

歴史的にもっとも古い宗教と言えば、先住民であるアメリカン・ネイティブの宗教ということになる。しかしそれは彼らの民族に限られていたために、アメリカの宗教全体への影響はほとんどみられない。

次に古いのは十六世紀の中葉にフロリダに上陸したスペイン人の宗教、つまりローマ・カトリック教会のキリスト教である。これはカリフォルニアまで布教したが、スペイン帝国の衰退とともに十八世紀末には姿を消してしまった。カトリックが盛んになるのは十九世紀の中葉、アイルランドからの移民が増加してからのことである。

三番目に古い宗教は、一六〇七年にヴァージニアに移住してきたイギリス人の宗教、つまりアングリカン教会のキリスト教である。しかしアメリカン・ネイティヴとの戦闘状況が長く続き、さらにアメリカの独立戦争の時には敵国の宗教というので不振であった。アメリカの宗教として確立したのは、独立後、アメリカン・エピスコパル教会となってからである。

古さから言えば四番目になるが、アメリカ宗教の中心的勢力となったのは、一六二〇年にプリマスに上陸した、いわゆる「ピルグリム父祖」に代表される、イギリスからのプロテスタント教会のキリスト教である。彼らに続いた者たちが広く「ピューリタン」（清教徒）と呼ばれたプロテスタントであって、十六世紀にヨーロッパ大陸で始まった宗教改革をアングリカン教会内で試みた人々であった。純粋《ピュアー》な聖書的信仰と清潔《ピュアー》な倫理生活を指向したが、弾圧と迫害を受けたので、信教の自由を求めてアメリカに移住したのである。

ヴァージニアのアングリカンと違って、当初はアメリカン・ネイティヴとも友好的な関係にあったので、続々と移民が増加し、ボストンを中心とするマサチューセッツ湾岸植民地が形成され始めた。その政治形態はセオクラシー（神権政治）と呼ばれる、聖書に基づいたきわめて宗教的なもので、牧師と教会が強大な指導力をもった社会と文化を生み出したのである。

ピューリタンの牧師たちが主としてケンブリッジ大学の出身者であったために、教育と学問に熱心で、ケンブリッジと名づけられたボストンの対岸の町にアメリカ最古の大学、ハーヴァード大学（牧師の一人、ハーヴァードの名をとった）が一六三六年に創立された。イェール大学は一七〇一年、プリンストン大学も一七四六年にそれぞれ設立されたが、いずれも牧師と教会が、教会と社会の指導者を養成するために創設したものである。これらの大学が現在なおアメリカの代表的な大学であることに示されているように、現在に至るまで多くの各界の指導者を輩出してきた。

そして、これらの大学を作ったピューリタンの精神、すなわちピューリタニズムはそれ以後のアメリカ宗教、ひいてはその文化と社会に決定的な影響をおよぼしている。ピューリタニズムは本来、教会と社会を聖書に基づいた清いものにしようという宗教的運動であるが、きわめて倫理的な運動でもあった。そしてそのことを実現するために信教の自由を求めて、イギリスからアメリカに来た運動であった。ここにピューリタニズムが本来もつ両義性、つまり純粋性を追求する側面と、自由を追求する側面の二面がある。純粋を追求するために自己の自由を要求しながら、純粋を保持するために他人の自由を抑制する傾向があるからである。このアイロニーを内に含んだのがマサチューセッツ湾岸移民社会であった。

自由を求めてアメリカに移住してきたピューリタンたちが、厳格な禁欲主義的な生活を社会全体に徹底させようとして、逆に信教や思想の自由のない、非寛容な宗教と社会を生み出したからである。しかし、同時に、そのことにより信教や思想の自由への要求を誘発し、のちに政教分離の原則を憲法に明記させたほどに、自由な社会をつくりだす大きな要因となったのも事実である。

アメリカの外交が「道徳的、律法的」であると言われるのも、このピューリタニズムに由来している精神と無関係ではない。冷戦下の反共産主義、マッカーシズムやヴェトナム戦争などと、その反対とみられる平和主義、ヴェトナム反戦運動、人権外交などの両方にピューリタン的なものが見られるゆえんである。

さらに有名なマックス・ウェーバーの『プロテスタンティズムの倫理と資本主義の精神』が指摘しているように、アメリカ人の経済合理主義と勤勉な職業労働倫理はプロテスタンティズム、なかんずくピューリタニズムの禁欲主義と深い関係にあったものである。またアレクシス・トクヴィルがその名著『アメリカの民主主義』でいっているように、その民主主義を生んだ大きな要因も「心の習慣」、つまりピューリタニズムを含んだイギリスの宗教なのである。

二　教派型の教会

十九世紀の前半にアメリカを旅行したフランスのトクヴィルや二十世紀のはじめにアメリカを見学したドイツのウェーバーが、それぞれに深く印象づけられたのは、ヨーロッパのキリスト教とは異なるアメリカの宗教であった。

その違いとは一言でいうと、国教会型の教会と教派型の教会の違いと言ってよい。国教会《ステートチャーチ》とは、国家と教会が同一の教会のことであって、たとえば英国国教会のような教会のことである。そこでは国王は同時に教会の首長であり、国民は生まれながらにして教会員である。このような国教会はピューリタンの出現以前はカトリックのみならずプロテスタント諸国、たとえばドイツやスカンジナビア諸国においても一般的であった。

しかしピューリタンがつくったアメリカでは、マサチューセッツの神権政治の経験を経て、政教分離と信教の自由の原理が確立され、国家から自由な教会、つまり自由教会《フリーチャーチ》となったのである。そしてこの自由教会は牧師と信徒がその信仰に基づいて自由に結成したという意味でも自由教会であった。さらにこの自由教会は国民が各人の自由意志によって、加入することができるという意味でも自由教会であった。つまり自動的ないし強制的に教会員となるのではなく、各人の自発的意志（ボランタリズム）によって、自由に教会員となるのである。

このような自由教会をアメリカでは教派型教会という。教派（デノミネーション）とは貨幣の名称（デノミネーション）と同じく、教会のちがいを指し示す名称のことである。同じプロテスタント教会であっても、教派によって異なるからである。ニューイングランドで栄えた会衆派（コングリゲーショナル）、ニュージャージーやペンシルヴェニアに広がった長老派（プレスビテリアン）、ヴァージニアで強かった監督派（エピスコペリアン）教会のように、教会の政治体制が異なるので分かれている教派もある。教理的な主張のゆえにルター派（ルーテル）と改革派（カルヴァン系のリフォームド）と呼ぶ教派もある。生活規則を厳しくいうので、メソジストというあだ名もつけられたメソディスト派、洗礼を授けるときに全身を水の中にいれる浸礼を主張するのでバプテスト派と呼ばれる教派もある。さらに同じ教派でも南北戦争をめぐって対立したために、分かれたサザン・バプテストという教派もある。同じ教派でも黒人だけの、たとえばアフリカン・メソディスト、エピスコペリアン派という教会もある。

アメリカという国は「移民の国」（J・F・ケネディ）であるから、その宗教も、移民によってもたらされるために、民族別、言語別の教派も少なくない。同じ改革派であってもドイツ系とオランダ系、ハンガリー系とウクライナ系とに分かれているゆえんである。このようにアメリカには多くの教派があり、それぞれが教会員獲得のために伝道活動を盛んにおこなう。宗教の自由市場ないし自由競争の国であるから、ヨーロッパの国教会の国々と違って宗教が活発に活動するのである。

したがってアメリカの教派は、わが国の仏教の宗派に一見似ているが、戦後の創価学会や立正佼成会のように信徒獲得や信者増加に熱心である。しかしそれらのいわゆる新興宗教とも異なる点は、教派を越えた信仰復興、いわゆるリバイバルが盛んなことである。国教会ではなく自由教会であるということは、教会に加入するのは自由であるが、教会からあるいは信仰から離脱することも自由だということである。それゆえに、かつては教会に行っていたが、行かなくなってから久しい、という人々が少なくない。それでそういう人々を対象に「神にかえれ」と訴え、なくなった信仰を再びおこすことを目的とするリバイバル集会が催されるのである。

このリバイバル運動は独立前の十八世紀前半にニューイングランドでおこったいわゆる「大覚醒」(グレイト・アウェイクニング)以来、ときどきおこっては不振だった宗教を盛んにするきっかけをつくっている。二十世紀のリバイバルは第二次大戦後の五〇年代に起こり、国民人口の約六〇パーセントが教会員となったといわれる。この時の全米的なリバイバリストが、わが国にも数度来たことのあるビリー・グラハムという大衆伝道者である。もっともリバイバル集会は常時どこかで行なわれており、特に最近はテレビを用いる、いわゆるテレエバンジェリストの活動がめざましい。彼らは三大ネットワークではなく地方のテレビによく出演し、日曜日はいうまでもなく週日でも人気番組となっている宗教番組で活躍している。いささか通俗的な番組も少なくないが、それだけに大衆の心に訴えるメッセージがあって、草の根の宗教としてはあなどれない影響をおよぼしている。

以上のような教派型の教会ゆえに、現在アメリカには約二〇〇の教派があるが、その大部分はキリスト教である。そのうちプロテスタントが五五パーセント、カトリックが三二パーセント、ギリシア正教会が三パーセント、計九〇パーセントである。他の宗教といえばユダヤ教が二パーセント、あとは仏教やイスラム教、ヒンドゥー教など、合わせて三パーセントにも満たない。

しかし教派の中で最大の教会員をもっているのは何といってもカトリック教会で五一〇〇万人もいる。これは独立時には数えるほどしかいなかったことを思うと、驚異的な増加ぶりである。その最大の原因は十九世紀にアイルランドからの移民が数百万におよんだことにある。その結果、はじめてのカトリックの大統領J・F・ケネディが一九六一年に登場したようにカトリック人口が増加したのであった。

プロテスタントの中でもっとも多いのはサザン・バプテストで一五〇〇万人、次はメソディストで八八〇万人である。あとは数百万から数十万の諸教派がならんでいる。しかしこれらの小教派であっても、いわゆるクェーカー派（正式にはフレンド派）のように、絶対平和主義に立って世界平和や難民救済のために大きな貢献をしているものもある。

これらの諸教派の中で歴史的にも古い約二五の教派をいわゆる「主流教会」（Mainline Churches）と呼ぶが、これらの教会がアメリカの宗教のみならず文化と社会において指導的な役割をはたした人物をおくり出したのであった。たとえば第一次世界大戦に国際連盟を提唱したウッドロウ・ウィルソン大統領、第二次大戦後にその遺志を継いで国際連合の創設の準備をした、のちの国務長官ジョン・フォスター・ダレスはともに長老派の牧師の子息であり、熱心な教会員であった。牧師・神学者でありながら政治哲学者でもあったラインホールド・ニーバーは、これほど多くの知識階級に影響を及ぼした聖職者はいなかったと言われたが、ドイツ系の小教派の出身であった。そしてたとえばハンフリー（副大統領）、ケナン（外交官）、シュレジンジャー（教授、大統領補佐官）、レストン（新聞主筆）、キング（牧師・公民権運動指導者）、カーター（大統領）といった人々に感化を与えている。

このように十七世紀のニューイングランド植民地時代から、一九六〇年までのアメリカは、プロテスタントのキリスト教国と自他ともに認めていた宗教的な国であった。

三　主流教会の衰退

ところが六〇年代に入ると、アメリカは単純にプロテスタントの国と呼べなくなった。前述のように一九六〇年にはじめて、カトリックが大統領に選ばれたことに象徴されるカトリック人口の増加と社会的進出があったからである。いわゆるWASP（ホワイト・アングロサクソン・プロテスタント）体制の崩壊である。ケネディは白人ではあったがアイリッシュ系カトリックであった。

しかも六〇年代になるとプロテスタントのみならずカトリックもふくむ白人の指導体制をゆるがす運動がおこってきた。公民権運動という黒人の人種差別撤廃運動がそれである。マーチン・ルーサー・キング牧師をその指導者とするこの運動は、南部の黒人教会を基盤としているため、きわめて宗教的な運動でもあった。非暴力主義を掲げたゆえんである。そしてその道徳的性格のゆえに、少なからぬ白人の支援者を得、ケネディ、ジョンソン大統領らを動かして一九六四年に新公民権法の成立をみたのであった。

ところが六〇年代後半にヴェトナム戦争が拡大されるや、この戦争に反対する運動が始まり、国民を二分する状態がおこった。ということは教会も二分されたということである。つまり教会の半分は政府の戦争政策に反対したということであるが、これは政教分離の原則の確立したアメリカでこそおこった現象であった。国教会型のヨーロッパでは見られないことである。そしてそれまで宗教的な理由に限定されていたCO（良心的兵役拒否者）を、道徳的な理由にまでひろげ、ついに戦争をやめさせたのであった。キングも公民権運動と同一線上にあるとして反戦運動に参加している。

以上の公民権運動とベトナム反戦運動は、とくに大学の学生たちの間にひろがり、いわゆるカウンター・カルチャーの運動をうんでいった。これは従来の価値観に対抗して、新しい文化価値観を探求し、模索する運動で、アメリカの文化と社会を大きく変革するものとなった。いわゆるヒッピーがあらわれ、ロック・ミュージックが流行するようになる。東洋宗教への関心が高まり、特に仏教の禅やヒンドゥー教の瞑想を試みるのが増えてきた。それらの東洋宗教の信者とならなくとも、東洋宗教を知りたいという学生は増え、大学の宗教学部でユダヤ・キリスト教以外の諸宗教をも教えることは一般的現象となった。さらに大学で黒人研究、女性研究を行なうことも始まり、それまで白人の男性のみ、あるいはそれが大部分であった大学で、教授と学生の間に黒人および非白人と、女性が急速に増えるようになった。

このような傾向に教会が無関心でおられることはできない。いやいわゆる主流派教会はむしろ率先してこのような新しい動向を支持したのであった。まずこれらの教会の本部（多くはニューヨーク市の西側に建つインター・チャーチ・センター）に働く職員の中に非白人と女性が増え、それは教会の伝道政策や社会活動にも反映されるようになった。外国伝道は帝国主義や植民地主義の手先ではないかというので、縮小の方向に向かい、教会の社会活動は被抑圧者の解放に限定されるようになっていった。

神学的には黒人《ブラック》神学と女性《フェミニスト》神学が抬頭し、神学校や大学の神学部にもそのコースを教える黒人と女性の教授が任命されるようになった。いずれも従来の白人中心あるいは男性支配の神学を変革しようとするもので、保守的な人々の眉をひそませるが、進歩的な人々には歓迎される、といった論争の的となる神学である。

保守派と進歩派の対立という図式は、いつの時代にも見られるものであろうが、七〇年代以降のアメリカ宗教に顕著に見られる一つの現象は、進歩派の目も当てられぬほどの凋落ぶりである。とくにいわゆる主流教会が進歩派の路線を推進してきたために、主流教会は軒並みに教会員数の減少をみている。

たとえば長老派教会の場合、長年約三〇〇万人の教会員数で推移してきた。もともと多くはなかったが、その教会員の多くは知識階級と指導者層に属する人々であったために、社会的に大きな影響力をもった教会であった。しかし最近は年々、一〇万人の減少を見せているのである。南北戦争で北と南に分裂した二つの長老派教会が合同したにもかかわらず、この減少はいまだに続いている。

同じことは長年、プロテスタントの中で最大の教派であったメソディスト教会の場合にも見られる。一九六六年まで一一〇〇万人をこえる教会員がいたが、それ以後は保守的なサザン・バプテスト教会に追い抜かれ、減少の一途をたどっている。一九九一年は前述のように八八〇万人と報告されている。

同じような減少傾向はカトリック教会にも見られる。もともとアメリカのカトリック教会は、プロテスタントの国に後発の教会としておこったために、ヨーロッパのカトリック教会と比べると、かなり進歩的な教会であった。それに後発の移民とともにきたために、都市部の工場労働者の間に強く、民主党支持者が多い教会である。それに一九六二〜六五年の第二バチカン公会議において採択された、カトリック教会全体の近代化路線により、政治的、社会的にかなり進歩的な立場を表明するようになった。しかし教会員数は六四年をピークとして漸次減少している。ミサの出席率は七〇パーセントから十年後には五〇パーセントに落ちている。

以上のようなアメリカの主流教会の衰退は、その社会にいろいろな歪みとしてあらわれている。まず家庭の崩壊があげられるであろう。離婚率の急増は、それまでピューリタン以来の健全なるホームとしての家族生活の消失をもたらした。ピューリタン的な厳しすぎる性道徳は地に落ち、フリー・セックスが横行するようになった。

そのような社会で犯罪が急増するのは不思議ではない。事実、とくに麻薬と結びついた犯罪、さらに殺人事件は毎日のように起こるようになった。治安度が悪化して、かつてのように大都市だけではなく郊外の町々までがその影響を受けるようになった。わが国からの留学生や旅行者がその痛ましい犠牲になっているのは周知の通りである。

しかしこのようなアメリカ社会の精神的、道徳的な沈滞と低下がみられるのは「世俗社会の『教会』」と呼ばれる大学においても見られる。いや大学の「世俗化」が社会全体に影響をおよぼしている、というのが事実であろう。ニューイングランドのピューリタンが大学を創設して以来、二十世紀初頭まで、大学の学長はほとんど聖職者であった。したがって入学式や卒業式のみならず、毎日あるいは毎週一度行なわれた大学礼拝において、学生たちは学長から宗教的、道徳的な教育を受けていたのである。しかるに六〇年代から七〇年代にかけて、大学紛争が起こり、礼拝や宗教ないし聖書のコースは自由選択になり、あるいは廃止されてしまった。かつては監督なしの期末試験が行なわれていたのに、今ではカンニングは日常茶飯事になっているという。

ケネディ兄弟とキングの相次いだ暗殺事件と、ニクソンの引き起こしたウォーターゲート事件など、アメリカの主流教会の衰退と無関係ではないであろう。

四　宗教的右翼と多元主義

しかし主流宗教がみな衰退減少を見せているのに、逆に抬頭してきた教派およびグループがある。それらは保守的教派あるいは「エヴァンジェリカル」（福音派）と呼ばれる。エヴァンジェリカルがわが国でにわかに注目されたのは、一九七六年にそれまで無名のジミー・カーターが、民主党の大統領候補に指名され、そして大統領に選ばれた時であった。彼がサザン・バプテスト教会の熱心な教会員であり、自分は「エヴァンジェリカル」であると公言している人だったからである。

サザン・バプテストという教派は、南北戦争のまえに奴隷制をめぐって、北部のバプテスト教会から離脱してできた政治社会にも教理神学的にも保守的な教会である。アメリカ南部にひろく広がっているが、近年は北部でも伸びはじめ、プロテスタント最大の教派となった。

エヴァンジェリカルなキリスト教というのは、もとピューリタン的なキリスト教を継承したものであって、十九世紀後半にわが国へ宣教師によってもたらされ、わが国の最初のキリスト者たち、たとえば新島襄、植村正久、内村鑑三らが受容したキリスト教である。しかし十九世紀末から二十世紀にかけて、聖書を歴史的・批判的に解釈する自由主義神学が起こり、主として聖書解釈をめぐって、聖書を現代的に再解釈するモダニズムと、聖書を文字通りに信ずるファンダメンタリズムの両派に分極化するようになった。エヴァンジェリカルと呼ばれる人々は、その中間的立場の人々といってよいであろう。

したがってリベラルな主流教会の中にもエバンジェリカルな教会と教会員がいるし、ファンダメンタリストの教会の中にもエヴァンジェリカルな人々もいるわけである。カーターがファンダメンタリストの多いサザン・バプテスト教会に所属しながら、たとえばラインホールド・ニーバーの神学思想から多くを学んだと言っていたし、また人権外交を推進したゆえんである。

けれども人権外交がイランで行き詰まるや、アメリカが選んだのは、エヴァンジェリカルの中でも超保守的なファンダメンタリストの支持を受けている共和党のロナルド・レーガン大統領であった。強いアメリカ、とくに共産党主義のソ連に対して軍事的にも強いアメリカを目指したレーガンを、熱烈に支持したのはファンダメンタリストを中心とする、いわゆる宗教的右翼であった。ヴェトナム戦争以来、自信を喪失したアメリカの誇りを回復しようという彼らは、それまで直接に政治と結びつくことはしなかったが、このたびは保守的な政治家と結びつき、直接に選挙運動に参加したのである。その結果、いわゆるリベラルな政治家を次々と落選させ、保守的な政治家をほとんど当選させるほどの成果を挙げたのであった。

レーガンを継承したのはジョージ・ブッシュ大統領であるが、彼自身は主流教会であるエピスコパル教会（わが国でいう聖公会）の教会員であった。ファンダメンタリストよりはエヴァンジェリカルの支持で当選した人である。ソ連の崩壊、冷戦の終結という有利な政治状態にもかかわらず、再選されなかったのは経済状況が改善されなかったからであって、宗教が保守的なものから進歩的なもの、つまり主流教会へともどったからではない。宗教に関する限り、依然として主流教会の衰退状態はつづき、その教会員の減少分が、保守派の教会の増大分となっている。それは主流教会の主要関心がいわゆる宗教的、精神的、あるいは家庭的なことにはなく、むしろ政治的、社会的なことにあり、しかも国民大衆の常識からみると極端な立場をとることがあるからであろう。たとえば女性が聖職者となることを推進するのは当然としても、同性愛者が聖職者となること、さらに同性愛者同士の結婚を認めるべきだと主張しているからである。

たしかに主流教会は六〇年代の公民権運動を推進以来、ヴェトナム反戦運動、女性解放運動など一連のいわゆる解放運動のリーダーシップをとってきた。しかし同時に、その解放運動にともなうマイナスの側面、たとえば性倫理や家庭の崩壊、極端な個人主義や他者への無関心主義にたいして、適切なる指導や指示を与えてきていない。いわば自由放任主義をとってきて、宗教的、道徳的倫理的アナーキーを助長している。

このような傾向をさらに促進しているのが、いわゆる宗教的多元主義とよばれるものである。これは直接的には一九六五年の移民法改正によって、ヨーロッパよりはアジアからの移民が多く認められるようになり、急激にアジア系移民が増加したことにより、アジアの諸宗教の信者が増えてきたことによる。ユダヤ・キリスト教以外の諸宗教、仏教、ヒンドゥー教、イスラム教などが目立つほどになってきた。

それに加えて、WASP支配の反省から、自分と異なる宗教や文化を受け入れる寛容的な社会こそ、アメリカが本来目指している多元的な社会であるという考え方が優勢になってきた。いわゆるメルティング・ポットではなく、サラダのなかにそれぞれ異なったものが形を変えることなく共存しているように、一つの宗教ではなく多くの宗教の共存が好ましい、と考えられるようになったからである。

しかしこのような多元主義は、価値相対主義となり、さらには価値アナーキーになるのではないか、という危惧を保守的な人々にはいだかせ、前述のように宗教的右翼を誘発させているのである。

おそらく今後の課題は、宗教的多元主義を認めながら、いかにしてアメリカという国家と社会の一致と統合を形成するか、ということであろう。どの宗教がその形成力になるかによって、状況はかなり違ったものになるに違いない。主流教会が再生して再びリーダーシップをとり返すであろうか。主流教会は官僚主義ないし草の根教会から浮き上がった革新主義を是正するために、ニューヨークにあった教会の本部を中西部の小都市に移転させたが、果たして教会員の減少傾向に歯止めがかかるであろうか。他方、エヴァンジェリカルは、政治社会の問題に関心をもつ、いわゆるネオ・エヴァンジェリカルズが増えつつあるが、主流教会の二の舞をしないで、成長を続けるであろうか。さらにサザン・バプテスト教会やファンダメンタリストが、イスラム教などにみられる「原理主義」(ファンダメンタリズム)と異なって、大きく変化しつつあるアメリカの政治社会に対して、国民の共感と支持を得つつ、責任あるリーダーシップを発揮するかどうか。それとも世俗主義が盛んになるであろうか。

これらのどの方向にアメリカの宗教が向かうかが、アメリカという国家、そしてアメリカ文化の将来の方向を決する、大きな要因となるであろうことは間違いないと思われる。

参考文献

古屋安雄『激動するアメリカ教会』、ヨルダン社、一九七八年。
上坂昇『現代アメリカ宗教の保守勢力』、ヨルダン社、一九八四年。
M・マーティー『アメリカ教会の現実と使命』、新教出版社、一九九〇年。
井門富士夫編『アメリカの宗教——多民族社会の世界観』、弘文堂、一九九二年。
井門富士夫編『アメリカの宗教伝統と文化』、大明堂、一九九二年。
井門富士夫編『多元社会の宗教集団』、大明堂、一九九二年。

3　ドイツ・アメリカ・日本の比較教会論

――宗教改革とプロテスタンティズム――

「ドイツ・アメリカ・日本の比較教会論――宗教改革とプロテスタンティズム」という題でお話しますが、私を紹介してくださった倉松功先生が実はあとで触れますが、私がこういう問題意識を持つようになったきっかけの一人なのです。これは私の約四十年間の牧師としてまた神学者としての生涯を顧みるときに、いくつかの中心的なテーマがありますが、そのうちの一つがこれであったのです。そのことを今日皆さんにお話をして、それがどのような問題であるのかを知っていただきたいと思っています。

宗教改革とプロテスタンティズム、特にドイツとアメリカと日本の比較教会論というこの問題は、私は十冊ほど本を書きましたが、それらを眺めてみても、やはりこのテーマをずっと追いかけてきたと思います。ですから、今日は私の神学的自伝というほどのものではないのですが、それらの本をたどりながら、それぞれの本の中でこの問題がどのように展開されていったか、どのように考えられてきたかということを皆さんにお話ししたいと思っております。

一　問題意識のはじめ

最初に、この問題意識を持ったきっかけになったのは、ウィリアム・スィート（William Sweet）という人の本です。私は終戦の翌年、一九四六年に現在の東京神学大学に入学しました。それまでは自由学園という学校にいました。羽仁もと子がはじめた学校で、皆さんご存知と思いますが、『婦人の友』とか友の会とかのように実際的な生活を重んじる教育を受けたのです。それから神学校に行ったのです。これはほんとうに全然別世界でした。私は神学の〝シ〟も知らないで入りました。今の言葉で言えばカルチャーショックです。自由学園の寮は、皆自分で掃除も洗濯もやるところで、きれいな学校でした。ところが、神学校の寮に入ったら、汚いというか全然違うのです。

私の同級生の中には後で偉い神学者になった人たちもいたのですが、その人たちの生活をみても、全然だらしないというか、自由学園から見るとですが、本当に対照的なのです。言っていることはすばらしいのです。バルトとかウェーバーとか私が全然知らない偉い学者のことを言うのです。ところが、実際生活を見てみると、だらしないのです。自由学園の方は、きちんと時間は決まっているし全然違うのです。そういうところに行ったものですから、私がすぐに聖書で思い出したのは、ルカ福音書の一〇章にあるマリアとマルタの話です。神学生はただ御言葉だけを聞いているマリアのタイプで何もしない。自由学園はマルタのように一生懸命やります。ところが、イエスはマリアの方が良かったと書いている。どうも私にはそうは思えない。

何かおかしいのではないかと思っていたら、たまたまシカゴ大学のアメリカ教会史教授のスウィートの小さな本ですが、*The American Churches, an Interpretation*（『アメリカ教会論——一つの解釈』）の一番最後にあった“The Sons of Martha”という章を読んだのです。ヨーロッパ特にドイツの教会とアメリカの教会を較べたときに、ドイツの教会はマリアの教会、それに対してアメリカの教会はマルタの教会である、アメリカの教会は一生懸命社会実践とかキリスト教倫理が盛んだが、ドイツの教会は教義学が中心で御言葉を聞くことに熱心であった、と言っている。それで、「あっ、そうか、自分と同じことを考えている人がいるんだなあ」とそのとき思ったのがきっかけでした。

当時の東京神学大学は、今でもそうでしょうけれども、今以上にカール・バルトの神学がThe Theologyになっていた。それ以外は神学でないと思っていた。後で国際基督教大学に来たブルンナーという人がいましたが、彼は二流の神学者だとして、バルトしか教えない。また、私がたまたま行った教会の山本和先生がすごいバルティアンで、バルト以外の話をしない人でした。そういう話を毎日聞いていて、そこから多くを学んだのですが、同時に、自由学園で教えられたマルタ的なものはいつも根底にありました。

そういう時に、卒業する一年くらい前でしたが、一九五〇年に、ニューヨークのユニオン神学校のキリスト教倫理・社会倫理の教授だったジョン・ベネットが来日しました。本当は、ラインホールド・ニーバーを呼ぶつもりだったのですが、ニーバーの都合がつかなくなり代わりにベネットが来ました。このベネットが御殿場で当時の神学校の教授たちを集めて、研修会を行なったのです。その時に各神学校から二人の学生だけは傍聴させてあげるというので、私と私より三歳上ですが、同級生の佐藤敏夫さんと一緒に行きました。その時ベネットは、社会問題に日本の教会と神学者がもっと関心を持つようにと話をしたのですが、私はそのことよりもベネットの話を聞いてショックを受けたのは、バルト神学を現代神学の一つとして解説したことでした。現代神学の右にいるのはカール・バルト、左にいるのはブルトマン、真ん中にいるのはパウル・ティリッヒと、まったく相対化してしまったのです。つまり、私にとってそれまでバルトは絶対的であったのですが、ベネットは相対化してきれいに分類してしまったのです。

たまたま昼休みにベネットに「今日の話は大変面白かったので、アメリカの神学を勉強したいのだが、どうすればいいのか」と聞いたら、その場で何も見ずにニューイングランド時代のジョナサン・エドワーズ、十九世紀のホーレス・ブッシュネル、二十世紀の始めのウォルター・ラウシェンブッシュ、それからラインホールド・ニーバー、この四人を勉強しなさい、と言ったのです。彼らが書いた主著と、彼らの神学について書いた良い研究書をその場で教えてくれました。しかも全然ノートも見ずに言うのです。それで、ジョナサン・エドワーズから勉強することになったのですが、神学校の図書館に著作集はありましたが、研究書はありませんでした。当時、ジョナサン・エドワーズの研究書を持っていたのは東京大学の英文学の名誉教授であった斉藤勇先生だけでした。先生からお借りするのは恐れ多くて、その息子さんの斉藤眞さん――さきほど文化功労賞を受賞した方ですが――に、当時はまだ東京大学法学部の助手でしたが、そこへ行って借りたことを覚えています。ところが、四人を勉強するどころか、ジョナサン・エドワーズだけでも大変で、結局卒論は「ジョナサン・エドワーズの研究――アメリカの神学の一考察――」を書いて卒業しました。

二　アメリカとドイツの神学と教会

それからすぐに、私はアメリカへ留学したのですが、その時もアメリカの神学あるいはアメリカの教会を勉強したいと思っていました。一九五一年に、サンフランシスコ講和条約が結ばれる直前でしたが、最初期の留学生としてアメリカに行ったのです。一年間サンフランシスコ神学大学、それからプリンストン神学大学に行きました。戦後最初の留学生でしたし、何もなかった焼け野原の日本からアメリカに行ったのですから、見るもの聞くものすべてがフレッシュでした。アメリカの方も日本に原爆を落としたという罪責感からでしょうか、日本人に対してものすごく親切でした。

その時私が非常に感心したのは、キリスト教とアメリカの社会というか、実際生活と深く関連があることです。やたら抽象的な議論だけでなく、キリスト教をいかに実際の民主主義――デモクラシー――と結びつけているかがよくわかるような経験を毎日していました。私はそこでおおいにアメリカでの生活をエンジョイしたわけです。

しかし、日本で神学と言えば、ヨーロッパであり、ドイツであり、カール・バルトなのです。日本に帰って発言できるためにも、私はその後ドイツに行きました。日本から戦後、ドイツに最初に神学を勉強しに行った人が、高橋三郎という無教会の人で、私より数カ月前に行っていました。私はチュービンゲン大学に行き、そこで一年間勉強しました。プリンストンでの私の博士論文のテーマは「キリスト教の絶対性」ですが、その研究のためにチュービンゲンに行ったわけです。一年間、チュービンゲン大学で勉強して、二年目にはカール・バルトのバーゼル大学に行く計画で行ったのですが、実際は一年しかヨーロッパにはいませんでした。バルトはその頃二週間に一回、イングリッシュ・コロキアムといって、アメリカの学生とイギリスの学生を中心に英語で講義をしておりました。行ってすぐそこへ私も参加することを許されたものですから、チュービンゲンで勉強しながら同時にバルトのもとでも勉強していました。

そういうことで、はじめ二年のつもりが、一年になったわけです。一年になった最大の理由は、もし、高橋三郎さんのように、日本から直接ドイツに行ったのなら違っていたかも知れませんが、幸か不幸かアメリカに行ってそれからドイツに行ったわけです。それでまた次のカルチャーショックなのですが、まるで戦前の日本に帰ったみたいでした。もちろん、物質的生活が貧しいということもありますが、同じ戦争に負けたといっても、木造家屋が焼けたのとレンガや石造りが廃墟になって、そこから復興するのとでは全然違うのです。日本はすぐ家を再建しましたが、ドイツはそういうことをしませんでした。復興するなら前と同じく街を再現しようということで、お金を貯めておりました。ですから、貧しい生活をそのままでおりました。

私にとって、学問的なことよりも驚いたのは、生活スタイルが全然違うことでした。チュービンゲンはそもそも大学の町として非常に有名なところですが、そのころ水洗便所というものは日本にはまだなかったのですが、ドイツに行ったら、チュービンゲンにもまだ多くはなく、昔のものがあったのです。アメリカに行った後でしたので、驚いてしまいました。私はある牧師の未亡人の家に下宿したのですが、そこはチュービンゲンでもっとも新しい文化住宅でした。そこでも、アメリカの生活から見ると、さほど進んでいなかった。その未亡人は、ドイツのチュービンゲンの田舎の考え方をそのまま持っている人でした。彼女は二ヶ月くらいでノイローゼになってしまった。それでもドイツ人なんですね。クリスマス近くになったら、私に小さなボンヘッファーの本をプレゼントしてくれながら、一週間以内に私に下宿を出ていけというのです。ドイツ人はこういうところがあるのです。プレゼントをくれるという親切をしながら、それでいて一週間以内に出て行けと言うのです。彼女と一番衝突したのは、私が毎日シャワーを使っていたからです。アメリカでの生活がそうでしたので、私にはあたりまえのことでした。ところがそれが彼女には気に食わないのです。いらいらしているのです。それで、ある日私を呼び出し、「あなたはなぜ毎日シャワーを使うのか」と聞くのです。風呂は一週間に一回でいいと言うのです。私は日本人ですから毎日は入らないと気持ちが悪い。それから、私が毎日コーヒーを飲んでいると、それも駄目だというのです。贅沢すぎると言うのです。いろいろなことが衝突するのです。そしてさらに、私に「なぜあなたはアメリカに行ったのか」と聞くのです。私は「神学を勉強しに行った」と言うと、「アメリカに神学はあるのか、神学はここにしかない」と言うのです。チュービンゲンが中心なのです。

チュービンゲンの神学校は、一七〇年前にヘーゲルが神学を勉強したところです。どうしてあのような世界史を考えるような哲学が生まれたのか、私はチュービンゲンにいてわかりました。そこだけの世界なのです。そこからだけ世界を見ているのです。海外のことは何も知らないのです。陸の孤島です。チュービンゲンにいて、ヘーゲル哲学がなぜそこから出たか判りました。一人で自分中心でものを考える。そういうところにいたものですから、私は一年で十分だと思いました。

それから教会にも行きましたが、アメリカの教会とまったく違うのです。ドイツの教会はランデスキルへ、教会税を取っている国教会、州教会です。アメリカの教会は国から自由な自由教会、いわゆる教派型の教会です。五〇年代に私が行ったアメリカの教会は戦後のリバイバルで、キリスト教のブームです。その頃、毎日二つないし三つの新しい教会が建てられたといいます。国民の六〇パーセント以上が教会員になったときです。冷戦など理由はいろいろありますが、いずれにしても皆が教会に行きました。ハリウッドの教会にも私は行ったことがありましたが、その教会は日曜日に何と四回も礼拝を行っていました。朝の六時と九時と十一時、夜の七時とまるで劇場に行くかのように人が待っているのです。それでも一杯でした。そのような教会からドイツへ行ったら、ほとんど高齢者たちが会衆で、説教も全然おもしろくない。「ルターがこう言いました」と、ルターが金科玉条なのです。こういう教会だから、社会も人の考え方も違います。これが私が初めて経験したドイツとアメリカの教会の違いです。

それから、私が驚いたのは、ドイツ人の多くの人が、私が戦後来た最初の日本人ですから、日本人だと判るとみな懐かしがりました。イタリア人はだめだ、今度戦うときはドイツ人と日本人だけでやろうと言ってくるのです。今の日本はどうか。聞くところによると、天皇が象徴となり、政治力がなくなり残念だ、と言うのです。日本が民主主義化したのは良くないと言うのです。民主主義はドイツでは啓蒙主義であり、反キリスト教なのです。それが日本に広がってしまい、実に残念だと言うのです。ですから、ボンヘッファーが言ったように、ドイツでは民主主義とキリスト教とは対立するのです。ところが、アメリカの場合はそれが結びついているのです。そういうことがだんだん判ってきた。アメリカのキリスト教とドイツのキリスト教ではずいぶん違うということが実生活を通して判ってきたのです。

それで、民主主義の一つの目印としての対人関係ですが、ドイツへ行って私が驚いたのは、大学の教授あるいは牧師に対する態度でした。私はアメリカからドイツに来たものですから、私の先生はゲルハルト・ローゼンクランツ教授でしたが、対等に話をしました。ところがドイツ人の学生は先生の前で皆直立不動なのです。先生を呼ぶときに、アメリカではドクター、親しくなればFirst Nameで呼びますが、ドイツへ行ったら、ヘル・ドクター・プロフェッサー・ローゼンクランツと呼ぶ。奥さんを呼ぶときも、フラウ・ドクター・プロフェッサーと全部付ける。二つ以上のドクターを持っている場合は、ドクター、ドクターと呼ぶ。そこで先生たちが言ったことに対して質問するということはまずありません。ドイツ語で講義はフォアレーズンクと言いますが、まさに学生の前で読むのです。

ところが、アメリカで私が学んだのは、ニーバーでもティリッヒでもどんなナンセンスな質問をしても、“good question”と言いながら丁寧に答えてくれる。昔のカントやヘーゲルやアリストテレスの考えた同じ問題だ、と学生たちを励ましてさらに議論する。ところが、ドイツは、日本もその影響を受けたのですが、先生に権威がありますから、先生にやたらと質問することが許されません。教会における牧師も同じように権威的な存在です。

三　日本の教会とドイツ・アメリカの神学

私は国際基督教大学に招かれて、一九五九年に帰ってきました。その時に日本に久しぶりに帰ってきて感じたことは、日本の大学と教会は依然としてドイツ的な雰囲気を持っているということでした。日本の教会はもっとアメリカの教会を学んだ方がいいのではないか、ドイツの神学ばかり勉強していては日本のためによくないのではないかと思っていました。

その時に、『福音と世界』という雑誌に「プロテスタンティズムなき宗教改革」という論文を書いたのです。これは実は、ディートリヒ・ボンヘッファーがアメリカの教会を「宗教改革なきプロテスタンティズム」と読んだものを逆にしたものです。倉松先生はボンヘッファーの著作を当時翻訳していました。倉松先生は、私の神学校時代の三年後輩ですが、すでにボンヘッファーのほかにドイツの教会と神学についての論文がいくつかありました。それを読むとドイツの教会がいかにもすばらしい教会だと書いてある。私が見たドイツの教会は日本の模範にすべきではないと思っていたので、それを批判しようと思ったのが、私の神学活動の最初です。倉松先生がいなかったら、そういうことを考えなかったかもしれない。倉松先生は若い時に神学校を出て、信濃町教会で先頃亡くなった福田正俊先生の副牧師をしていたのです。その福田先生が実は、東京神学大学の教会史の教授でした。その福田先生の教会史はアノー、エー、エーと、エーが長くて、宗教改革までで終わってしまう。古代から始まって宗教改革で終わりなのです。あとは全然ないのです。宗教改革以後のプロテスタンティズムはどうなのか誰も教えてくれない。私はこれが問題だと思いました。

ところで、ボンヘッファーは一九三九年に最後のアメリカ訪問から帰ってきた時に報告書を書くのですが、その中に「宗教改革なきプロテスタンティズム」というのがあります。アメリカの教会は宗教改革を知らない、それ以後しか知らない教会だと言うのです。このボンヘッファーの論文はよくバランスの取れている論文です。ドイツの教会はアメリカの教会から学ぶべきだとも言っている。ところが日本では、その論文を取り上げて、アメリカの教会は全然宗教改革のわからない教会である、日本の教会はアメリカの教会でなく、宗教改革に基づいた教会であるべきだと言う議論がなされた。これでは困ると思い、私はボンヘッファーの言葉を逆にして、「プロテスタンティズムなき宗教改革」の教会、これがドイツの教会ですが、これが問題だということを書きました。

その頃から、私にとってドイツとアメリカの教会の比較ということが課題になりました。つまり、宗教改革とプロテスタンティズムの関わりが問題になった。もちろん、宗教改革なくしてプロテスタンティズムはありませんが、プロテスタンティズムに発展しない宗教改革で止まっている教会は問題です。私が感じたように、十六世紀とは言わないですが、昔のままの教会だからです。現代人の持っている問題意識とかけ離れている。だから人々は教会に行かない。特に若い人たちは。これは問題だと私は思いました。それで、私は「プロテスタンティズムなき宗教改革」の教会は実は問題である、民主主義の問題のような現代の問題に取り組むためには、やはりもっとプロテスタンティズムを勉強しなければならないのではないか、という問題意識を持つようになったわけです。

それから、私の最初の著作ですが『キリスト教国アメリカ――その現実と問題』という本です。これは一九五〇年代を中心にヴェトナム戦争直前までのアメリカを書いたものですが、おそらく日本で初めて現代アメリカの宗教について書いた、またそれを分析した本でしょう。ですから、これは神学者が書いたものですが、五版、六版と大変よく売れました。

多くの人は、これを読んでアメリカという国がどんなにキリスト教の影響を受けているかわかっただろうと思います。この『キリスト教国アメリカ』という本を書いていたときに、ユニオン神学校の校長だったヴァン・デューセン先生がちょうどそこを辞めて、プリンストンに引退していた。彼は大変な雄弁家でアクティブな大柄な人ですが、校長を辞めたものですから、寂しかったのでしょう。頻繁に私のアパートへ来て、私がこういう本を書いていると言うと、いろいろな本を貸してくれました。最後に何という題名にしたかと聞くので、『キリスト教国アメリカ』にしたと言うと、もちろん「?」マークを付けただろうと言うのです。私は、いや、付けませんでした、日本では「?」マークを付けないほうがかえって売れるかも知れないから、と言ったら、なるほどと笑っていました。アメリカにおいて、いかにキリスト教と社会・政治・経済・教育などがいろいろと関係しあっているかを分析した本です。

その時に、私がアメリカという国の社会あるいは教会を分析したときに非常に役に立ったのは、ピーター・バーガーという社会学者の言ったことばです。私たちが本当に教会の現実がどういうものであるかを知るためには、二つの視点が必要である。一つは、神と人間との関係という神学的視点、縦の視点です。もう一つは、教会と社会の関係という社会学的視点、横の視点です。この両方を知らないと、駄目だと言うのです。神学なき社会学、つまり社会学の研究ばかりしていると、最後は諦念で何をやっても駄目だと思ってしまう。その逆に神学だけを勉強していると、確かに希望があるのですが、横の社会学がなければ、これは幻想に終わってしまう。これはもっと悪いと言う。だから、神学的視点と社会学的視点が交わった時に、クロスした時に、初めて教会が何をすべきかがわかる。

その例として彼があげたのは、当時問題になった黒人問題なのです。教会はもちろん、隣人を愛せよと説教しているが、隣人とはいったい誰なのかという分析がないと、これは抽象的な説教に終わる。ピーター・バーガーが調べてみたら、一九五〇年代ですが、アメリカで人種差別、黒人と白人が一番別れている時間は日曜日の午前十一時だということがわかった。金曜日、土曜日は野球に行ったり、映画に行ったり、黒人も白人も一緒に隣りにすわっています。ところが、日曜日になると、教会では黒人と白人は別れてしまいます。白人が隣人を愛するというときに黒人は全然入っていない。神と自分の関係だけなのです。横の関係から教会を見ると、教会がいったい何をしているのかがわかる。

それで私の『キリスト教国アメリカ』は神学のみならず教会社会学をも入れてアメリカの教会を分析したのです。その頃から、日本も大学紛争とか教会紛争が起こってくるのですが、日本教会はどの方向に進むべきか、例えば、アメリカの教会かあるいはドイツの教会かという時に、はっきりとアメリカの教会に行くべきであると考えるようになりました。

その次に、「モルトマンとコックス」を比較しました。ユルゲン・モルトマンはチュービンゲン大学の神学者で『希望の神学』の著者です。ハーヴェイ・コックスはハーバード大学の神学の教授で『世俗都市』を書いた人です。まずこういう神学を取り上げて、『福音と世界』という雑誌で「今日と明日の間の神学」シリーズを出そうとしました。これは実は、佐藤敏夫先生と大木英夫先生と私の三人が集まり、これから新しい神学運動を起こそうと考えたからなのです。かつてバルトやブルンナーが『時の間』という雑誌を出しましたが、それに因んで、「今日と明日の間の神学」と考えたわけです。ところが、これはこの一巻だけで終わってしまいました。東京神学大学で大学紛争が起こってそれどころではなくなったからです。

それは別として、ここで私はモルトマンとコックスを較べて、モルトマンはやはりドイツの神学者であり、コックスはアメリカの神学者である。ともに教会を変えていこうと言っているが、やはりドイツの教会では変わらないのではないか。アメリカ教会のようにならなくては日本の教会は変わらないのではないか。私はコックスのほうに希望があると書いた。ところが私が考えていた以上に日本の教会や大学が動いてしまった。明日にでも革命が起こるのではないかと日本の大学全体がそういう雰囲気になっていた。私が考えていた以上に新左翼的な方向に進んで行った。その結果、めちゃくちゃになってしまったのです。

その頃、マルチン・ルーサー・キングが亡くなった。その時に私は「二十世紀の二人の殉教者」という講演をしました。先ほどのボンヘッファーとキングの比較研究をした。この二人はたまたま三十九歳で殺されました。

ボンヘッファーの場合は、ヒトラーを暗殺しようとしたので国家権力によって死刑に処せられた。キングの場合は、人種差別を無くそうと運動をしたことで、白人によって殺された。私は結論的に言って、ボンヘッファーを殺したのは民主主義などのプロテスタンティズムを受け入れないドイツの「宗教改革の教会」である。キングを殺したのは「プロテスタンティズムの教会」であるが、社会全体が本当の意味で神の御言葉に立っていないアメリカの教会である。両方とも教会の責任であると私は思ったわけです。

ドイツの教会は宗教改革のゆえに、宗教的な自由、福音的な自由を主張した。ところが、それは市民的自由——Civil Liberty——そこまでは行かなかった。これはアメリカで展開したものです。ですから、ボンヘッファーのような人が殺されたのは、まだドイツでは宗教的自由が市民的自由まで展開しなかった結果である。アメリカの場合はもちろん、市民的自由があるけれども、それが本当に実現・徹底されているかというと疑問がある。

以上の三つの論文は『キリスト教の現代的展開』という論文集に収録され、一九六九年に出版されました。これは新教出版社の『今日のキリスト教双書』の一冊となっています。私のが第一巻で第二巻を鈴木正久、第三巻を高尾利数が書いています。高尾のは『キリスト教大学の死と再生』という題です。この頃から私が知っている民主的な市民的自由を知っているアメリカ教会が言っていることと、日本のいわゆる、造反と言われた学生たちや牧師たちが言っていることとは違うのではないかということが、私の問題となってきました。そこで私は、ICUの造反学生たちとの問題で非常に苦しみました。やはり、牧師ですから最後まで学生と話そうと思ったからです。

いろいろ大変な経験をしました。あの頃の学生運動にセクタリアンとかノンセクトなどと呼ばれたグループがありましたが、あれは皆宗教改革とプロテスタンティズムの歴史に出てくる名称です。彼らと付き合っているうちに、宗教改革とプロテスタンティズムの歴史に出てくる、いわゆる熱狂主義者に似ていることに気づいたのです。彼らはボンヘッファーの影響を非常に受けていました。しかしボンヘッファー自身は熱狂主義者には批判的でした。熱狂主義は決して教会も社会も改革しないと言い切っています。熱狂主義者とはちょうどスペインの闘牛と同じだという。赤い旗を見ると突進する。相手は闘牛士で闘牛士を殺せばいいのに闘牛士を見ずに赤旗に向かう。そのあげく疲れ果ててしまう。

もう一つ気付いたのは、青年崇拝の問題ですが、これはナチスに追われたティリッヒから学びました。彼によると、ナチスの間違いは、青年たちを崇めていることにある。青年たちに迎合している。青年たちが世の中を救えると思っている。しかし、それは幻想だ。青年は新しい力を持ってはいるが、青年自身は決して世の中を救えない。どうも全共闘とか造反を見ていると青年たちが世の中を救うという幻想を持っている。

このような時期に書いたものをまとめたのが、『プロテスタント病と現代』です。私はあの造反運動を「プロテスタント病」と呼んだのです。その由来はこうです。一九六四年にＩＣＵに客員教授で来ていた、ジョセフ・フレッチャーという神学者が『状況倫理』という本を書いた。これはアメリカでベストセラーになった。彼によれば何をすべきかということは結局は状況による。状況如何に関係ない絶対的倫理はない。たとえば、嘘をつくなと言っても、状況によって嘘をつく場合もある。アンネの日記を読んだ人がいると思うが、あの時もし、ナチがやって来てお前たちはユダヤ人をかくまっているかと聞かれた場合、絶対嘘をついてはいけないのなら、アンネの家族は皆殺されてしまう。あのような時は、もちろんかくまっていません、という嘘は許される。だからすべて状況による。原理主義はキリスト教倫理ではない。そういうことを彼は主張した。

私は原理主義が強いアメリカで、あのようなことを言うのは、意味があると思った。しかし、日本は昔から状況倫理の国だから逆に原理倫理が必要だと言ったら、彼は日本では状況倫理を説かなかった。しかし、アメリカでは行き過ぎてしまった。それからフリーセックスになるし、離婚は増えるし、家庭崩壊が起こった。その時フレッチャーの状況倫理を批判したあるアメリカの神学校の教授が「プロテスタントの強みは自由だ、しかしプロテスタントの病は無政府主義だ。カトリックの強みは秩序だ、しかしカトリックの病は専制主義だ」と言ったのです。私はそれを読んだときなるほどと思った。しかし顧みると、日本の教会はプロテスタント病とカトリック病が一緒になっているのではないか。だから死に至る病だ。これでは駄目だ。この時から私は「プロテスタント病」ということを言い出し、何とか克服しようと考えた。

次に、パウル・ティリッヒの『プロテスタント時代』と『プロテスタント時代の終焉』を邦訳しましたが、彼は「プロテスタント時代」、すなわち資本主義や近代主義と結びついた「プロテスタント時代」は終わったと言っている。日本でも最近やっとこういうことを言い出してきたが、彼はすでに五、六〇年前に言っている。しかし、「プロテスタント原理」は永遠だと言っている。それは何かと言えば、預言者、宗教改革の精神であって、神以外のいかなるものを神としない。その精神は永遠だと言っている。

もう一つ、彼はこのプロテスタントの預言者的な原理と、カトリックの祭司的な実質を総合するのが一番いいと言っている。私の言葉で言えば、プロテスタントの自由とカトリックの秩序それを一緒にするのが一番いいと思う。すなわちエキュメニカルなのが一番いいと考えるようになった。プロテスタントだけでなく、プロテスタントとカトリックの両方合わせたエキュメニカルなことに、だんだん関心を持つようになりました。

それで、『激動するアメリカ教会』の中で、アメリカ教会のいわゆる主流派が力を失い福音派が強くなってきたことを分析したところで、付論として「カトリックの宗教改革」というのを書きました。一九七三年に一年間フィリピンのアテネオ・デ・マニラというカトリックの大学に客員教授で言ったときに、初めてカトリックをじかに見ました。上智大学と同じようにイエズス会の大学ですが、そこで私が見たものは、それこそカトリックの強みを持っており、しかも自由がある。今のカトリックの方が逆にカトリックの強みとプロテスタントの強みを合わせ持っている。それがどこから来たかといったら一九六二～六五年に行なわれた第二バチカン公会議から来ている。私はこれをカトリックの宗教改革と呼ぶのです。

これはルターの宗教改革より四百年以上も遅れているけれども、十六世紀にルターがやったことをカトリックが四百年後にやったのが第二バチカン公会議です。

イエスが言っているように正に、先にあるものが後に、後にあるものが先に、というようにカトリックの方が初め遅かったがどんどん改革して、プロテスタントの方が先に近代化していたのに、行き詰まってしまった。それでアナーキーになった。私がそれを研究したときにカトリックがいかにプロテスタントから学んだかということを知ると同時に、プロテスタントはカトリックから学ぶ必要があるということを感じたわけです。それで「カトリックの宗教改革」を書いたのですが、おそらく日本のプロテスタントでバチカン公会議をこれだけ好意的に書いたのは他になかったと思う。

四　日本の教会の課題――ドイツ・アメリカの教会との比較

そのうち、外国のよりも日本の教会自体がいったいどうなったのか、当然問題になってきた。それで「アメリカの教会と日本の教会」を書きました。『現代キリスト教と将来』に一九八四年に収録されましたが、実際には一九七六年に『信徒の友』に連載したのが「アメリカの教会と日本の教会」です。これは日本の教会というものを見るときに、アメリカの教会を無視して考えることはできない、もっとアメリカの教会を知らないといけない、というのが一つと、もう一つはアメリカの教会から宣教師が大勢日本に来ているが、その宣教師たちが日本基督教団の紛争や分裂を見ても何も言わず黙っている、私はこれは問題であると思いました。何のために彼らは日本に来ているのか。教団は総会等で実にひどい非民主主義的なことをやっている。それなのに宣教師たちは黙っている。

それで私は宣教師たちを批判したのです。日本の教会とアメリカの教会の関係は甘えの構造だ、と。土居健郎が『甘えの構造』で書いているがまさにあの関係です。甘えの構造とは結局お母さんが子どもを甘やかしている。子どもも親に甘えている、親も子に甘えているという関係です。本当には批判し合わない。こういう関係をずっと続けていても日本のためにならない。だからアメリカの教会ははっきり言った方がいい。日本の教会もアメリカの教会にいつまでも甘えていてはだめだ。そのころからだんだん日本の教会自体のことに関心を持つようになりました。

それから私は『宗教の神学』を書きました。これは日本のクリスチャンが百数十年経っても依然として一パーセントである理由は何か。日本には仏教とか神道とかいろいろの宗教があるにもかかわらず、日本のクリスチャンや神学者たちは全然それに興味を持たない。依然としてドイツの神学ばかりやっている。ルターとかバルトとかばかりやっている。もっと日本を勉強しなければいけない。けれどもそれをただやれと言ってもだめなのです。

ある人にあることを変えなさいと言うときに、それを真正面から言ってはだめです。その人が一番大事だと思っているものがあります。神学者であれば、バルトです。バルトが一番偉いと思っている相手には、そのあなたが一番偉いと思っているバルト自身がこう言っているのですよと言えば、相手は考える。バルトがこう言っているのですよと言えば、彼らは反論しない。バルトを一番偉いと思っているのですから。そこで私の友人たちも私の言うことをわりと素直に聞いてくれたと思っています。それで日本の神学者たちやクリスチャンたちも他の宗教にだんだん目を向けるようになりました。

さらに、『宗教の神学』は宗教の問題だけでなく、神学者がバルトばかり読んでいるのではなく、フレキシビリティーを持って、もっと自由になっていろいろな問題を見るようになってきた一つのきっかけになったのではないかと思っています。

その次に、『日本の神学』を大木先生と一緒に書きましたが、この中で私は二十年周期説を、昔から言っていることですが、そこでも書いたので、これが本になって出た最初だと思います。実際はその前に『形成』という雑誌でこの問題を取り上げたのですが、この二十年周期説は、私のほかにも加藤周一とか中曽根元首相も使っている。明治の初めから見てみると、だいたい二十年ごとに日本の風潮が変わっている。それを私はインターナショナル国際主義の時代とナショナル国粋主義の時代と呼んでいるわけです。

明治元年から明治二十年は鹿鳴館の時代で、何でも西洋のことが流行した。こういう時は、キリスト教は盛んなのです。東北学院大学ができたのは明治十九年。その頃はまだいい状況です。ところが明治二十年になると変わる。今度はナショナリズムになる。やはり明治十九年に松山女学校が四国で最初の女学校として創立されました。皆子女をこぞって送り込んできました。ところが、明治憲法が制定されて、明治二十三年に教育勅語が発布されると、キリスト教学校は受難の時代に入る。あのような学校に入れると子どもは日本人ではなくなるなど風説が流された。それで人々は生徒を送らなくなり、新潟の北越学園とか新潟女学校はつぶれてしまった。松山女学校もつぶれかかった。内村鑑三の不敬事件が起こり、日清戦争、日露戦争と続いた。

ところが、明治四十年から大正十五年までは大正教養時代。またインターナショナリズムになる。こういう時代になると、キリスト教は元気になる。上智大学、東京女子大学、自由学園ができたのもこの頃です。

しかし、昭和元年から昭和二十年までは、戦争の時代で今度はまた弾圧の時代になる。ところが、昭和二十年代になると、また変わる。戦後のインターナショナリズムになる。キリスト教が盛んになる。だから、国際基督教大学（International Christian University）ができた。あの時をはずしたら絶対できなかった。あの時日本人はICUのために一億六千万円のお金を集めた。戦後何もない時に。

しかし、昭和四十年代になると、一九六五年からですが、またおかしくなる。靖国神社の国営化運動が始まり、建国記念日ができた。一九六五年、中曽根さんが首相だったときに、靖国神社に公式に参拝した。ただちに、中国とか韓国が反対した。彼は翌年はもう行かない。新聞記者がなぜ行かないかと聞くと、今は国際化の時代だから国際状況も考えなければいけないと言って行かなかった。

いずれにしても、このようにだいたい二十年ごとに変わる。他の見方をすると、国粋主義的な時代というのは、実はドイツと仲がいい。国際化の時代というのは、実はアメリカと仲がいい。明治の初めの時は外国人のほとんどがアメリカの宣教師であった。ところが、明治二十年になると新神学といってチュービンゲン学派が始めたドイツの聖書批評学の神学が入ってきた。新神学を受け入れた人々の中から日本的キリスト教などと言い出す者が出てきた。戦時中も実はドイツ神学が盛んであった。バルトはドイツ人ではなくスイス人で、本人はナチスと戦っているのに、日本のバルティアンは軍国主義に抵抗できなかった。だから私の二十年周期説は、国際主義と国粋主義の交代だけれども、これは他のことで言えば、ドイツ的なものとアメリカ的なものに分けても、ある程度言えるのではないかと思っています。

それで私は『日本伝道論』に収録されていますが、『神学』に書いた「日本の教会」などで、日本の教会は頭はドイツ神学、体はアメリカの教会、心は日本の心情の教会だと言いました。この三つが三位一体というか三権分立ならいいのだけれども、三つに分裂している。だから病となり、しかも重病である。この三つが分裂しているという自覚さえない。私はこの事をまず自覚したほうがいいと思う。日本の教会がおかしくなってきたのは三つに分裂したからであると。

また、札幌で行なわれたアメリカ学会で発表した「教会・教派・分派――アメリカ宗教の三類型」というのがありますが（本書、「アメリカのキリスト教をどのように捉えるか」二〇一頁以下）、これは「キリスト教の三類型」と変えた方が良かったと思いますが、それまで教会を社会学的に言うときに、エルンスト・トレルチが言ったことですが、教会を国教会型と分派型とそれから神秘型と三つに分けた。

第一の型は、ドイツの教会の場合に当てはまるのであって、実は宗教改革の結果なのですが、日本で言えば伊達藩の殿様がある宗教を信奉するといったら、伊達藩の人民は皆そうなる。同じように、州の領主がカトリックだプロテスタントだルター派だカルバン派だと言えば皆そう分かれる。これが国教会型であり、それに対して分派型とは、そこに行かない人たちを言うのです。

ところが、アメリカでは政教分離の国ですから、国教会はない。いわゆるボランティアという言葉が日本でもだんだん定着してきましたが、ある社会学者が言っているように、アメリカの教会は皆ボランタリー・アソシエーションで自分で選ぶ。両親がカトリックでも自分でバプテストになる。自発的に自分の意志で教会に行く。それでアメリカでは教派型の教会になった。

これは日本で言えば、戦前は国家神道が国教会であった。だから当時は日本人だったらみな神社に行く。クリスチャンでも神社に行くことを強制された。ところが戦後になって政教が分離し、信教の自由が憲法で明記されると自分で選ぶようになった。日本全体が新しい憲法の下でアメリカと同じような宗教の自由と政教分離の原理に立ったものになった。おそらく、マッカーサーがこれを考えたときに一番得するのはキリスト教だと思った。キリスト教はこれで伸びるだろうと思った。ところがキリスト教は伸びない。一番伸びたのが創価学会と共産党です。日本の教会はチャンスを逸してしまったわけです。依然としてドイツの神学を真似しているからです。全然状況が違うのに——。

アメリカで始まった教会——デノミネーション——ですが、これは前にも言いましたように、自分で選ぶ教会です。イール大学で学んだ出村彰先生の恩師のラトウレット教授がこのように言っています。「アメリカで一八〇〇年以後に発展したキリスト教は極めて特異でユニークなものであった。それは今までどの国にもどの時代にも見出されないものであった」。ところがドイツの教会は国家や州と結びついている。アメリカのキリスト教

――デノミネーション――はドイツの教会と全然違う。教会税ではなく、自発的な献金による教会です。ボンヘッファーがアメリカに行ったときに、ドイツでは民主主義とキリスト教とがずっと対立してきたが、この国では民主主義がキリスト教の精神に基づいて発達したと言っています。それは市民的自由があるからです。実は、日本の教会は教派的な教会なのであって、アメリカの教会からもちろん来ている。そういう意味で私たちはアメリカの教会のあり方というものをもっと研究した方がいいと思う。

それから『大学の神学――明日の大学をめざして』を書きましたが、これは直接にその問題を取り上げていませんが、特に東北学院大学のようなキリスト教大学を考える場合、そのモデルはアメリカの大学であってドイツのそれではない。ドイツの大学は日本では東北大学のようなもので、国立大学です。神学部がありますが、神学部の教授も国家公務員なのです。信じられないかも知れませんが、ドイツの神学の教授の多くは日曜日に教会にほとんど行きません。東北学院大学のキリスト教学科の先生で教会に行かない人がいますか？　いたら問題でしょう？　ちょうど、東京大学の宗教学の教授のように、仏教の専門家、ヒンズー教の専門家のように、キリスト教の専門家は数多くいます。

しかし、東大の仏教学が栄えていることと仏教が葬式仏教となっていることとどういう関係があるのでしょうか？　日本の教会も下手するとそうなりかねません。神学や聖書学が栄えて教会が駄目になってしまわないか。そういう意味でも東北学院大学とかＩＣＵとか私学――プライベート・ユニヴァーシティ――があるということはアメリカの大学の伝統です。私はドイツの大学は日本のキリスト教大学のモデルにはなり得ないと思っています。全然性格が違います。

それで「多元的現代における教会理解」、これは日本基督教学会で発表したものですが、その時に私ははっきりと現代はますます世界的に国教会から自由教会に——教派教会に——向かっていると述べました。今のドイツの教会を見ると判りますが、ドイツの教会は——私が行った時から感じていましたが——このままではいかない。いずれなくなるだろうと思う。

実はボンヘッファーがそのことを感じていた。彼は一九四四年に処刑される前に、これから洗礼を受けるという少年に書いた手紙の中に、あなたが大きくなった時には、今の教会は全然変わっているだろう、と言っています。実際にはそんなに簡単には変わらなかったけれども、最近のドイツの教会を見ているとだんだんそれが現実化しています。一九六八年にスイスのハンス・ブルンナーは、日本に来たエーミル・ブルンナーの息子さんですが、『幻想なき教会』を書いている。これはその時のスイスの教会の分析なのです。それを見ると一九九〇年になったら教会の鐘は鳴らないだろうと言っている。国教会がすっかりなくなって、プロテスタントの数ももっと減っているだろうと非常に悲観的に書いています。彼が書いているほどのことはなかったけれども、今のドイツやスイスの教会を見ると、まさに死につつある教会である。

しかも今までは日曜日に教会には行なっていないけれども、クリスマスやイースターだけには教会に行っていた。結婚式も葬式も教会で行なっていた。ところが最近は日本と同じように結婚式はホテルでやるようになった。つまり、教会に行く必要がなくなった。今までは所得税を払うときに教会税も払っていた。それが今では結婚式とか葬式のために教会に行く必要もなくなった。

だから、ヨーロッパでは若い人たちは教会に行きません。教会から離脱する人がどんどん進んでいる。一九九〇年、日曜日に教会に行く人は人口の一五パーセントくらいでしたが、今年では七パーセントくらいです。スウエーデンの国教会はルター派ですが、来年から廃止されることになっています。非キリスト教化、世俗化がどんどん増えてきているためです。今後ますます教会は国と結びついて国家の力で強制力によって人々を来させるのではなく、一人一人が自発的に教会に行くようになる。そういう人たちによって支えられている教会でないと、本当に社会に浸透しないと思う。国教会は見たところいかにも国全体がキリスト教的な顔をしているが、実際はそうではない。だから私は国教会――ステイト・チャーチ――から自由な教派教会――フリー・チャーチ――に向かっているだろうと思います。

それで、『宗教改革とその世界史的影響』という倉松功先生の古稀のお祝いに刊行された献呈論文集の中で、私は「宗教改革の意外な影響」を書きました。倉松先生は依然として宗教改革の研究を続けておられるが、私が言っているプロテスタンティズムの重要性を認めた上で、しかし、宗教改革は私が考えているほど、頑迷でなかったというのが彼の言いたいことのようです。自由とか人権とかということも、実はルター自身がそういうことを言っていたんだと最近先生が書かれたものにもあります。私も先生に敬意を表して『宗教改革とその世界史的影響』に書いたけれども、ただ宗教改革が言ったことだけでなく、実は意外な、意図せざる影響があることもいろいろ書きました。先ほど言ったようなカトリックのバチカン公会議も、実は宗教改革の意外な影響だったと言っているわけです。日本の無教会なども取り上げています。

これは宗教改革とプロテスタンティズムの両方を見ることで言えることです。もちろん、宗教改革無くしてプロテスタンティズムはないわけです。しかし、プロテスタンティズムの発展無くして宗教改革の意義もないわけですから、私たちはその両方を見る必要があると思う。

一番最後に、これは私が今『形成』という雑誌に今年の一月から「日本の将来とキリスト教」というテーマで書いていたものがあります（本書、第一部）。日本のキリスト教は閉塞状況にあると言われているが、それを破る一つの方法は先ほども言ったように、頭がドイツ神学で体がアメリカの教会で心は日本の心情、といった三つの分裂状況をまず自覚することにある。その際に宗教改革とプロテスタンティズムあるいはドイツとアメリカの比較教会論の視点で言えば、やはり日本の教会はアメリカの教会とその神学、その伝統をもっと勉強した方がいい。

ということは、今まで無視されてきたアングロ・アメリカンの伝統です。これはピューリタニズムから民主主義が生まれる伝統です。現在問題になっている自由とか人格とか人権とかいったものは、ドイツの宗教改革だけではなく、それがイギリスやアメリカに行ってさらに発達したものです。戦後の日本の社会全体はものすごくアメリカ化した。世界でこれだけアメリカ化している社会は他にないと思う。

ところが、神学は依然ドイツ的です。だから教会と社会との間にギャップがある。だからこそ、アングロ・アメリカのキリスト教とは一体何なのか、特にピューリタニズムとは何か、それが生み出した民主主義とか自由とか人権とは何なのかをこれらのことをきちんと研究する必要があると言っているのです。日本が今行き詰まっているのは、日本のいわゆる近代化がキリスト教、特にアングロ・アメリカ的なキリスト教抜きでやってきたところに原因があるのではないだろうか。

これも「日本の将来とキリスト教」の中にありますが、日本の教会は初めアメリカの宣教師の影響でプロテスタント教会が始まったのに、なぜドイツ神学に移ってしまったのか。この辺の研究もしたらいいと思います。これは日本全体の動向と無関係ではありません。

明治十四年に政変がありました。伊藤博文たちは憲法を作るときに、どこの国の憲法をモデルにして作ったらいいか考えた。そして結局、イギリスやアメリカはあまりに民主的だというので、ヨーロッパでは後進国のドイツを日本はモデルにしたのです。それが日本の近代化です。

それで、民主主義とか自由とか人権とかいったイギリス・アメリカで発達したものが日本に根付かなかった。しかし、日本のキリスト教自体にもその責任の一端はあります。たとえば、内村鑑三ですが、日露戦争の時に、非戦論を唱えます。実は、彼はそれまではクロムウェルを非常に尊敬しておりました。ところが、クロムウェルはピューリタン革命のために戦争をしたと言うので、それ以後はピューリタニズムに関心を持たなくなってしまう。そしてイギリスとアメリカのキリスト教に批判的になってしまった。

ところが実は、第一次世界大戦と第二次世界大戦の時に、絶対平和主義者あるいは兵役拒否者が出てきたのが、イギリスとアメリカなのです。六万人から七万人いたのです。これがヴェトナム戦争の時にどんどん広がり、若者が良心的拒否をし、軍隊に行かない。それで、アメリカは戦争をやめざるを得なくなった。それは自由教会だからできたことです。戦前のドイツではできない。それでボンヘッファーのような人はその問題で非常に苦しんだ。結局彼は召集令を受けなくてもいいように、コネを使って陸軍情報部に入った。スパイになった。ところがボンヘッファーが指導していた告白教会の神学校がありますが、その神学生たちも召集令が来ると皆軍隊へ行ってしまう。教会が国教会・州教会ですし、国からの命令だから行くのは当たり前だと思っており、一人の兵役拒否者も出ない。

数年前、ドイツの教会闘争史の研究家の雨宮栄一牧師が『二人の平和主義者の殉教』と言う本を書いた。二人とはボンヘッファーともう一人、ヘルマン・シュテールという人ですが、シカゴ大学で一年間勉強して帰ってきて、戦争が始まったときに、自分はクリスチャンだからといって兵役を拒否したところ、すぐ軍事法廷にかけられ死刑になった。その本の中で雨宮さんはこう言っています。「当時のドイツにおける人権感覚がいかに劣悪なものであったかを示す例である。ドイツ観念論の人たちによって、いかに良心概念が掘り下げられて思考されたかを考えるとき、あの思想は民衆から遊離した大学の講壇のものでしかなかったと考えざるを得ない」。信仰は頭だけでは抽象的で駄目です。頭から体へ、そして心にまでいかなければ駄目です。日本のキリスト教も頭だけではないでしょうか。

東京神学大学学長の松永希久夫さんが書いているのですが、これはにわかに信じがたいことですが、日本のクリスチャンの平均信仰寿命を調べたら、何と二・八年しかない。何十年、五十年、六十年も続けている人もいるのに二・八年とは。洗礼を受けて数カ月で止めてしまう人がいっぱいいるからです。頭だけの信仰理解だからです。だからいつまで経ってもクリスチャン人口が一パーセントに満たないのです。

「日本の将来とキリスト教」の連載の中で、「ドイツ教養市民の影響」について書いたのですが、ドイツのプロテスタントの牧師たち、神学者たちがいかにドイツの十九世紀・二十世紀にかけてのドイツの大学に影響を与えたかを書いたものです。そこでも同じようなことを言っていますが、頭だけの人、インテリと一般大衆との間にギャップができてしまい、ドイツでは本当の民主主義が育たなかった。それでアメリカの教会がどうして民主主義を形成していったか、そのことを研究し、その教育をすること、これが日本の教会あるいは日本のキリスト教大学に与えられている一つの緊急な課題ではないかと私は思います。

これが私の「宗教改革とプロテスタンティズム」というテーマで、特に日本の教会を視座にドイツとアメリカの教会を比較しながら考えてきた一つの結論です。

4　ロジャー・ウィリアムズの評価をめぐって

——宗教改革の国際記念碑について——

スイスのジュネーヴに建っている宗教改革の国際記念碑（Monument International de la Réformation）の写真を初めてみたのは、少年の時家庭で父のアルバムをめくっていたときであったと思う。しかしそれが何であるかは当時は分かっていなかった。それが宗教改革の記念碑であることを知ったのは戦後、神学校に入学してからである。現在の東京神学大学の学長室に今でも掛かっている、細長い写真を見たときであった。しかしそこに立っている十人の群像が、一体誰のものかはカルヴァン以外は知らなかった。

ジュネーヴ大学の近くに建っている実物を初めて見たのは、今から四十三年前のこと、ドイツ留学を終えてアメリカに戻る前に、イタリア旅行に行った途中のことである。その時注目したのは、わが国でも知られている真ん中の四人の群像の両側に、三人ずつの石像が立っていることであった。とくにその中にアメリカ人のロジャー・ウィリアムズの像があったことだった。彼がニューイングランドの初期ピューリタンであったことは知っていたが、なぜこの記念碑にアメリカを代表して立っているかは、よく分からなかった。約十年前にジュネーヴを訪ねたおりに、もう一度彼の像が立っていることを確かめたが、それ以来どうして彼が選ばれているのかを機会があれば調べたいと思っていた。

ところが一九九九年の六月から、聖学院大学大学院のアメリカ・ヨーロッパ文化学研究科で教えるようになった私は、時々、人間福祉学科の中村磐男教授と帰宅の電車に同乗するようになった。そのときに数年前に中村氏がジュネーヴに研究滞在されたことから、記念碑の話になったのである。そして記念碑についての資料をいくつかもっておられると言うので、早速読ませていただいた。以下に記すことは、その資料から分かったことである (Comité du Jubilé Calvinien de 1959, Monument international de la Réformation à Genève, 1959; International Monument of Reformation, 1959; Daniel Buscarlet, Le Mur de Genève, 1965)。

この記念碑の定礎式が行われたのは、カルヴァンの生誕四百年にあたる一九〇九年であったが、完成を見たのは一九一七年である。それまでルターとツウイングリの記念碑はドイツのウォルムスとスイスのチューリッヒにそれぞれ建てられていたが、カルヴァンのはどこにもなかった。それは彼自身がその墓にも自分の名前を刻まないようにと言い残したからであった。ジュネーヴ郊外の共同墓地の片隅にそれこそひっそりとある小さな墓には、ただJ・Cと記されているだけである（『宗教改革著作集』九「カルヴァンとその周辺」I、久米あつみの解題、四〇六頁）。

しかしながら、カルヴァンおよびその同士と後継者たちが命をかけた、神の栄光のため、という運動が彼らの国際的な諸事業を通して広がったという歴史的な事実を記念しようというので、記念碑建立の企画がジュネーヴで始まったのである。この企画は、カルヴァン主義と関係の深い多くの国々で熱烈な支持を受け、スイスはもちろん、フランス、ドイツ、オランダ、イングランド、スコットランド、ハンガリーおよびアメリカの改革派系の諸教会から多額の献金が寄せられたのである。最大の献金はハンガリーの改革教会から送られてきたというが、こうして国際記念碑が建つことになったのである。

国際的な設計競争の結果、ローザンヌの設計グループの四人とパリの二人の彫刻家が選ばれ、ルシアン・ゴティエ教授を委員長、カルヴァン研究家のシャルル・ボルジオ教授を副委員長とする委員会の指導のもとに建設が始まった。記念碑は高さ六メートルで長さ一〇〇メートルの長壁の形状をしているが、ブルゴーニュの石とモンブランの御影石を組み合わせたものである。その壁にはラテン語で大きくPOST TENEBRAS LUXすなわち「闇のあとの光」というジュネーヴ市の標語が刻まれている。そして壁を背にして十人の像が並んでいる。中心部に大きな四人の群像が並んで建っているが、その台座には一五五九と刻まれている。これはこの四人がジュネーヴにたまたま滞在していた年であるが、ジュネーヴ大学の前身であるアカデミーが創立された年でもある。

一番左はフランス生まれのスイスの宗教改革者ギョーム・ファレル（一四八九～一五六五）で、フランスから亡命して匿名でジュネーヴに一時滞在中のカルヴァンを、この市の改革のために滞留することを説得した人である。二番目がカルヴァン（一五〇九～一五六四）であるが、彼だけが開いた聖書を持ち、閉じた聖書を手にしているあとの三人よりは少し前に出ている。三人目もフランス人のテオドール・ド・ベーズ（一五一九～一六〇五）でアカデミーの最初の学長となり、カルヴァンの後継者となった人である。四人目で一番右に立っているのがスコットランドの宗教改革者ジョン・ノックス（一五一三～一五七二）である。あとの三人のフランス人と異なってジュネーヴに長く滞在しなかったが、彼らと親交を結び、帰国後スコットランドを改革派の国とした人である。

この四人の群像の左右に、五メートル以上の間隔で三人ずつ、計六人の像が立っている。これらの人々は神学者あるいは教会人というよりは、改革の原理を社会的また政治的世界に広めた人々というので選ばれた。そのうちにはカルヴァンと同時代の人もいるが、後世の人で十七世紀の末の人も含まれている。再左端はドイツ人でブランデンブルク選挙侯のフリードリヒ・ウィルヘルム（一六二〇～一六八八）である。ルター派とカルヴァン派の和解にもつとめたが、フランスのカルヴァン派のプロテスタントであるユグノーを国内に収容した人である。その右はオランダの独立運動の英雄、ヴィレム（一五三三～一五八四）である。オランダ国民の間では、政治と宗教の自由を獲得した英雄として尊敬されている人であるが、国際的にも信教や思想の自由の国としてのオランダを確立した人である。中心部に近い三番目はフランスの提督でユグノーの指導者であったコリニー（一五一九～一五七二）である。彼自身は聖バルトロマイ祭日の虐殺で殺されたが、二十五年後にナントの勅令によってユグノーにも礼拝の自由が認められたのであった。

右側の三人であるが、再右端はハンガリーのボクスカイ（一五五六～一六〇六）というプロテスタントの英雄である。といってもわが国では全く知られていないが、信仰の独立と良心の自由のために戦い獄死した人である。

右から二人目は、わが国でも知られているイギリスのオリヴァー・クロムウェル（一五九九～一六五八）である。今年はその生誕四百年になるが、ピューリタン革命の指導者である。この記念碑を建てた人たちが、ピューリタニズムを宗教改革の延長線上に見ていたことが明らかな人選と言えよう。

さて三番目、つまり中心部に近い右にいるのが、私が関心を持ったロジャー・ウィリアムズ（一六〇四～一六八五）その人である。彼はイギリスのピューリタンとして、一六三一年にニューイングランドに移住したが、ボストンを中心とするマサチューセッツ植民地のいわゆる神聖政治に反対して、魂と良心の自由を主張し、ロード・アイランド植民地を創設した。彼はアメリカの、いや近代の政教分離と信教の自由の父とも呼ぶべき人物である。その像の右側には、ほかの人々と同じく、関連した歴史的事件を描いたレリーフに、メイフラワー号のピルグリムス・ファーザーズの姿が見られる。

私がなぜウィリアムズの像が立っていることに関心をもったかというと、今世紀初頭のアメリカではまだウィリアムズは今日のように宗教改革の延長線上で、ましては人権の父としては見られていなかったからである。アメリカの思想史家パリントンがウィリアムズを政治哲学者として注目したのは二〇年代の末のことであった(V. I. Parrington, Main Currents In American Thoughts, 2 vols, 1927-30)。それに対して、ウィリアムズをまず教会人として理解せねばならないと主張したのは、リチャード・ニーバーであるが、それは三〇年代の末である(H. Richard Niebuhr, The Kingdom of God in America, 1937)。その結果ペリー・ミラーやエドマンド・モーガンのようなバランスのとれたウィリアムズ評伝が生まれるようになったのである(Perry Miller, Roger Williams, 1953; Edmund Morgan, Roger Williams; The Church and the State, 1967)。さらに六〇年代のあとの状況の中ではジョン・ギャーレットのような宗教文化多元主義者としてのウイリアムズ解釈も出てきている(John Garrett, Roger Williams; Witness Beyond Christendom, 1970)。しかし今回、国際記念碑の資料と最近のカルヴァン研究に目を通しているうちに、少なくとも次の三点が、ウイリアムズがこの記念碑に加えられた理由になったのではないかと考えるに至った。

第一は、ドイツのハイデルベルク大学の教授ゲオルク・イェリネックの『人権宣言論』(Georg Jelinek, Die Erklärung der Menschen-und Bürgerrechte)の初版がすでに一八九五年に出版されていて、ヨーロッパではロジャー・ウィリアムズは知られていたのである。周知のようにイェリネックの書は、フランスのブトミーとの間に論争を巻き起こすのであるが、その主張は次の文章に明らかである。

「個人の持つ、譲り渡すことのできない、生来の神聖な諸権利を法律によって確定せんとする観念は、その淵源からして、政治的なものではなく、宗教的なものである。従来、革命の成せるわざであると考えられていたものは、実は、宗教改革とその闘いの結果なのである。宗教改革の最初の使徒はラ・ファイエットではなくロジャー・ウィリアムズである。彼は力強く、また深い宗教的熱情に駆られて、信仰の自由に基づく国家を建設せんと荒野に移り住むのであり、今日もなおアメリカ人は深甚なる畏敬の念を持ってその名を呼んでいるのである」(初宿正典編訳、『人権宣言論争』、一九九五年、九九頁)。

第二は、これもジュネーヴの市街の坂道のほとりにひっそりと立っている、ミシェル・セルヴェの石碑のことである。セルヴェは『三位一体論の誤謬について』(一五三一)を著して、ジュネーヴ市政府で有罪判決を受け火刑台で処刑された人物である。この事件に果たしたカルヴァンの役割については、これまで賛否両論があった。しかし、この事件から三五〇年後の一九〇三年に、わが国にも有名なカルヴァン研究家エミール・ドウメルグ教授らの提唱によって、贖罪の碑(monument expiatoire)が建立されたのである。そこには次のように記されている。

「われらの偉大な改革者を尊敬し、感謝に満たされている後継者たるわれらは、彼の時代につきものであった誤謬を指弾し、宗教改革と福音そのものの原理たる良心の自由の原則にいっそう固く立つことを決意して、この贖罪の碑を建てる」(『宗教改革著作集』一〇「カルヴァンとその周辺」II、出村彰の解題、pp.307f.)。

第三は、この国際記念碑のためにアメリカにできた委員会のことである。これは募金のみならず、アメリカを代表するウィリアムズの人選にも関わったものと推察される。名誉委員長は当時の合衆国大統領であったセオドール・ルーズヴェルトであるが、委員の中に二人の自由主義神学者が名を連ねている。一人は長老派のウィリアム・アダムス・ブラウンという、ニューヨークのユニオン神学校の組織神学の教授で、エキュメニカル運動の指導者であった。もう一人は会衆派のウィリストン・ウォーカーというイェール大学神学部の教会史の教授であったが、キリスト教における弾圧よりは自由を擁護する歴史家であった。一九〇一年の著書『一〇人のニューイングランドの指導者たち』にはウィリアムズは含まれていないが、一九〇六年の『ジョン・カルヴィン』にはセルヴェの贖罪の碑についての言及がある。おそらくブラウンとウォーカーの二人がウィリアムズを推したのであろう。

いずれにせよ、一九五九年に留学から帰国して以来、ディートリッヒ・ボンヘッファーが「宗教改革なきプロテスタンティズム」と呼んだアメリカ教会を軽視して、私が「プロテスタンタンティズムなき宗教改革」の教会と呼んだドイツ教会を偏重視する、わが国の教会の風潮に対して、「宗教改革とプロテスタンティズム」を主張してきた私にとって、ジュネーヴに建っている宗教改革の国際記念碑は、私のこの主張の正当性を裏付けるものと思われるのである（本書、「ドイツ・アメリカ・日本の比較教会論」二三五―二六二頁参照）。

なお、ウィリアムズについての本格的な研究書がやっと、わが国で出版された。久保田泰夫『ロジャー・ウィリアムズ――ニューイングランドの政教分離と異文化共存』（一九九八年、彩流社）がそれである。著者は山梨大学名誉教授であるが、三十五年以上にわたる綿密な研究成果である。ウィリアムズは初めてアメリカン先住民の言語を学んで辞書を作った人であり、その先住民に対する平等かつ公正な態度が注目されているが、それも詳述している。またウィリアムズを当時のニューイングランドの教会の状況の中で取り上げているのは、大西直樹『ニューイングランドの宗教と社会』（一九九七年、彩流社）である。著者は国際基督教大学の教授であるが、

『ピルグリム・ファーザーズという神話』（一九九八年、講談選書メチエ）を書いているように、現代アメリカの状況にも詳しい。

V

現代におけるキリスト教大学の意義

——大学の神学

1　大学の神学的理念と課題

序　論

　ここにお集まりの方々の大部分は、我が国の大学教育に関わっている方々であり、昨年の文部省の大学設置基準の改定にともなう、大学の改革あるいは変革に深い関心をもち、また深く関わっていることと思う。周知のように、我が国の大学には、我が国特有の諸問題がある（遊んでいても、学生は四年たてば卒業できるとか、研究をしていなくても定年まで教授でいられるとか、など）。しかし、大学の変革と改革が求められているのは、なにも日本だけではない。日本よりは、はるかに長い歴史をもつ、欧米の大学においても同様である。したがって、わが国の大学問題を考えるに当たって、欧米の大学の問題を研究することは有益であろう。殊に、第二次世界大戦後、わが国の新制大学がその見本とした、アメリカの大学のそれを学ぶことは、大変参考になると思われる。幸い、私は昨年九月から十か月間、主としてアメリカの大学の現状と諸問題を研究し、さらに大学の神学（Theology of the University）について考える機会を与えられた。したがって、その研究報告をかねながら、与えられた主題「大学の神学的理念と課題」について、私の考えと意見を述べ、参考にして頂きたいと思う。

一　現代大学の根本問題――真理問題と倫理問題

現代の大学には、多くの問題があるが、根本的には二つの問題、即ち、真理問題と倫理問題に集約されると思われる。この二つの問題は、不可分の、表裏一体を成している問題であるが、二つにわけて問題を見ることにする。

まず真理問題であるが、シカゴ大学のアラン・ブルームは『アメリカン・マインドの終焉』（The Closing of the American Mind, 1987）の冒頭で次のように述べている。「大学教授がこれは絶対に確実だといえることが一つある。大学に入ってくる殆ど全ての学生は、真理は相対的だと信じていること、あるいはそう信じている、と口でいうこと」（p.25）。さらに最後の章でこう言っている。現代の大学の「人文科学の正門には、さまざまな文字と言葉でこう記されている。『真理は存在しない――少なくともここには』（"There is no truth — at least here."）」（p.372）。

つまり、現代の大学は、かつての大学のように、真理があると信じて、その真理を探究しようとする場所ではなくなってきているのである。真理が信じられないところで、倫理の根本問題である「善とは何か?」（What is good?）という問を問う場所も大学になくなってきたのは、ブルームが言うように、当然であろう（p.326）。

このように倫理道徳を研究することも、教育することもしなくなったことが、現代アメリカの高等教育における欠陥であり、それらを復興することが緊急かつ最大の課題である、と長年主張しつづけてきたのは、ハーバード大学の前学長であったデレク・ボークである（Universities and The Future of America, 1990）。彼によれば、アメリカの大学および大学院は、確かに最高の知識を学生たちに与えてはいるが、その知識を責任をもって、社会と世界のために用いようとする、道徳的、倫理的教育をしていない。とくに、最近新しい倫理を必要としている、医学、法律、行政、ビジネスなどの専門家を養成している大学院において、倫理教育がなされていないために、アメリカの各界において非倫理的、反道徳的な事件が多く起きている。さらに、最近学生の間にカンニングが広がっているが、それを習慣にしている学生が、卒業して、正直なビジネスマンや政治家になることが期待できるであろうか。

しかし、アメリカの大学における真理問題と倫理問題は、ただ学生とその教育に限られない。大学経営のために、大学は多くの財源を政府や企業や財団に求めているが、最近財政に関わるスキャンダルで辞任した学長がすくなくない。いまや大学は企業化し、研究までが真理ではなく、実利、功利あるいは名誉心を追求するものになっている。研究論文の剽窃、盗作、データのねつ造などが絶えずおこっている。大学自体の倫理、あるいは教授の研究倫理が問われているのである。『道徳、責任および大学』と題する「学問倫理の研究」が出版されているゆえんである（Morality, Responsibility and the University, Studies in Academic Ethics, 1990, ed. by Steven M. Cahn）。したがって、真理問題と倫理問題とは、現代大学の根本問題といわねばならない。

二　「大学の理念」

それゆえに、そもそも大学とは何なのか、何をするところなのか、ということがあらためて問われているのである。伝統的にこのことを論じてきたのは「大学の理念」論であるが、その殆どは、哲学者によって書かれたものである。現代にかぎっても、シュプランガー、ヤスパース、オルテガ、高坂正顕など哲学者の名があげられる。しかし、現代大学の根本問題は、実は現代哲学とその思想から由来したものではないだろうか。ブルームは歴史主義、価値相対主義、特にニーチェからハイデッガーに至るニヒリズムを批判しているが、それらに代る哲学が大学の理念のためにも求められているのではないか。

ここにおいて、ナチスによって大学を追われたアインシュタインが、期待していたドイツの大学ではなく、期待もしていなかった教会から、ナチスにたいする抵抗運動が起こったことを感銘深く語っていたことが思い出される。ハイデッガーのフライブルク大学学長就任演説「ドイツ大学の自己主張」（一九三三）とバルトたちの「バーメン神学的宣言」（一九三四）に象徴される哲学と神学の違いである。神学は、現代大学の根本問題にたいしても、哲学とは異なった答えを出すべきだし、また出せるのではないだろうか。

私の知るかぎり、しかしながら、これまで神学者で大学の問題を、自覚的あるいは意識的に神学から論じたものは殆どみあたらない。神学者による大学論はある。例えばシュライエルマッハーの『ドイツ的意味での大学についての随想』（Gelegentliche Gedanken über Universitäten in deutschem Sinn, 1808）は、フィヒテのそれと並ぶドイツの有名な大学論である。けれども、この大学論は哲学的であって、神学的ではまったくない。そもそもシュライエルマッハーによれば、神学部は法学部と医学部とともに、職業専門学校であって、本来の大学とは哲学部だけだからである。「哲学部は……事実上他の全ての学部の女王である」(邦訳、五七頁)。ちなみに真理と倫理について次のように言っている。「真理を探究しているもの以外のものは大学の一員となるべきではないのだが、そのような真の真理探究者というものは、自ら道徳的で高潔なものである」(八三頁)。しかし彼の大学論は非神学的である。

「大学理念」と言えば、誰もが思い出すのはニューマンの『大学の理念』(The Idea of a University, 1852) であろう。これは古典的な大学論といわれているが、アイルランドにカトリック大学を創設するに当たって神学者が展開した大学論である。しかしながら、その大学論も決して神学的とは言えない。もちろん神学について論じているが、それはなぜ大学に神学が存在するのかという議論においてである。「私が建設しようとしている大学は、正にその名のごとく、普遍的な知識 (universal knowledge) を教えることを公言する。神学は確かに知識の一部門である。それならば教えることから神学を排除して、いかにして大学が知識の全部門を教えていると公言することができるであろうか」(pp.14f.)。もっともニューマンにとって神学は知識の一つだけではない。「宗教的真理は一般的知識の一部分であるだけではなく、一般的知識の条件である」(pp.52f.)。しかし「神学なき大学教育はまったく非哲学的である」(pp.31f.) といっているように、その大学の理念は神学的ではなく、哲学的である。

最近、エール大学のヤロスラフ・ペリカンが『大学の理念、再考』(The Idea of the University, A Reexamination, 1992) を出版した。著者は教会史を専門とする神学者であるが、この大学論も全く神学的ではない。それは彼が、それに基づいて現代大学論を展開している、ニューマンの『大学の理念』自体がもともと神学的ではないからである。もっとも、ペリカンもニューマンと同じく、博識な碩学であるから、教えられるところの少なくない、有益な現代大学論であることはいうまでもない。

三 「大学の神学的理念」

以上のように、これまでの大学の理念論は、たとえ神学者によって著わされたものであっても、哲学的ないしは一般的であって、神学的とは言えない。わたしの知るかぎり、大学の神学的理念の形成を試みた最初の神学者は、W・A・ブラウンである。彼はニューヨークのユニオン神学校の組織神学の教授であったが、母校エール大学の理事であり大学行政の経験もある神学者であった。

一九三六年、シカゴ大学の学長ハッチンスが『アメリカにおける高等学習』(The Higher Learning in America, 1936) と題する書物を著わした。そのなかでハッチンスは学問の専門化と知識の断片化が進む大学において、その統合原理 (the unifying principle) の必要を力説し、それを提供できるのは形而上学であると主張したのである。これにたいして友人のブラウンは『大学における神学の論拠』(The Case for Theology in the University, 1936) でつぎのように反論した。形而上学は大学の統合原理としては、余りに抽象的である。ギリシャの形而上学が教会と結び付くことによって、学問として存続し得たように、大学の統合原理としても、神学からはなれては無力である。いや神学こそは大学の統合原理とならねばならない。しかしその神学は、教派的ではなく、エキュメニカルな神学でなければならない、という主張は当時としては新しい議論であったが、全体としては示唆にとどまっていて、それ以上の展開はしていない。またまもなく戦争になったために、この議論もさらに発展することはなかった。

「大学の神学的理念」という言葉を使った最初の神学者は、おそらくエール大学のH・R・ニーバーであろう。その『徹底的唯一神主義と西洋文化』(Radical Monotheism and Western Culture, 1960)の付録論文に「大学における神学」という論文がある。この論文はもと「神学――女王ではなくしもべ」と題して一九五五年に発表されたものである。このなかに「大学の神学的理念」(the theological idea of a university)という用語と概念が出てくる。周知のように民主主義社会を基礎づけるのは、ニーバーによれば、相対主義的な多元主義をうみだす多神信仰でも、また絶対主義的な一元主義をうみだす単一神信仰でもない、徹底的唯一神信仰である。それと同じように、このような民主主義社会における大学を基礎づけるのが「大学の神学的理念」にほかならない。この神学的理念による大学の特徴としてあげられているのは以下の六点である。

1　このような大学は、教会、国家その他の共同体や制度と併存しつつ、そのどれにも従属することなく、研究と教育という特別な義務の遂行において超越者にたいして直接責任をもつ。

2　このような大学は、個人的、社会的利己主義に由来する偏見、欺瞞、虚偽は、究極的には、厳密かつ誠実な学問研究には勝利しないことを確信する。

3　このような大学は、知性と道徳的善を分離せず、神における全真理にたいする知的愛と、神における全真理の統一にたいする知的確信、さらに神における全真理において無知と過ちと偽りからの救済があるという知的希望を持つ。

4　このような大学では、徹底的唯一神信仰のゆえに、様々な学科、学部、方法は、相互制約と創造的論争を含む、相互奉仕によってお互いに関わりあい、結びつけられる。

5　このような大学は、神のごとく振る舞おうとするのは人間に普遍的な本性であるという共通の認識があるがゆえに、神学至上主義のみならず、いかなる学問の正統主義化も認めず、アイロニーとユーモアをもって相互批判することができる。

6　このような大学では、神学は支配する女王ではなく、学問と研究の仲間たちの間で仕えられるためではなく、仕えるためにしもべおよびはしためとして入っていき、大学を再建し、再編成する。

以上がニーバーの「大学の神学的理念」である。簡潔にして要を得た主張ではあるが、改題されたように「大学における神学」にとどまっている。それに彼自身まもなくして亡くなったこともあって、その後の継承発展は見られなかった。

四　キリスト教大学の衰退

しかし、その後「大学の神学的理念」の発展がなくなった最大の理由は、六〇年代の大学紛争を含むアメリカ社会と教会の大変動である。一言でいうと、この大変動によって、価値の相対主義と文化の多元主義が支配的になった、といっていいであろう。したがって、初めにみたように、大学で真理問題や倫理問題を取り上げて、研究したり、教育することをしなくなってしまったのである。

このような状況のなかで顕著になってきたのが、大学の世俗化、特にキリスト教大学の衰退である。周知のように、アメリカの大学は「教会の子」といわれるように、その多くは教会とその関係者によって創立されたものであった。それゆえに十九世紀の末まで、殆どの学長は牧師であったし、教授陣の大多数も牧師であったのである。しかし二十世紀になると、大学の量的拡大と質的向上にともなって、非宗教化、非キリスト教化が始まり、学長も宗教と無関係に選ばれるようになった。けれども世俗化が決定的になったのは、六〇年代後半である。それ以後チャペル出席や、聖書と宗教の科目はほとんどすべて自由選択となった。このような現象は、大きな大学(university)に限られない。いわゆる「教会関係大学」(church related college)でも同様である。他方、教会もかつてのように教会関係大学を財政的に支援する余裕はないし、大学問題に無関心になっていった。

たしかに大学の世俗化の大きな原因は、財政問題にある。ますます肥大化する大学経営のために、大学は連邦政府、州政府、財団や企業からの援助を必要とし、その援助を受けるために、一宗教に偏らないこと(nonsectarian)が求められ、非宗教化が進んだことは事実である。しかしながら、大学の世俗化の最大の原因は、教会自身が大学に対する関心と責任感を失い、もはやキリスト教大学の理念も理想も持ち合わせていないからだ、と憂慮している神学者や教育者がいる。『大学の世俗化』(The Secularization of the Academy, 1992)の編者であるデューク大学のマーズデンをはじめとするその執筆者たちがそれである。

いわゆる大学の世俗化は、しかしながら、プロテスタントだけではなくカトリック大学にまで及んでいる現象である。プロテスタントの世俗化は二十世紀の前半に、カトリックのそれは後半に始まったといわれているが、後者も前者とほぼ同じ道をたどっている。やはり大学の経営拡大と、財政援助や研究費を政府などから受けるためである。そのために、カトリック大学ということも言わなくなり、そのカリキュラムにおいても、出来るだけ宗教色をなくそうとしている。「キリスト教大学の衰退と没落」(The Decline and Fall of the Christian College, 1991, by J. T. Burtchaell) という論文をカトリックの神学者が書いているほどである。二年前の一九九〇年、教皇ヨハネ・パウロ二世は『カトリック大学憲章』(Constitutio Apostolica de universistatibus Catholicis: Ex corde ecclesiae, 1990, 8.15) を公表したが、それはカトリック大学にまで及んできている、大学の世俗化を憂慮したからであろう。「カトリック大学は、そのカトリック性のゆえに、研究、教授その他すべての活動をカトリックの理想・原理・態度に基づいて行なう」べきことをあらためて強調している所以である (邦訳、二五頁)。

ここにおいて、現代のキリスト教大学も、プロテスタントとカトリックともに、大学とは何であるのか、という根本問題に直面しているのであり、その間に神学的に答えることが求められているのである。

五 「大学における神学」から「大学の神学」へ

しかし現代の大学の混迷状況と、キリスト教大学の世俗化を目のあたりにするとき、「大学の理念」はいうまでもなく、「大学の神学的理念」でも不十分ではないかと思わされる。「大学の神学的理念」について論じた前述のニーバーの論文が「大学における神学」と改題されたのは偶然ではない。それは大学そのものを神学的に基礎づけようというよりは、大学における神学の意味と意義について論じたものであったからである。その点では、ニューマンの『大学の理念』と同様である。最近『神学と大学』(Theology and the University, ed. by D. Griffin, 1991) と題する論文集が出版された。しかしその主題も、大学における神学の位置についての議論であって、特に現代大学においてなお神学が存在することの正当化の議論、つまり弁護論に過ぎない。

しかし現代の大学が必要としているのは、大学における神学の存在理由ではなく、むしろ大学そのものの存在理由、そして神学に基づく大学そのものの存在理由ではなかろうか。ブルームが言っているように、現代の大学が大学に関する思想がないために、学生たちの魂を貧困にし、民主主義の教育に失敗しているのが事実であるとすれば、なおさらである。ここにおいて、大学とは何であり、また何であるべきかを神学的に問い、さらに大学を神学的に基礎づける、「大学の神学」(Theology of the University) が求められていると思うのである(「大学の神学」の「の」は属格的ではなく、対格的な「の」である)。そして、このような大学の神学は、現代の大学に対する大学批判として、さらに将来あるべき大学を目指す大学形成としての大学の神学となるであろう。

実はこのような大学の神学を目指す試みがすでに始まっているのは、私の知るかぎりこの日本においてである。キリスト教大学のキリスト教的基礎づけと神学的基礎づけの試みは以前から行なわれてきている(松川成夫「日本における『教育と神学』の系譜と課題」、『人間の教育』第五号、一九八九、参照。最近のものでは、学校伝道研究会の紀要「キャンパス　ミニストリー」に収録の小島一郎「キリスト教大学の神学的基礎づけ試論」一九九一)。しかし、大学の神学的基礎づけとしての「大学の神学」を初めて公に提唱したのは東京神学大学の近藤勝彦であろう。私の「大学の神学」がシリーズとして雑誌に連載され始めたのは、一九九一年の一月からであるが、近藤は一九九〇年の九月に行なった「キリスト教大学の学問と教育」という講演のなかで次のように言っている。

「キリスト教大学は、真理の研究と教育、その共同体的遂行についてのキリスト教的根拠に基づき、その思想的把握によって、ただにキリスト教大学の根拠を示すだけでなく、およそ大学というものの成立の基盤を明らかにすることができるはずです」。

「大学はそこで、この大学の思想、あるいは大学の信念をもっと自覚的に意識し、掘り下げ、確認していかなければならないと思います。そしてそれは、人生観や世界観から、形而上学、さらに宗教的根本認識にいたり神観にいたります。これを明らかにするのは、『大学の神学』です。それによって、大学成立の歴史とともに、大学成立の論理が明らかにされなくてはならないと思います」（以上、倉松功・近藤勝彦『キリスト教大学の新しい挑戦』聖学院大学出版会、九六頁以下）。

近藤が示唆しているように、このような「大学の神学」は「教育の神学」、「学問の神学」さらには「文明の神学」までをも含む大掛かりなものになるであろう。その形成のためには、神学の各学科におけるそれぞれの研究とその協力が必要である。具体的には、この日本キリスト教学会のようなところでの学会員相互の批判検討と、一九八八年設立の日本キリスト教教育学会との協力が望まれる。さらに、神学とほかの諸学問との学際的な対話も不可欠であろう。

六　三一論的「大学の神学」

そのような批判検討と対話のきっかけとなることを願って、私自身の「大学の神学」の基本的構想である三一論的な大学の神学について述べる（図表参照）。

神	父	創造論	自然	自然科学	自然教育
	子	和解論	人間	人文科学	人間教育
	霊	救済論	社会	社会科学	社会教育

神学は神についての知識（Science of God）であるが、キリスト教神学の対象である神は、三位一体の神である。すなわち、父、子、聖霊なる神である。そして教義学においてはそれぞれ、創造者、和解者、救済者なる神として理解され、それぞれの業についての教理、すなわち、創造論、和解論、救済論（doctrine of creation, reconciliation, redemption）が論ぜられてきた。

ところがこの三つの教理は、実は大学における研究と教育の三大分野、すなわち、自然科学、人文科学、社会科学にそれぞれ対応する関係にある。創造論はもちろん人間も含むが、人間がそのなかで創造された自然の創造が、その中心をしめる。他方、自然科学（natural science）は、自然を研究の対象としている学問である。したがって、神学の創造論は自然科学と密接な関係にあり、自然科学のみならず、自然そのものの意味と目的を明らかにするであろう。

和解論の中心は、神に創造されたが、罪に堕ちた人間の救いのために受肉し人間となったイエス・キリストである。それゆえに、その神学的人間論は人間を研究の対象とする人文科学（human science）と密接な関係にあるばかりか、人文科学のみならず、人間そのものおよび人生の意味と目的を明らかにするであろう。

救済論は教会とその宣教をとおして人類世界にきたる神の国についての教理である。したがって、救済論は人間の社会と歴史とに深く関わる教理である。他方、社会科学（social science）は人間社会を研究の対象とする学問である。それゆえに、救済論は、社会科学と密接な関係にあり、歴史に含む社会科学のみならず、文化と歴史の意味と目的を明らかにするであろう（神学と自然科学との関係と対話についてはThomas F. Torrance, The Christian Frame of Mind, 1987. 神学と人文科学および社会科学との関係と対話についてはWolfhart Pannenberg, Wissenschaftstheorie und Theologie, 1973; Anthropologie in theoloischer Perspektive, 1983を参照）。

さらに、神学における三つの教理が、区別して論じえても、分離できないように、大学における三つの科学も、区別はあっても、分離することはできない関係にある。ここに、大学における一般教育（general education）の根拠と意味があるといえよう。創造論において、自然と人間が密接な関係にあるように、自然科学と人文科学は不可分離の関係にある。同様の関係は、人文科学と社会科学、また社会科学と自然科学との間にも存在する。

次に、大学における科学が神学に基礎づけられるとき、その研究はただの研究だけで終らず、教育にまでいかざるをえなくなる。例えば、自然科学は、ただあるがままの自然を記述するだけではなく、自然のあるべき規範を探究し、そのために人間と社会はどうあるべきか、何をなすべきかという環境倫理を含む、自然教育（natural education）にまで至るであろう。このような教育は、現代のように人間が、いや科学と技術が自然を破壊しているとき、自然科学にかかわる学者の避けることのできない責任と課題である。

同様のことは人文科学と社会科学においても当てはまる。そこにおいても、ただ人間性とは何か、社会の構造仕組みはどうなっているか、というわゆる価値中立的な研究だけではなく、どうしたら、またどのような状態が、より人間らしく、またより人間的な社会であるか、という倫理と価値（人権、自由、正義、平和など）を探究する、人間教育（human education）と社会教育（social education）も行なわれるであろう。

それゆえに、三一論的な大学の神学に基づいた大学にあっては、真理問題と倫理問題は、その研究と教育において、中心的な関心事であり、またたえず探究すべき課題なのである。それゆえにまた、そこにおいては、研究と教育の関係も、区別はあっても決して分離されることはないであろう。真理を離れて倫理がないように、倫理と無関係な真理もありえない。研究なくして教育ができないように、教育と無関係な研究もありえない。単なる研究所と異なって、青少年を「人間らしい人間」に教育する場としての大学においては、両者は不可分である。したがって、大学が三一論的な大学の神学によって基礎づけられ、形成されるとき、その大学はもっとも「大学らしい大学」、即ち研究と教育を行なう大学となるであろう。

七　日本のキリスト教大学の使命と課題

いうまでもなく、このような大学の神学に基づいて、大学を直接に形成することができる大学は、国公立ではなく私立の、しかもキリスト教大学である。しかしながら、既に述べたように、いわゆるキリスト教国であるアメリカでは、キリスト教大学は衰退しつつあるのが実情である。のちにアメリカの大統領になったウィルソンは、二十世紀の初めにプリンストン大学の学長になった最初の信徒であるが、小さなカレジを優れたユニバーシティに改革した名学長であった。しかし学長をやめたとき、次のように述べている。「私はプリンストンを宗教の支配（dominance of religion）から自由にしようとしたが、気がついてみたら富の支配（dominance of wealth）

におかれていた」。これは、現在のアメリカの大学を預言したようなきわめて象徴的な言葉である。

今日、キリスト教大学を切実に求めているのは、つい最近まで共産主義国であった、旧ソ連と東ヨーロッパの諸国である。キリスト教を拒否して、無神論とマルクス主義を絶対化した、それらの大学には学問の自由も、思想の自由もなく、真理の探究もできなかったからである。神学部においてさえ、教授と学生が、教授同士が、シュタージ、つまり秘密警察に密告するということが常におこなわれていたからである。その痛い経験と深い反省から、現にルーマニアやハンガリーではキリスト教大学の設立運動が始まっている。他方、歴史はまだ短いけれどもキリスト教大学の需要が大きく、この増加拡充が進んでいるのはインドネシアやタイなどのアジア諸国である。これはまことにアイロニーであるが、今日、キリスト教大学が衰退しつつあるのは、いわゆるキリスト教国であり、逆にキリスト教大学が発展しつつあるのは非キリスト教国なのである。

ここにおいて、非キリスト教国でありながら、そのなかにあって百年以上の歴史をもつ、日本のキリスト教大学の持つ使命と責任と課題は重大といわねばならない。アメリカのキリスト教大学の轍を踏んで、世俗化の道を歩むか、それとも逆にアメリカのモデルとなるようなキリスト教大学の形成に向かって進むか、の岐路に立っているからである。幸い、我々のなかには依然として大学の理念、大学の神学的理念のみならず、大学の神学をも形成しようとする理想と使命感がある。

これは、日本の教会がまだ「若い教会」であり、その歴史も短く、経験も浅く、ナイーブであるからかもしれない。我が国ではじめて「キリスト教」をその学校名に明記した、国際基督教大学（International Christian University）の創設が決定されたのは、一九四九年のことであった。ところがこの年、イギリスではウォルター・モバリーの『大学における危機』（Walter Moberly, The Crisis in the University, 1949）が出版されている。そのなかでキリスト教大学なるものは、もはや現実的のみならず、理念的にも追求さるべきものではない、と公言されているからである。しかし、これはキリスト者が多数派である、いわゆる「キリスト教国」における「古いキリスト教大学」、即ち古い教会の他律的支配とその伝統のゆえである。ところが幸か不幸か、わが国は「非キリスト教国」であって、キリスト者は少数派であり、まさにモバリーの提唱している「創造的少数派」(a creative minority) であろうとしているグループである。それゆえにヨーロッパやアメリカとは逆に、新たにキリスト教大学を創立したのであった。

しかもＩＣＵの創設にはエーミル・ブルンナーのようなヨーロッパの神学者も参画している。彼はもちろんモバリーの反キリスト教大学論を承知のうえで来日したのであった。注目すべきは、ブルンナーは、自分で繰り返し語っていたように、大学人であると同時に宣教師としてＩＣＵの創立に関わったことである (Emil Brunner, "The Christian University and Its Importance for Japan." 1955)。おそらく、キリスト教大学とは、「非キリスト教国」あるいは「ミッション・ランド」といわれる国あるいは社会においてのみ、現実的にも理念的にも、可能性と必然性を持つものなのであろう。ちょうど日本にはキリスト教学会はあるが、アメリカには宗教学会しかないのと同じである。したがって、非キリスト教化されつつあるヨーロッパやアメリカにおいて、これからあらためてキリスト教大学の重要性が再認識され、その実現化のための模索がはじまり、探究がおこるかも知れない。

幸いにして、既に我々の間で始まっているこの模索と探究は、我が国の大学教育の現状をみるとき、さらにまたアジア諸国民に対する日本人の責任と課題を思うとき、その必要性と緊急性の度はますます強められることはあっても、弱まることはないであろう。そしてキリスト教大学の神学、および大学の神学を形成することは、ただ日本とアジアだけではなく、全世界のいずこにあっても、教会と神学がになわなければならない、現代文明と社会にたいする緊急かつ重大な責任と課題である。なぜなら大学こそは現代世俗社会の「教会」になっているからである（Bellah et al.,The Good Society, 1991）。

2　キリスト教大学の現代世界における意義

一

二十一世紀まであと数年であるが、既にキリスト教および世界の新しい時代は始まっているように思われる。このような世界的なキリスト教の会議が見える形ではっきりと示しているように、今日、西洋世界よりも非西洋世界に、より多くのキリスト者が存在しているのである。つまり、いまや、世界のキリスト者人口の半分以上は、非キリスト教世界と呼ばれてきた世界に生きているのである。

キリスト教は近東に生れた。しかしそれは西に拡がり、西洋の人々が先にキリスト者となったのである。それからキリスト教は十九世紀になってから、西洋からの宣教師によって、東洋世界に拡がり始めた。かくして東洋の人々は後でキリスト者となったのである。

けれども、東洋のキリスト者の数は増大しているのに、最近西洋のキリスト者の数は減少しつつある。私が案じているのは、このような傾向は量においてのみならず、質においても見られるのではないかということである。若い教会は成熟しそして強くなってきているというのに、いわゆる古い教会は疲れそして衰弱してきているのではないか。

したがって、西洋のキリスト者および教会を、東洋のキリスト者および教会と比較するとき、イエスが「ぶどう園の労働者」のたとえの最後で言われた、次の言葉を思い出さずにはおれないのである。「このように、後にいるものが先になり、先にいるものが後になる」(マタイ二〇・一六)。

特に、西洋と東洋のキリスト教大学を比較するとき、どちらが先でどちらが後なのか、首をかしげざるをえなくなるのである。

二

例えば、日本におけるキリスト教大学の殆どは、アメリカからの宣教師によって、あるいはその援助を受けて創立されたものであり、アメリカのキリスト教大学がそのモデルであった。

ところが、もと教会によって創立された、アメリカの大学に最近おこっていることをみていると、われわれは心穏やかではおれない。そして、これまでのようにそれをモデルと見なしてよいのだろうか、といぶかざるを得ないのである。

約百年前、メイン州のある小さな、教会と無関係の大学の学長はつぎのように言ったという。「教会立の学校はほとんどが顕著に成功する。教会立の単科大学はたいていが顕著に失敗する。教会立の総合大学とは言葉の矛盾である」[1]。

現在、アメリカの大学に進行中のことというのは、この学長の断言が正しかったということを証明しているのであろうか。

カリフォルニア大学の総長であった、クラーク・カーが次のように誇らしげに書いたのは、根拠のないことではなかった。

「アメリカの研究助成金を受けている大学は、巨大な知的成功を収めた。特に科学においてはそうだった。一九五〇年以来、ノーベル賞およびフィールズ賞（数学）の五五％は、アメリカ在住の学者たちに与えられている。そして一九九〇年現在、アメリカには十八万人の大学院生が外国からきており、まさに大学院研究の世界の中心になっている」[2]。

しかしながら、この巨大な成功は、代価なしではなかった。カー自身が認めているように、最大の代価の一つは、学部学生の教育を無視したことである。教授たちは教育よりも、研究に没頭したからである。

それで、カーはジョン・ヘンリー・ニューマンがその『大学の理念』（一八五二）のなかで言った次の言葉を、正当にも思い出したのであった。

「もし大学の目的が科学的、哲学的な発見にあるのであれば、大学になぜ学生が居なければならないのか、私にはわからない」[3]。

もう一つの重大な代価は、キリスト教大学の世俗化ではなかろうか。連邦政府やそのほかから研究費を受けるためには、無宗教でなければならない、というので、もとキリスト教大学として創立された大学が、次から次と、キリスト教のアイデンティティをなくしてしまったからである。先ず、「メソディスト」あるいは「プレスビテリアン」という教派性、次に「プロテスタント」あるいは「カトリック」という教会性、そして最後に「キリスト教」という宗教性までも、はずしてしまったからである。

このようにして、『学園の世俗化』（一九九二）が報告しているように、かつて一世紀前には、キリスト教はアメリカの高等教育における指導的な力であったのに、今日では、よくてその周辺的な企画としてやっと存在をゆるされているか、あるいはしばしば全く排除されてしまっているのである。(4)

アラン・ブルームが『アメリカン・マインドの終焉』（一九八七）を書いたとき、彼が学生のマインドだけではなく、学生の魂にも関心を寄せていたことは、その副題に示されている。「いかに高等教育は今日の学生の魂を貧困にしてしまったか」。けれども大学において、魂が貧困になっているのは学生だけではない。(5)

ジョージ・マーズデンの『アメリカの大学の魂』（一九九四）は、もとキリスト教大学として創立された大学の、その魂が失われてしまったことを、明らかに示している。もっと具体的に言うと、その副題「プロテスタントの確立から確立された無信仰へ」が示すように、宗教は大学の構内から追放され、いまやあったとしてもきわめて少しの宗教教育と関心しか、残っていないのが実情である。(6)

今なお、キリスト教大学という名にふさわしい、またそのために努力をしている、プロテスタント系の教授と関係のある大学がいくつかあることを、知らないわけではない。けれども、今日のアメリカに、もともとはキリスト者と教会とによって創立されたのに、今ではキリスト教ということを鮮明にしている大学がきわめて少ないということは、私達にとっては気懸りなことであり、また気落ちさせられることである。

今日のアメリカでは「キリスト者」という名前が、ファンダメンタリストあるいは右翼、または反知性的なキリスト者のグループを指す意味で用いられていることは、きわめて不幸といわねばならない。

三

とにかく、いわゆるキリスト教国と呼ばれている国に、みずからキリスト教大学と呼ぶ大学がきわめて少ないのに、日本のような、キリスト者が人口の一％以下の、いわゆる非キリスト教国には、キリスト教大学になろうと努力している多くの大学がある、ということはアイロニー、いや大きなアイロニーではないだろうか。

これは、アメリカの教会とキリスト者がより古く、そしてより成熟しているのに、日本の教会とキリスト者はまだ若くそして単純だからなのだろうか。

それとも、アメリカが今やっと世俗化された多元主義的な、ポスト・キリスト教国になりつつあるのに、日本は既に数世紀にわたって、世俗化された多元主義的な、非キリスト教国だったからであろうか。

どっちが先で、どっちが後なのだろうか。

アメリカやヨーロッパの大学とは違って、日本の殆どの大学は、いかなる宗教的な背景も持たない、世俗的な大学として創立されたので、宗教教育は全然おこなわれてはいない。

第二次世界大戦後、日本の大学はアメリカの大学をモデルとして拡大し、アメリカで「研究大学」あるいは「マルチヴァーシティ」と呼んでいるものになった。初めから、宗教的な背景はないのであるから、日本の大学はアメリカの大学よりももっと世俗化された大学である。

日本人に彼らの宗教について尋ねると、その七〇％は「無宗教」と答える。高等教育を受けた人々の殆ども、同じように答える。

このような徹底した世俗的な高等教育の一つの症状が、例のオウム真理教にほかならない。この宗教は、毒ガスで数千人の市民を殺そうとした、犯罪的な宗教であるが、この宗教の幹部たちのなかには、日本の高等教育を受けたエリートたちが、多くいたからである。

彼らは、エリート研究大学の大学院の卒業生である。なぜこのように高度の教育を受けた専門家たち、科学者、技術者、技師、医者、弁護士たちが、犯罪的な宗教の信者になったのであろうか。

東京大学の解剖学教授の養老孟司は、このことについて、「真の哲学と宗教を教えぬ公教育の罪」と題する新聞にのった小論で、次のような解説をしている。

「公教育では宗教と哲学を教えない。……その対象を古人は真理と呼んだ。今では学問は細分化、技術化され、専門家すらそれの追及を口にしない。だからオウム『真理』教がその言葉を盗み、若者がニセのそれに捕らわれたのである」[7]。

経済学者で、東京女子大学の学長になった、隅谷三喜男は、その著書『大学はバベルの塔か』(一九八一)のなかで次のように、はっきり書いている。

「私は、そもそも学問は真理を探究しなくなっているとさえ考えております。少なくとも経済学は真理の探究を致しておりません」[8]。

これはアラン・ブルームがそのベスト・セラーの書物のなかで、真理に関して言ったことを思い起こさせる。

「大学教授がこれは絶対に確実だと言えることが一つある。大学に入ってくるほとんどすべての学生は、真理は相対的だと信じていること、あるいはそう信じていると言うこと」[9]。

「人文学科の正門には、いろいろの文字と言葉でこう記されている。『真理は存在しない——少なくともここには』」[10]。

これが今日の大学である。アメリカであれ、日本であれ、何処であれ。学問がもはや真理を追求しなくなったときに、大学が宗教に関心を持たなくなった、ということははたして偶然の一致であろうか。今日の大学において、「善とは何か」という倫理の問題を追及する余地が、ほとんど無いのは、真理を探究しなくなったことの、不可避的な結果であるように思われる。ハーバード大学の前学長であったデレク・ボクが、アメリカの大学における道徳教育の再生に深い関心を示したゆえんである[11]。

しかしながら、大学において倫理を必要としているのは、何も学生だけではない。教授も、職員も、行政者も、そして理事者たちも、すべてが倫理的な問題に直面しているのである。いや、大学それ自体が、一つの倫理問題なのである。なぜなら現代の大学はもはや宗教や倫理を教えず、宗教と倫理なしの専門家を訓練しているからである。現代の大学、ことに研究中心の大学は、マックス・ウェーバーがいみじくも言った「精神のない専門人、心情のない享楽人」を訓練しているのではないだろうか[12]。

四

われわれはこの二十世紀のなかで、大学が耐え忍ばねばならなかった二つの悲劇的な経験を、ゆめ忘れてはならない。

一つは、ナチズム支配下のドイツの大学、ファシズム治下のイタリアの大学、そして国家神道のなかの日本の大学などの、超国家主義のもとにおける大学の経験である。

二つ目は、旧ソビエト・ロシアや東ヨーロッパ諸国の大学などの、共産主義のもとにおける経験である。両方とも、キリスト教と真理を教える自由は、大学にはなかった。つまり、そこには誤っているイデオロギーや擬似宗教を批判したり、抵抗したりする自由もなかったのである。したがって、両方とも、大学は国家または政党、あるいはその二つが結合したものの、奴隷でしかなかった。

イエスは言われた。「わたしの言葉にとどまるならば、あなたたちは本当にわたしの弟子である。あなたたちは真理を知り、真理はあなたたちを自由にする」（ヨハネ八・三一―三二）。しかし、われわれが真理を信じなければ、われわれは奴隷に留まってしまうのである。

われわれはこの教訓を大きな代価を払って学んだのであった。文字通り何百万という人々の生命の犠牲があったのである。それなのに、なぜわれわれはイエス・キリストの教えと真理という、キリスト教大学であることの自由と責任、そして特権であるところのものを、放棄しようとしているのであろうか。

過去において、大学はみな、特にキリスト教大学は、全体主義的な国家によって、その特権を放棄することを強要された。しかし、現在、なぜ自由の国々にあるキリスト教大学が、国家や政党からの強制がないのに、この特権を自ら放棄しようとしているのであろうか。

私の願いは、この場合にカール・マルクスの濫用された次の格言が、やはり正しかった、ということにならないことである。即ち「歴史は繰り返す、最初は悲劇として、二度目は笑劇として」。

確かに、これはアイロニーである。非キリスト教国と前共産主義国には、キリスト教大学に対する大きな要望と需要があるというのに、自由な国々のキリスト教大学が、そのキリスト教性を自ら放棄しようとしているからである。

前者の要望と需要に応答すべく、ニューヨークにあるアジア・キリスト教高等教育合同理事会は、大変な努力をして募金をしているというのにである。

五

今世紀の初めに、マハトマ・ガンジーは、イエスの言葉を念頭に、次のような観察をしている。「今日のヨーロッパがキリスト教的だというのは名だけである。実際には、それはマモンを崇拝している」[13]。もしガンジーが今世紀の終りの世界を見たらば、彼はきっと言ったにちがいない。「全世界が神ではなく、マモンを崇拝している」と。

神ではなくマモンに仕えることとは、近代の大学教育から始まったことだ、といったら言いすぎであろうか。今世紀の初めに、ウッドロー・ウィルソンは彼の大学を、宗教の支配から解放しようと試みたのであるが、のちに彼が述懐しているように、結果的には、彼のしたことは、その教会と関係の深かった大学を、富の支配のもとに置き換えただけであった[14]。

キリスト教大学の世俗化とは、しょせん大学を、国家でなければ、富、金そして企業の支配下に置くことではなかろうか。

大学教育が個人のみならず、国全体の経済発展のために、最も効果的な手段であることを、おそらく日本から学んだのであろう。大学教育は今や、アジアの発展途上国においてはブームである。

しかし、このブームがおこるはるか以前に、多くのキリスト教大学は既に創立されていた。そして現在、各国における共通の課題と取り組むために、これらの諸大学の間にアジア・キリスト教大学協会が設立され、協力している。

つい最近、アジア・キリスト教協議会と世界学生キリスト者連盟のアジア・太平洋地域は、大学に関する共同声明を発表した。大学の商業化を、憂慮すべき現象と指摘して、この声明は次のように述べている。

「高等教育を支えるものとして浮上してきた新しい原理は、商業的な打算性である。それは、社会における支配的な価値観として、個人主義、物質主義そして競争にしみ込んでいるものである。……このような社会は、特に科学、技術、経済学のような、富を産出する、教育の科目や部門によって最も良くなると考えられている。しかし、富の産出が、人々のあるいは組織の、唯一の目的となるべきではない。富の産出思考においては、商業的な支持を得、そして利益をあげそうな研究だけが残ることが保証されている。このようにして、利益追及の動機が高等教育を統治するようになり、それは政治や、巨大な企業や軍産複合体のような既得者によって、支配されるようになるであろう。このような支配は学問の自由をおびやかすものとなるであろう。新しい主人たちが、何が正当で何が受容できるかを、指図するようになるからである[15]」。

しかし、大学教育の商業化はなにもアジアだけに見られるものではなく、今日の全世界で見られるものである。それゆえに、次の訴えは何処においても聞かれるべきものであろう。

「キリスト者は大学についての異なった、そしてもっと大きなビジョンを宣言しなければならない。すなわち、キリスト教の救済理解に中心的な、全体性のビジョンである。大学にいるキリスト者は、自分のためだけではなく、ほかの人々のためになることに関心をもつ人間を生み出す教育のために努力せねばならない。同じくキリスト者は正義、平和そして愛のために、要するに大学における神の主権のしるしのために、関わらなければならない[16]」。

六

世界のいたるところの大学が直面している、このような危機的かつ深刻な状況というものは、キリスト者、特にメソディストにとって、まことに一つの挑戦、いな重大な挑戦である。なぜなら、ジョン・ウェスレーは、世界を彼の教区とみただけではなく、彼は人間、殊にキリスト者にとっての、富の問題に深い関心をもっていたからである。

先程、私はマックス・ウェーバーの有名な著作、『プロテスタンティズムの倫理と資本主義の精神』からの言葉を引用した。実は、この著作の最後に近いところで、ウェーバーは、ウェスレーがメソディストに与えた、富と宗教についての忠告を引用しているのである。ここでウェスレーは大学そのものについて、述べているのではないが、富の支配のもとで変形した、近代の大学を再考しようとしている我々にとっては、きわめて示唆に富む忠告である。先ずそれに先立つ議論を聞いてみよう。

「私は懸念しているのだが、富の増加したところでは、それに比例して宗教の実質が減少してくるようだ。それゆえ、どうすればまことの宗教の信仰復興を、事物の本性にしたがって、永続させることができるか、それが私には分からないのだ。なぜかといえば、宗教はどうしても勤労と節約を生み出すことになるし、また、この二つは富をもたらすほかはない。しかし、富が増すとともに、高ぶりや怒り、また、あらゆる形で現世への愛着も増してくる。だとすれば、心の宗教であるメソジストの信仰は、今は青々とした樹のように栄えているが、どうしたらこの状態を久しく持ち続けることができるだろうか。……こうして宗教の形は残るけれども、精神は次第に消えていく。純粋な宗教のこうした絶え間ない腐敗を防ぐ途はあるのだろうか[17]」。

そこで、ウェスレーの有名なすべてのキリスト者に対する勧告が引用されるのである。「できるかぎり儲けなさい、できるかぎり節約しなさい、そしてできるかぎり与えなさい[18]」。

さて、これは一体今日のキリスト教大学にとって、どのような意味をもっているのだろうか。あるいは、かつて大学を造り、今はそれを見捨てている教会にとって、これはどのような意味をもっているのであろうか。

昨年、『見捨てられた世代』と題する一冊の書物が、アメリカで有名なメソディスト系の大学の、礼拝堂牧師と教授とによって書かれた[19]。この書物は、アメリカの現在の学生たちについての報告書であるが、これを読むと、再び、どちらが先で、どちらが後なのか、と考えさせられる。なぜなら、日本の学生は大学においては、長年にわたって見捨てられており、大学が「レジャーランド」と呼ばれてから既に久しいからである。それにたいして、アメリカの学生たちは、教えることに非常に熱心な教授達について、熱心によく勉強している、と聞かされていたからである。

アメリカの大学が、日本の大学のあとを、追っているのだろうか。この報告書で我々をもっと当惑させるのは、本書が解決策として提出しているものである。というのは、解決策というのは、その実例が日本の企業からとられている、企業の経営方策から借用したものだからである。我々が案じるのは、この方策によって、アメリカの大学はもっと富の支配によって、捕囚されてしまうのではないかということである。[20]

しかし、学生だけでなく、大学自身が教会から、長年にわたって見離されてきたのではないだろうか。

七

いまや、長年にわたって大学の「ぎこちない協同者」と呼ばれてきた教会が「関心をもった協同者」となるべく挑戦を受けているのである。[21]

なぜなら、教会は大学の創立のみならず、大学の現状にたいしても責任があるからである。教会は、大学が徐々にその魂を喪失してきたことにたいして、長年にわたって無関心だったからである。

教会が大学にたいして関心をもち、またそれに対する責任をもつようになるためには、我々は「大学の理念」（J・H・ニューマン）あるいは「大学の神学的理念」（H・R・ニーバー）のみならず、大学の神学をもたねばならないであろう。

大学の神学というのは、高等教育における神学の存在理由を示すところの、大学における神学について議論だけではなく、大学そのものの存在理由を明らかにするところの、大学の神学である。[22]

それをすることは神学に可能であるだけではなく、それをするのは神学の責任であるというのが、私の確信である。なぜなら、神学とは教会の科学であり、教会は多くの大学の母だからである。

大学を神学的探究の対象とするところの大学の神学は、二つの機能をもっている。一つは大学の批判であり、二つ目は大学の形成である。

私は既に今日の大学を多くの点で批判してきたので、ここでは、大学がそのうえに形成されねばならない、科学と教育の基本的な理念について述べようと思う。

先ず、神学とは神の科学（the science of God）である。しかし、キリスト教神学の神とは、三位一体の神である。つまり、父と子と聖霊なる神である。

教義学においては、例えばカール・バルトのそれにおいても、これらの三位格は創造者、和解者そして救済者と見なされてきた。そして、教義学は三つの基本的な教理に分けられてきた。つまり、創造論、和解論、救済論の三つである。

これらの三つの教理が、大学の教育と研究の三つの基本的な領域、すなわち、自然科学、人間科学、そして社会科学に、それぞれ対応しているのは、決して偶然ではない。実は、これらの三つの神学的教理と、これらの科学の三つの領域とは、密接に関係しあっているからである。

創造論は、そのなかには人間も含まれているが、主として自然の創造を論ずる。他方、自然科学とは自然についての知識である。したがって、創造論と自然科学とは、密接に関係しあっているのである。さらに、創造論は、自然科学の意味と目的のみならず、自然それ自体そして宇宙の意味と目的をも、明らかにしようと試みているものである。

和解論の中心は、イエス・キリストの人格と業である。イエスは、神と人間、即ち神によって創造されたが罪によって疎外された人間、との間の和解のために、一人の人間となった神である。それゆえに、和解論は、人間科学が関心をもっている、人間とは何か、という問と同じ問題を取り扱っているのである。さらに、和解論も、人間科学に意味と目的のみならず、人間生命そして人間存在の意味と目的をも、明らかにしようと試みているものである。

救済論は、神の国がこの地上に来ることによって、人間と世界が救済される、ということを論じる。それゆえに、それは社会科学の諸問題に関心をもつのである。なぜなら、社会科学は、人間の歴史を含む、人間の社会に関係する、すべての問題を研究するからである。さらに、救済論も、社会科学の意味と目的のみならず、文化と歴史の意味と目的とを明らかにしようと試みているものである。

しかも、これらの三つの教理が、互いに区別すべきものではあるが、互いに不可分であるように、これらの知識の三つの基本的な領域も、互いに分離することはできない。ここに、大学における一般教育の理由と根拠があるのである。それは、今日の知識の専門化と断片化にたいして、大学の教育を統一し、そのすべての研究を統合するためには、不可欠なものなのである。

さらに、もし大学における諸科学が神学に基礎づけられているならば、その研究は、研究それ自体で終らずに、教育にまで至るであろう。

例えば、自然科学は、ただ自然の構造を記述するだけで終らずに、自然環境はどうあるべきかを、探究するようになるであろう。つまり、生態的な体系を破壊することなく、人間と社会が自然と調和のなかで共生できるようなあり方を探究するようになるであろう。言い換えるならば、自然科学は不可避的に、生命倫理や生態倫理のような、倫理的な規範をもった自然教育にいかざるを得ないであろう。

同じ様なことは、人間科学において、また社会科学においてもおこるであろう。これらの科学においても、人間性や社会構造に関して、いわゆる価値自由な研究に終らずに、人間教育と社会教育へと進まねばならないであろう。なぜなら、より人間的な人間のあり方、より人間的な社会のあり方とは、一体何かという問題に無関心ではおれなくなるからである。言い換えるならば、これらの科学も、正義、自由、平和、人権などの、倫理と価値の問題と、取り組まねばならなくなるからである。

八

それゆえに、大学の三位一体論的な神学に基づいた大学では、真理の問題と善の問題は、学問と倫理、あるいは研究と教育の場合と全く同じく、互いに不可分離である。

真理なくして倫理がないように、倫理なくして真理はないのである。研究なくして教育がないように、教育のない研究は、殊に大学においては、あるべきではない。研究所と違って大学は、将来の世界をより人間的なものにするために、若い人々をより人間的にするところの、若い人々の教育の共同体だからである。

大学というものは、何者もそして如何なる価値も信じない、ニヒリズムによっては基礎づけられないし、そして運営され得ない。この意味では、現に存在し、かつ運営されている大学は、何であれ、ある信念なり、ある価値観――ナショナリズム、商業主義、利己主義、世俗主義、相対主義、多元主義、ヒューマニズム、など――に基づいているのである。

したがって、特に今日のような多元主義の時代にあっては、異なる大学が互いに競いあったらよいのである。

どのような大学が——公立の大学か、それとも私立の大学か、世俗化した大学か、それとも宗教的な大学か、非キリスト教の大学か、それともキリスト教大学か——より人間的な世界のビジョンをもった、より人間的な人々にする教育をしているか、互いに競争しあったらよいのである[23]。

我々がはっきりと認識しなければならないことは、全世界が今日では宣教伝道の場だということである。西洋世界はポスト・キリスト教の世界であり、東洋世界はキリスト教以前の世界だからである。人々、ことに両方の世界の若い人々は、キリスト教について、その福音と、聖書と、伝統について、なにも知らない。

西洋の学生のほうが、東洋の学生よりも、キリスト教についてよく知っている、と想定しないほうがいい。今日の全世界の学生たちに、真にエキュメニカルなキリスト教と、その多元文化的な遺産について紹介することは、彼らにとって、「物質主義、相対主義、消費主義、技術主義、専門主義、享楽主義、そしてそのほかの、現代の世俗文化に特有の誘惑と欺まん」からの解放なのである[24]。

多分、ポスト・キリスト教社会における、あなたがたの課題の方が、キリスト教以前の社会における、我々のそれよりは、もっと困難であろう。なぜなら、我々のキリスト教以前の社会においては、キリスト教はまだ新しく、非キリスト教と世俗文化にたいして挑戦しているが、あなたがたのポスト・キリスト教社会では、キリスト教は古く、逆に非キリスト教と世俗文化によって、挑戦されているからである。

どっちが先で、どっちが後なのか、私には断言できない。しかし、私が確かに知っていることは、私達は互いに学び合うことができるし、またそうしなければならないということ、そして、全世界を救うために共に協力しなければならない、ということである。

そしてさらに私が確信していることは、私が述べたような、大学の神学に基礎づけられた、キリスト教大学こそは、二十一世紀に期待されている大学である、ということである。そして私が同様に信じていることは、メソジスト系の大学は、二十一世紀の全世界の高等教育の良きモデルとなる責任がある、ということである。

なぜなら、二十一世紀の世界が大学に期待しているのは、ジョン・ウェスレーが全世界を自分の教区と見なしたように、人々が地球的に物事を考えることができるように教育することだからである。そして、二十一世紀の多くの地球的な諸問題を解決するために、我々が必要としている人々というのは、ウェスレーの富についての忠告を、大学で取得する技法、知識、知恵にたいしても応用し、その忠告に従いつつ、地域的に行動することができる人々であり、究極的には、神と人々につかえる人々だからである。まさにウェスレーが言った通りである。「できるかぎり儲けなさい。できるかぎり節約しなさい。そしてできるかぎり与えなさい」。

注

（1）一八八五年に弱冠二十六歳で、ボウドイン大学の学長になったWilliam De Witt Hydeの言葉で、次の論文からの引用。James T. Burtchaell, "The Decline and Fall of the Christian college,"（1）in *First Things*, No.12, 1991.

（2）Clark Kerr, *The Use of the University*, Fourth Edition, 1995, pp.150f.

（3）Kerr, p.146.

(4) George M. Marsden & Bradley J. Longfield, eds., *The Secularization of the Academy*, 1992.
(5) Allan Bloom, *The Closing of the American Mind*, 1987.
(6) George M. Marsden, *The Soul of the American University*, 1994.
(7) 養老孟司「真の哲学と宗教を教えぬ公教育の罪」、『朝日新聞』、一九九五年六月二日。
(8) 隅谷三喜男『大学はバベルの塔』、一九八一、四九頁。
(9) Bloom, p.25.
(10) Bloom, p.372.
(11) Derek Bok, *Universites and the Future of America*, 1990.
(12) Max Weber, *Die Protestantische Ethik und Der Geist des Kapitalismus*, 1904–1905.
(13) Mahatma Gandhi,*Young India* [1919-1922], 2nd ed., 1924, p.237.
(14) August Heckscher, *Woodrow Wilson*, A Biography, 1991, p.195.
(15) *To Build and To Plant* (CCA–WSCF Joint Programme '95),1995, p.39.
(16) *Ibid.*, p.40.
(17) 大塚久雄訳『プロテスタンティズムの倫理と資本主義の精神』、二五八頁。
(18) この忠告 "Gain all you can, save all you can, and give all you can" は本来 "The Use of Money" と題する説教で言われたものである。*The Works of John Wesley*, Vol.VI, pp.124-136.
(19) William H. Willmon & Thomas H. Naylor, *The Abandoned Generation, Re-thinking Higher Education*, 1995.
(20) Willimon & Naylor, pp.153f, 159.
(21) Merrimon Cuninggim, *Uneasy Partners, the College and the Church*, 1994.
(22) 古屋安雄『大学の神学』、一九九三。
(23) Paul Lehmann, *Ethics in a Christian Context*, 1963. 本書の前半を訳出したのが、古屋安雄・船本弘毅訳『キリスト教信仰と倫理』である。著者は「この世界において人間生活を人間的なものとなし、かつ保持するために神が何をなしていたもうかの文脈的な理解」による、創造的なキリスト教倫理を探究している。

(24) David Solomon, "What Baylor & Notre Dame Can Learn from Each Other," in *New Oxford Review*, December, 1995, p.15.

(この論文は、もと一九九六年八月に、ブラジルのリオデジャネイロで行なわれた、メソディスト教会世界大会の一環として開催された、国際メソディスト系学校・大学協会主催の教育セミナーで、行なった基調講演である)。

3　アメリカにおけるキリスト教大学

序

近藤勝彦教授は理念的な問題を、宮谷宣史教授は歴史的な問題を取り上げられましたので、私は実際的な問題を取り上げます。

私に与えられたテーマは「アメリカにおけるキリスト教大学」でありますが、これは我が国の「キリスト教大学の新たなる創造」を考えるに際して、必要かつ適宜なテーマであると思います。何故なら、第一に、我が国のキリスト教大学とアメリカのそれとは理念的にも、歴史的にもまた実際的にも密接な関係があるからです。第二に、戦後の我が国の新制大学は、アメリカの大学をモデルとして創られたものだからであります。つまり、我が国のキリスト教大学のモデルが、アメリカのキリスト教大学であったからです。

しかしながら、モデルであったとはいえ、後で述べるように、最近のアメリカのキリスト教大学は大きく変わりました。それに日本のキリスト教大学は、日本というアメリカとは異なる状況の中で、独特の発展を遂げて来ました。私は日頃、日本の教会は、体はアメリカ型、頭はドイツ型、心は日本型という、分裂症的な教会ではないか、と言っていますが、それはキリスト教大学にも当てはまるのではないでしょうか。

つまり、制度やカリキュラムなどはアメリカ型であるが、理念や理想はドイツ型、そして心情あるいはエートスは日本型という、これも分裂症的な大学ではないかと思っています。

これらの三つの型が、それこそ三位一体となっていれば、健康なのですが、そうでなく分裂しているところに、日本の教会とキリスト教大学が共に病んでいる原因があるように思われます。しかし病気を直す第一歩は、病気を自覚することですから、そのことをアメリカの教会や大学の現状を、その病気も含めて知ることによって、自覚するに至ることは有益でしょう。

そしてさらに、新しい創造と可能性を探るためにも、日本のキリスト教大学とは随分異なる、アメリカのキリスト教大学の歴史と、現状を知ることは、必要であり、我が国における「キリスト教大学の新たなる創造」の可能性を開く一つのきっかけになるのではないかと考えています。

一

「アメリカのキリスト教大学」が実際にどういう大学であるかは、拙著『大学の神学』（ヨルダン社）の特に第二章を御覧下さればお分かりになるでしょう。そこでは「大学らしい大学」として、アメリカの大学のモデルと見られているプリンストン大学の歴史が述べられています。アメリカの高等教育は“Child of the Church”と言われるように、母なる教会から生れた子が大学なのです。ということは、教会が大学を精神的にも財政的にも援助してきたということです。

プリンストン大学の場合は、長老教会（Presbyterian Church）がその母教会ですが、他の私立大学も殆どが教派的な教会から生れた大学であります。

この点で、日本のキリスト教大学は、一見同じ様に見えますが、実際はかなり違うように思われます。我が国のキリスト教大学の母とは、日本の教会ではなく、むしろアメリカの教会だからです。教会と大学は、アメリカの教会を母とする姉妹であります。

しかし姉であった教会のほうは、自給伝道を目指して、いち早く母なるアメリカ教会から独立します。けれども妹の大学を精神的、財政的に支えるほどの余裕と実力はありません。従って、大学は日本の教会とではなく、アメリカの教会の支援の下に成長発展してきました。

そして財政的には、妹である大学のほうが教会よりも強大になってきました。このことは、戦後新制大学となり、多くのキリスト教大学が拡大政策をとってからは、特にはっきりしてきました。しかも、日本が経済的にアメリカと匹敵するようになるや、アメリカの教会からの援助も必要としないほどにさらに強大になりました。

つまり、我が国のキリスト教大学は、その教会の実力に不相応な大きい大学となってしまったのです。国民人口のわずか一％しかキリスト者はいないのに、大学の一〇％以上をキリスト教大学（短大も含む）は占めています。

そこで、アメリカのキリスト教大学のそれとは異なる、世俗化の問題に直面しています。キリスト教大学と言いながら、その教授の大部分はキリスト者ではないという問題です。或る学部に一人のキリスト者教授もいない、というキリスト教大学が少なくありません。わずか一人のキリスト者教授とは、学部付のチャプレンという場合も多くみられます。

いわゆる「キリスト者条項」はどんどん外され、いまや理事長も学長もキリスト者ではない、という「キリスト教大学」が増えつつあるのが実情であります。

二

それではアメリカのキリスト教大学の世俗化を見てみましょう。最近、宗教の多元化が進んでいるとはいえ、依然アメリカの国民人口の九〇％はキリスト者（プロテスタントとカトリック）ですから、キリスト者教授が足りないという問題はありません。

アメリカの問題は、日本とは逆に、キリスト者教授が多過ぎるという問題です。周知のように、六〇年代の公民権運動は、人種差別だけではなく、あらゆる差別をあらゆる領域でなくす運動へと発展しました。従って、雇用や就職の場合に、人種、性、宗教による差別は厳しく禁じられるようになりました。これは信教の自由という憲法との関係で、キリスト教大学の場合には、裁判問題にまで発展しています。

しかし、宗教的多元主義、価値相対主義が流行っている現今では、キリスト教大学であっても、キリスト者の教授だけというのは、宗教的寛容と学問的水準の点からも、好ましくないというのが、教授会の多数意見になっています。

このような意見は、六〇年代の大学紛争のときに、宗教的、倫理的な規則や規制をなくすいわゆる自由化の運動と共に、教授と学生の両方によって支持されました。それまで必須であったチャペル出席、キリスト教と聖書のコースなどは軒並み自由選択となり、喫煙、飲食、麻薬、セックスなどについての規則や規制は撤廃されてしまいました。

もっとも、キリスト教大学といっても、大規模のユニヴァシティと、小規模のカレッジ、特にチャーチ・リレイテド・カレッジとでは、自由化、世俗化の内容も、またその速度も違います。

一般的には、シカゴ大学のアラン・ブルームが"The Closing of the American Mind," 1987（邦訳『アメリカン・マインドの終焉』）で叙述している、大学の理念と教育の変化は、多かれ少なかれすべてのキリスト教大学に見られたものです。いや、未だ世俗化されていなかった分だけ、キリスト教大学のほうが激しく世俗化の波をかぶったと言って良いでしょう。

アメリカの東北部の大学が六〇年代に経験した世俗化を、南部の大学は八〇年代になって経験した、と言われますが、未だ経験していないのは、超保守的なファンダメンタリストの大学くらいでしょう。

三

現代アメリカのキリスト教大学の世俗化の特徴の一つは、古い歴史を持つ、プロテスタントだけではなく、比較的に歴史の浅いカトリック大学にも世俗化が起こっていることです。

そのことを示すのがノートルダム大学のカトリックの神学教授が書いた『キリスト教大学の衰退と崩壊』という論文であります（J. T. Burtchaell, "The Decline and Fall of the Christian College," 1991）。筆者によれば、十九世紀から二十世紀にかけてプロテスタント大学で起こった世俗化現象が、二十世紀後半にカトリック大学に起こっている。そこで、テネシー州にあるヴァンダビルト大学を例として挙げます。この大学はメソジスト教会によって一八七五年に創立された大学です。初代の学長は、他のキリスト教大学が二十世紀迄みなそうであったように、聖職者、つまり牧師でした。そして、教授も殆どが牧師でした。しかし、学問の専門化が進むにつれ、教授は信徒となり、しかもメソジストでなくともキリスト者であれば良いということになります。従って、メソジストという教派大学から、超教派的なキリスト教大学へと変わって行きました。ちなみに、チャプレン制度が始まったのは、学長が牧師ではなく信徒になった二十世紀初頭からです。それまでは学長が、チャペルにおいて宗教的、道徳的な講話をしていたので、特に大学牧師を必要としなかったのでした。

次にキリスト教大学の世俗化を促進したのは、財政です。小規模のときには教会からの財政援助によってやって行けましたが、規模が大きくなるにつれ、カーネギーやロックフェラー財団からの援助がなければ、やって行けなくなりました。ところがそれらの財団は、寄付の条件として、一宗教や一教派に傾向しない「無教派的」(non-sectatarian) ということを要求するようになりました。

この傾向は、最近のように莫大な費用を必要とする科学研究のために、政府からの研究費を受けるときには、ますます厳しい条件となってきています。それで、大学のキリスト教色を弱め、無くそうとする傾向にますます拍車がかかることになりました。

このような世俗化現象は、プロテスタントのみならずカトリックの大学にも起こってきていると警告をしているのが、この論文であります。

四

いやカトリック大学の世俗化は、アメリカだけではなく全世界的に起こっている現象なのです。それ故に、既に一九九二年に教皇ヨハネ・パウロ二世は『カトリック大学憲章』（Constitutio Apostolica de universitatibus Catholicis: Ex corde ecclesiae, 1990）を公表したのでした。

これは世俗化に直面して、カトリック大学はそのアイデンティティを保持せねばならぬことを強調し、公言した「マグナ・カルタ」であります。例えば、カトリック大学を設立する際には、教皇庁もしくは教会の承認を前もって得ていなければならないことが明示されています。

いわゆる「キリスト者条項」について次のように明言しています。「大学にせよその他の高等教育機関にせよ、そのカトリック性を危うくしないためには、カトリック以外の教員が多数派を占めるのを許すべきではない。カトリックである大学や機関はそのカトリック性を失ってはならないからである」。さすがは秩序を重んずるカトリックの大学であります。プロテスタントの大学で、これだけはっきりとプロテスタント性はおろか、キリスト教性について明言している大学は、ファンダメンタリスト以外は殆ど皆無でしょう。アメリカのプロテスタント大学が自ら世俗化を促進している一つの理由に、「キリスト教的」ということが不幸なことに、七〇年代以降に登場してきたいわゆる「キリスト教的右翼」（Christian Right）と同義語になってきているという文化的風潮があります。つまり社会的保守主義とキリスト教が同一視されているのです。

これらの保守主義と違うことを強調する余り、いわゆる自由主義の旗手であったプロテスタント主流派は、キリスト教大学の自由化、世俗化の先頭に立つようになったのです。しかし問題は、その自由化、世俗化が、キリスト教性、つまりクリスチャン・アイデンティティの喪失をきたしている点であります。

例えば、プリンストン大学ですが、それこそＷＡＳＰの典型であったような大学が、教授と学生に女性、黒人などを受け入れるようになり、これまで以上にカトリックやユダヤ教徒を受け入れようと努力をしていることは評価さるべきでしょう。しかし、その結果、チャペルにおける大学の公的行事、例えば入学式や卒業礼拝などを、インター・フェイス（Inter-faith）と称して、正面の十字架に幕を垂れて見えなくし、「イエス・キリスト」という名のない、あるいはそれを「神」や「主」と呼び変えた聖書を読んだり、賛美歌を歌ったりするようになりました。いや、そういう宗教的なことは一切しなくなった元キリスト教大学もあります。

五

このようなキリスト教大学の世俗化はこれ以上、座視すべきでないと、正面からこの問題を取り上げたのが『学園の世俗化』（The Secularization of the Academy, 1992）と題する論文集です。編著者はデューク大学神学部のアメリカ・キリスト教史の教授、ジョージ・マースデンですが、この世俗化現象を彼は歴史的には「奇妙な異常事態」（curious anomalies）だと呼んでいます。

何故ならアメリカ国民の大半はキリスト者であり、大半は宗教は「非常に重要」であると思っているのに、大学にとって宗教が「非常に重要」とは考えていないからである。さらに、かつては教会が大学を創立し、その教育に深い関心を持っていたのに、今や教会は大学に関心を示さず、その世俗化を黙認しているのみならず賛同しているからである。

従ってマーズデンは「アメリカの大学の魂」(The Soul of the American University) とは一体何であったかを、歴史的にも再検討すべきである、と問題を提起しました。この提起に答えるかのように、最近ようやく識者たち、特に宗教社会学者や神学者たちが大学問題を真剣に論ずるようになってきています。

例えば、ロバート・ベラーは近著『良い社会』(The Good Society, 1991) のなかで「学校、特に大学は、現代世俗社会の『教会』である」、と言っています。教会が大学に関心を持たなくなり、大学が世俗化されると、大学は「世俗宗教」を伝道する「教会」になっているというのです。

長老教会が出版した『多元主義的ビジョン』(The Pluralistic Vision, Presbyterians and Mainstream Protestant Education and Leadership, 1992) の中でも、大学の問題、キャンパス・ミニストリーの問題などが真正面から論じられています。そしてリチャード・ニーバーが一九三五年に述べた次の警告が引用されています。「もし教会が、暴力や、教育や、理想主義あるいは計画経済による解放の一つ以外の、救済の計画を持っていないとすれば、それは教会としての本当の存在ではなくなり、一つの政党か学派の中に解消されてしまうだけである」。

つまり、キリスト教大学の原点に戻ってやり直そうではないか、という姿勢が見られるのであります。例えばキャンパス・ミニストリーにおいても、大学教会 (Church-on-campus) のあり方が再検討されつつあります。

結

以上のようなアメリカのキリスト教大学の現状を見ていますと、歴史のアイロニーを感ぜざるを得ません。いわゆる「キリスト教国」においてキリスト教大学の世俗化が進み、非キリスト教国においてキリスト教大学の必要が高まっているからです。

現在、最もキリスト教大学を切実に求めているのは、旧共産主義諸国でありましょう。現にハンガリーやルーマニアなどの東欧諸国と、ベトナムのような東南アジアでもキリスト教大学の設立が進んでいます。彼らは、未だ経験したことのない自由な大学、自由に研究し自由に教育できる大学を求めているのです。

同じように、キリスト教大学の増設を強く望んでいるのは、開発途上国と呼ばれるアジアの諸国です。そしてその国々のキリスト教大学の指導者や教授たちの意気は盛んです。先月、南山大学で開かれたＡＣＵＣＡ（アジア・キリスト教大学協会）のキャンパス・ミニストリーの会議の司会をしましたが、参加者たちはみな実に熱心にキリスト教大学の使命を論じていました。

これはアジアの教会がまだ「若い教会」だからなのでしょうか。未経験の故にナイーヴだからなのでしょうか。それもあるかも知れません。しかしそれが根本的な理由だとは思いません。根本的な理由は、彼らがそれぞれの国と社会におけるミッションの必要、つまり福音が伝道されることの必要を確信しているからです。元々キリスト教大学は、ミッションフィールドで創立されるものです。アメリカのキリスト教大学が次々に創立されたのは、アメリカの教会がミッションに燃えていたからです。現在でも、いや現在こそ、アメリカはミッションフィールドであることを認識したならば、アメリカのキリスト教大学は新たなる創造への道を熱心に探究するようになるでありましょう。

長年宣教師としてインドで働いたニュービギンが、定年でイギリスに戻ったのに、引退するどころか、再び宣教師となったのは、本国こそがミッションフィールドであることを発見したからでありました(Lesslie Nerwbigin, Foolishness to the Greeks —— The Gospel and Western Culture, 1986)。イギリスでモバリーが『大学における危機』(Walter Moberly, The Crisisin the University, 1949)において、キリスト教大学は現実的にも、理念的にも追及さるべきではない、と公言したにもかかわらず、エーミル・ブルンナーは国際基督教大学の創立に参画しました。それは彼が、単なる大学人としてではなく、ミッショナリーでもあったからであります。

所詮キリスト教大学とは、現実的にも、また理念的にも、福音の宣教を必要としているところ、つまりミッションフィールドにおいてのみ追及さるべきものでありましょう。

それ故に、わが国のキリスト教大学では、教授と学生の大部分がキリスト者ではないのに、いやそれ故にこそ、今でもチャペル・アワーが行なわれ、入学式や卒業式において聖書が読まれ、賛美歌が歌われているのです。今や、日本のキリスト教大学がアメリカのキリスト教大学のモデルとなるべきでありましょう。

少なくとも、わが国のキリスト教大学の新たな創造への努力は、日本においてのみならず、全世界的な貢献が期待されていると言って、決して過言ではないと思います。そして、歴史的にも関係の深い、アメリカのキリスト教大学とは、互いに学び合いながら、共に新たな創造に向かって協力できるし、またすべきではないかと思っております。

4　大学の終末論的考察

一

我が国において「終末論」という言葉が社会一般に定着したのは、大木英夫教授の『終末論的考察』（一九七〇）が出版されてからであろう。周知のように「終末論」という言葉は、既に戦前に熊野義孝教授の『終末論と歴史哲学』（一九三三）によって学界あるいは知識人の間では知られるようにはなっていた。しかし今日のようにマス・メディアにおいても用いられるようになったのは、大木教授のこの著書に収録されている「終末論的考察」と「否定の論理と終末論」といった当時の学生運動あるいは大学紛争を論評した論文が『中央公論』に掲載されてからである。

あれから約二十五年後の今年、あの学生運動や大学紛争のそれこそ「終末」であった連合赤軍事件を思い起こさせるオウム真理教事件がおこったが、その事件を報道するマス・メディアに、「終末論」なる言葉が再び登場してきたのはたんなる偶然ではないであろう（もちろんその際に、「終末論的」と「終末的」という用語の厳密な区別はなされていない)。

後者の事件の真相はまだ解明されてはいないが、いわゆるエリート大学と大学院で学んだ高学歴者が少なからず関与していたという事実が世間を驚かせている。注目すべきは、この二つの事件がともに大学と無関係どころか大いに関係があるという共通点である。

ところが大木教授は、この著書の「あとがき」で「そもそも大学は終末論的思惟になじまない場所である」と明言しておられる。その理由はまさに「終末論」ならぬ「終末論的」思惟のゆえであるが、それについて前述の引用文の前後で次のように説明されている。

「終末論的思惟は文化意識のひとつではない。わが国にも多くの大学がある。理性の府といった大学の自意識は大学を支配するものが文化意識であることを示している。終末論的思惟は文化意識の限界における思惟である。文化の根拠を問い返す思惟である。たしかに最近の大学紛争における全共闘の提起したトータルかつラディカルな問いは、終末論的雰囲気を帯びていた。大学がこのような問いを受けとめられなかったことが示すように、そもそも大学は終末論的思惟になじまない場所である。なぜならその思惟は理性を超越し、信仰に立脚するものだからである。神学的な思惟だからである」(二二〇頁)。

しかしながら、大学紛争後の現代の大学の現状はまさに終末論的考察を必要としているのではなかろうか。数年前、筆者は『大学の神学』(一九九二)において現代の大学を対象とする神学的考察を試みた。[1]それからわずか数年しかたっていないが、最近の大学の動向とオウム真理教事件などを見ていると、今日必要とされているのは、それこそ「トータルかつラディカル」な考察、つまり神学の根本をなす終末論からの考察ではないかと思わされるのである。

大木教授がその『終末論』（一九七二）のなかで引用している、カール・バルトの『ロマ書』（第二版）の有名な一節がある。「完全にそして余すところなく終末論でないようなキリスト教は、完全にそして余すところなくキリストと関係がない」（S.298）。

この言葉を次のように言い換えることができるであろう。即ち「完全にそして余すところなく終末論でないような神学は、完全にそして余すところなく神学と関係がない」と。

それゆえに熊野教授は「終末論は神学の中枢的位置を占めるもの」あるいは「終末論は神学の前提である」とさえ断言しておられるのである（『熊野義孝全集』、第五巻、二七、四二頁）。したがって、大学の神学的考察は必然的に大学の終末論的考察とならざるをえないのである。

二

次に現代の大学が、たんに神学的考察ではなく終末論的考察を必要としているのは、その現状が希望のない絶望的な状況にあるからにほかならない、と言っても言いすぎではないであろう。

周知のように、我が国は一九九〇年代にはいって青年人口減少期となり「大学淘汰の時代」あるいは「大学冬の時代」のさなかにある。さらに文部省の大学設置基準の改定に伴う大学のいわゆる「大綱化」で、どの大学もきびしい自己評価と自己点検を迫られて、てんてこ舞いといった状態であって、混迷のなかに明るい希望はまだ見えていない。

この度の「大綱化」によって、各大学がもっと自主的に自由なカリキュラムを組み、知識の専門化と断片化の弊害に陥らないように、さらに一般教育を強化するかと期待されていたにもかかわらず、実際はその反対方向に進んでいるように見える。

そこにおこったのがオウム真理教事件であった。この事件に自然科学系の学問を大学院で学んだ科学技術者が多く関わっていたという事実は、はしなくも現代の大学の問題を浮き彫りにしたといえよう。それは現代の大学に対してさらに失望と絶望を深くさせるものであった。

解剖学者の養老孟司はオウム真理教の事件がおこったのは、我が国の公教育で宗教と哲学を教えないからだと、次のように論じている。「その（真の宗教と哲学）対象を古人は真理と呼んだ。いまでは学問は細分化、技術化され、専門家すらそれの追究を口にしない。だからオウム『真理』教がその言葉を盗み、若者がニセのそれに捕らわれたのである」（『朝日新聞』一九九五・六・二）。

現代の大学が真理を追究する場所ではなくなったこと、そして真理と表裏一体をなしている倫理も教えなくなったことが「現代大学の根本問題」であること、このことを主張したのが実は拙著『大学の神学』であった。その例として、アラン・ブルームの『アメリカン・マインドの終焉』で論じられているアメリカの大学をあげたが、そのアメリカの大学にたいしてブルームはきわめて悲観的であって決して希望的ではない(2)。

その書名のように、アメリカの大学の「終焉」、つまり終末を予感しているのが本書であるといってもいいであろう。事実、その副題は「いかにして高等教育は民主主義に失敗し、今日の学生は魂を貧困にしてしまったか」という否定的なものであった。しかし、それはただ六〇年代の学生運動だけについての判断ではない。

このような希望のない大学であるからこそ現代の大学は終末論的考察を必要としているのである。なぜなら終末論とは、一般に誤解されているのとは逆に、希望の論理でありまた希望の教説だからである。

すでに熊野教授は、終末論を「希望の学（Hoffnungslehre）」と呼んでおられた（前掲書、一六頁）。終末論とは、いうまでもなくイエス・キリストへの信仰に基づくものであるが、信仰と希望とは聖書が明言しているように不可分だからである。「それ信仰は望むところを確信し、見ぬものを真実とするなり」（ヘブル一一・一）。

さらに神学、なかでもその中央に位置する終末論は、科学の限界において成立するのみならず、その限界を越えるものだからである。それについて熊野教授はすでに以下のように言っておられた。

「今やあらゆる科学、特に精神科学は人間学的な基礎によって成立し、人間学がかつての認識論的な役目を務めているようにも見られる。この人間学の限界において神学が成立するものであるならば、人間の限界に照明を与える終末論は神学の根底にその位置を占めるべきである」（前掲書、四四頁）。

大学が研究している科学のみならず、人間そのものの限界に照明を与える終末論は、同時にその限界を越える希望を示すはずである。いや人間に限界を越える希望を指し示すものこそ本来の終末論であると、より積極的に展開させたのは大木教授である。

『終末論的考察』の「あとがき」の冒頭の言葉ほど、そのことを明らかに示している終末論の定義はほかに類例がないのではないか。

「終末論は希望の論理である。もっときびしく言うならば絶望の現実をふまえた希望の探究である。現代において希望を語るということはいかに困難なことだろうか、それはただ終末論的にしか語り得ないのではないか」（二一七頁）。

終末論が、いわゆる終末的な議論、末世的、世界破滅論的な、絶望の論理とは全く逆のものであることをこれほどはっきり述べた文章は、少なくとも我が国では初めてであろう。

以上の冒頭の言葉に次の言葉が続く。「安直な希望の思想によって現代人の魂はかえって荒廃せしめられるであろう。二十一世紀について語られ、未来に関して論ぜられる。しかし魂はもたげられない。希望とはそもそも未来学的可能性のカテゴリーではとらえられないものではないだろうか。希望とは終末論的概念であると思う」(同前)。

ここで大木教授は魂に言及しているが、これもまた現代の大学の問題の中枢部にかかわる言及である。なぜならば、ブルームが言っているように現代の大学教育は「今日の学生たちの魂を貧困にしている」からである。いや、学生たちだけではない、大学そのものが魂を失ってしまっているからである。

この大学の魂の問題を真正面から取り上げたのが、ジョージ・マーズデンの『アメリカの大学の魂』(*The Soul of the American University*, 1994)という議論の的になっている書物である。(3) ブルームが大学の理性(mind)を問題にしたのにたいして、マーズデンはさらに深く問題を掘り下げて、大学の魂(soul)を問題にしているといってよいであろう。

その副題「プロテスタントの創設から確立された不信仰へ」(From Protestant Establishment to Established Nonbelief)が示すように、ピューリタンによって創立されたアメリカの大学はもと魂の教育を重視する大学であった。つまり、体育と知育、体と頭の教育だけではなく、霊育、即ち心、あるいは魂の教育を重んじてきた大学であった。

ところが自然科学が盛んになってきた二十世紀の初めから始まって、とくに大学紛争がおこった六〇年代になって、科学技術主義、価値相対主義、宗教多元主義などの複合によって大学全体が非宗教的となり世俗化してしまった。

具体的には、チャペル・サービスが行なわれなくなってしまった。そこでマーズデンはアメリカの大学に信仰がなくなり魂が失われてしまった、と結論しているのである。

魂が失われた現代の大学に希望がないのは、終末論からいえばこれは当然といわねばならないであろう。大木教授が言うように、終末論的な希望によってしか、人間の魂はもたげられないからである。

三

しかしながら、すべての終末論が大学を考察するという可能性をもっているわけではない。大木教授は『終末論的考察』の「あとがき」のなかで、「東京神学大学はわが国における独特な終末論的思惟の道場であった」といい、その伝統を確立したのが熊野教授であった、とその学恩にたいして感謝の意を表している。けれども、そのあとに大木教授は熊野教授に対する次のようなコメントを付け加えているのである。

「しかし今からふり返ると、熊野博士の終末論的思惟には『世界の蔑視』(contemptus mundi) が強すぎたように思われる。熊野博士は爪先立ちにこの世界を駆け抜ける雰囲気の神学的風貌をもっている。熊野博士の線からは、現代世界の終末論的『蔑視』が出てきても、終末論的『考察』は出てこないのではないかと思う」(二二一頁)。

もっとも大木教授はその十年後に出版された『熊野義孝全集』第五巻に『終末論と歴史哲学』が収録されたの

で、その解説を書いているが、そこでは初期バルトとの比較で以下のように述べておられる。

「熊野神学の終末論の独自性は、初期バルトにおけるような歴史止揚の終末論ではなく、歴史と弁証法的緊張関係に立つ終末論であることである。……こういう終末論の理解から、やがてバルトにおいては到底考えられない『キリスト教概論』と『キリスト教の本質』（全集第六巻）のような戦後の熊野神学の本格的展開が可能となるのである」（六〇一頁）。

確かにバルト、特に初期バルトと比べると、熊野教授はトレルチの影響もあって歴史における信仰の形成力、教会と文化の歴史的、社会的形成の問題に関心をもっていた。けれども大木教授に比べると、やはり歴史への関心、とくに歴史への関与においては消極的であったといわねばならないであろう。

それでは、どうして大木教授は、熊野教授からは出てこない終末論的「考察」が出来るようになったのであろうか。そのことについて大木教授は『終末論的考察』の「あとがき」ではっきり言っておられる。

「著者を終末論的発想をもって現代世界との取組みへと導いたのは、偉大なアメリカ人神学者ラインホールド・ニーバー博士であった」（二二一頁）。

『終末論的考察』がニーバーに献呈されているゆえんである（ちなみに、終末論についての研究書である『終末論』は熊野教授に捧げられている）。大木教授はニューヨークのユニオン神学大学院におけるニーバーの最後の学生の一人であったし、ニーバーは彼の学位論文の指導教授でもあったが、彼が受けたニーバーの影響には深甚なるものがある。それはただ神学的のみならず、信仰的あるいは宗教的な次元におよび、さらに政治哲学的な次元にまでおよんでいるからである。

それは一言でいえば、ニーバーの「キリスト教的現実主義」（Christian Realism）であって、それはバルトにも熊野教授にもないものであった。そしてそれは大木教授の終末論理解に大きな影響を与えたものでもあった。「そのニーバーこそ破局の可能性をはらむ現代世界のただ中で、なおも絶望することなく生きる知恵と力を著者に教えてくれたのである」と述懐しているとおりである（二二二頁）。

つまり終末論がキリスト教的現実主義と結合したときに、初めて終末論的「考察」が可能となるのである。大木教授が神学者として大学紛争と学生運動の終末論的考察を行い得たゆえんである。

しかし大木教授が『終末論的考察』に収録された論文のなかで、大学について論じていたときは、「遠い局外者である一人の神学者が、今日の壮絶なる大学紛争」をいわば第三者として考察しているにすぎなかった。『ゲバ棒から独立し、ゲバ棒を批判しながら』神学者の目をもって探究しようと思うだけである」と自分で述べておられる（一〇〇頁）。

ところが、それから一年もたたないうちに、大木教授が教えておられる東京神学大学でも大学紛争がおこったのである。そしてそれがさらに日本基督教団の教団紛争にまで発展したのであった。東京神学大学は、前述のように大木教授が「わが国における独特な終末論的思惟の道場」と呼んだ大学である。

そこにおける大学紛争、そしてその紛争に対する大木教授を含む教授会の対応が、どれだけ大木教授の「終末論的考察」に対応するものであったかを評論するだけの資料を持ち合わせてはいない。しかし、筆者自身が大学紛争のさなかにあって苦悩しているときに大木教授が与えてくれた忠告は、まさにキリスト教的現実主義に基づくものであった。(4)

その忠告によって、筆者は初めてニーバーのキリスト教的現実主義なるものを、頭だけでなく体と心で理解することが出来るようになったと思っている。特に次のニーバーの言葉は紛争の混迷から筆者を脱出せしめる指針となった。

「だがこのような（無責任な）巡回『預言者』からどのような圧力が加わっても、牧師は預言者であるとともに政治家（a statesman）でもあらねばならぬという事実を変えることはできない。牧師には原理とともに状況にも関わらねばならない責任がある。

特殊な状況にあってとるべき行動は、絶対的な基準のみならず、牧師が指導している人々の生活のなかで可能な手段をも考慮して判断さるべきである。

政治家は、政治的手腕が往々にしてご都合主義（opportunism）に堕し、そのご都合主義と不誠実は厳密には区別できないものであるということを知るべきである。しかし預言者は、その高い展望と判断の非妥協性が常にそのなかに無責任な語調を含んでいることを認識すべきである」（Reinhold Niebuhr, *Leaves from the Notebook of a Tamed Cynic*, 1929）[5]。

このようなキリスト教的現実主義なくしては、大学についての責任ある終末論的考察はなされ得ないであろう。

四

大学の終末論的考察の具体例をあげよう。それは大木教授の「永遠の相のもとに――ＩＣＵと日本――」と題する講演である[6]。これは国際基督教大学（ＩＣＵ）の一九八五年度のキリスト教週間にチャペルでおこなわれた講演である。

先ず「永遠の相のもとに」という言葉がもとスピノザの言葉であることを紹介したのちに、『終末論的考察』のなかに付録として収録した政治学者ハンス・モーゲンソーのニーバー論の結論の部分を次のように引用している。

「わたしは常にラインホールド・ニーバーをアメリカ現存の最大の政治哲学者、おそらくキャルフーン以来のただ一人の創造的政治哲学者だと考えてきました。現存のアメリカの政治哲学者の最大の存在であるという名誉を要求することができるものが、政治家でも、実際策略家でも、いわずもがな政治学教授でも哲学教授でもなく、神学者であるということは、アメリカ政治および政治に関するアメリカ的思惟の本質の標識であります。……そのような政治哲学を生み出すためには、あたかも外から、つまり永遠の相のもとに (sub specie aeternitatis) アメリカ社会を眺めることのできる人間を必要としたのであります。そしてそのような人間こそ、ラインホールド・ニーバーであると、私は思うのであります」。

大学の終末論的考察とは、大学を「あたかも外から、つまり永遠の相のもとに」考察することだといっていいであろう。もちろん大木教授は、この講演のなかではICUという個別的な大学を取り上げているのであるが、その大学を日本と組み合わせることによって、おのずから日本における大学、殊にキリスト教大学の終末論的考察を展開しているのである。

「ICUと日本」という副題について「ICUは、自己と日本とを永遠の相のもとに見るべく運命づけられている」という。なぜならほかの大学の場合、例えばハーバード対イエール、東大対京大、あるいは早稲田対慶應のように、対抗関係にある相手がある。そして殆ど運命的なその対抗関係の中で、それぞれの自覚が生じている。

ところがＩＣＵにはそのような相手の大学はないのではないか。「ＩＣＵに運命的な組み合わせがあるとすれば、それはＩＣＵ対日本という関係」であって、「もしＩＣＵがＩＣＵとしての自覚をもち、ＩＣＵの学生が対抗意識を燃やす相手があるとすれば、それは日本である」と断言される。

そして、「どの大学が日本を相手にするという運命をもっているでしょうか」と問う。東大は日本国家の官僚養成のために、日本によって設立された大学であるから、そこには東大対日本という対抗関係はありえない。

しかし、ＩＣＵは、古い日本が崩壊し、新しい日本が建設されようとしていた時に、「日本によってではなく日本のために建てられた新しい大学」である。それは敗戦によって矮小化され対象化された日本をどうするかという問題意識をもって創立された大学である。

それゆえに「ＩＣＵはその成り立ちから言って、他のいかなる大学とも異なって、日本と対峙しているところがある大学なのであります」といわれる。そしてＩＣＵがその中心にあるＣ、即ちキリスト教によって支えられなければ、ＩＣＵは日本社会に呑み込まれてその本来的な「対峙」を失ってしまうであろう、と警告される。

ＩＣＵがそうならないためには、ＩＣＵは、リチャード・ニーバーのいう「徹底的唯一神教」（Radical Monotheism）に立たねばならない。なぜなら「ラディカル・モノセイズムとは、具体的な例をもっていえば、日本をも相対化するような絶対的な神信仰」であり「いわば、日本を『永遠の相のもとに』に見るようなあり方」だからである。

したがって「ＩＣＵはみずから『永遠の相のもとに』立ち、そして日本を、世界を、『永遠の相のもとに』見る大学、そしてそこで精神的練達をもって、日本のためにたてられた使命を果たす大学になるのでなければならない」という希望と激励の言葉で結ばれている。

以上が講演の要旨であるが、それは直接的にはＩＣＵを取り上げているものの、間接的にはキリスト教大学、そしてさらには我が国の大学一般に対する「終末論的考察」の優れた一例であるといってよいであろう。

筆者は『大学の神学』の中で、大学の神学を「大学批判」と「大学形成」の二部にわけて論じたが、大木教授の「大学の終末論的考察」も、おのずからその二つの側面から論じられている。

「大学形成」といえば、大木教授は聖学院理事長として文字どおりに聖学院大学の形成に関与され、その陣頭指揮に立たれた。あるとき学校経営について問われたときに、冗談半分、真剣半分に答えたという。「あえて言えば終末論的経営でしょうか」。

このエピソードを記した大木教授自身の大学経営論がある。短い随想であるが「なくなることがある」という大方の意表を突いたタイトルで、私立大学連盟の『大学時報』に掲載されたものである。[7] まさに終末論的考察に基づいた大学経営論となっている。敗戦を陸軍幼年学校の最上級生として迎えた大木少年の戦後の開始は、「学校がなくなる」ということであったという。それがきっかけとなって、キリスト教に導かれるのであるが、そこで「地上に永遠はない」ということを学んだのであった。

「学校もなくなることがある。終わりからの視点、それが終末論的視点である」。しかしそれは破滅論ではない。『なくなる』という意識が、かえって歴史のなかに生きる生き方を謙虚にまた賢明にするのではないか。戦争中の日本の誤りは日本は永遠だと思ったことからきた。それが非現実的な希望を生み出した」。

それゆえに大木教授は、いわゆる「大学冬の時代」という言い方にたいして次のように批判する。「いま、私学は擬似終末論的な危機意識に襲われ出した。それは対応を擬似的なものにするであろう。『冬来たりなば春遠からじ』とはいえない。自然的循環に永遠を仮託する思想だ。待てば神風が吹くと同じたぐいの誤りであろう」。

「永遠の相のもと」に大学を見るということは、とりもなおさず大学が永遠ではなく、歴史的存在であるということを自覚することであり、それは以下の認識に至らしめる。

「私学は永遠ではなく、歴史的存在である。『なくなることがある』という終わりからの光は、私学の存在の本質を照らし出し、その本質的生命力とは結局その『教育力』ある、そしてその力の方向性は『大学の理念』であるという認識をもたらすであろう」。

この「大学の理念」のトータル・ラディカルな探究こそ、筆者の言う「大学の神学」である。しかし神学者としてのみならず経営者でもある大木教授は、大学の教育力を増進させるためには経営と教学の統合が必要であるといわれる。まことにキリスト教的現実主義と終末論が統合された発想である。

したがって「何か経営の思想なるものがあるとすれば、端的に言って『なくなる』ことを考えながら『なくならないようにする』ということに要約されるであろう」と結んでおられる。「なくなる」ことを常に意識しているのが終末論であり、「なくならないようにする」ことが現実主義だからである。

五

さて最後に、では何処で大学の神学ないし大学の終末論的考察はなされるべきなのであろうか。大木教授も、また筆者も、たまたま一人の神学者として、いわば個人的に大学の神学や終末論的考察に関わってきたものである。

筆者の場合は、キリスト教大学で神学を教授しているのみならず、大学牧師でもあるという立場から、大学の神学を考察し構築しようと試みたのであった。しかしその場合に、大学における神学という意味での大学の神学は念頭にはなかった。そのことは、『大学の神学』の冒頭の文章に明らかである。

「英語で言えばTheology of the Universityとなるが、『大学の神学』の『の』は所有格的な『の』ではなく、目的格的な『の』である。つまり大学が所有している、あるいは大学に付属している神学という意味ではない。神学校で教えている神学とは異なる、大学で教える神学、あるいは神学校で教える神学とは違う大学の神学部で教える神学、という意味でもない。」（一〇頁）。

しかしながら、その後、大学の神学を確立するためには、やはり大学における神学が確立し、具体的にはそれを担う大学の神学部（あるいはキリスト教学科）が確立していなければならないのではないかと考えるに至った。

このように考えるに至った一つのきっかけは、拙著にたいする稲垣良典教授の「大学と神学」と題する書評である（『カトリック新聞』一九九三・八・二九）[8]。「キリスト教信仰のみが大学をむしばむ病——真理への懐疑と不信、ニヒリズム——を癒しうるとの確信に立つこの大学論はまさしく正論である」と評価されたあとに、次のような問題指摘をされていたからであった。

「ただ本書では副次的に論じられている『大学における神学』は、私の考えでは大学の理念そのものにかかわる重要な問題であることを指摘しておきたい」。

そしてその一ヶ月後に、この指摘をさらに展開された「神学の復権」という説得的な主張を述べられたからであった[9]。

岩下壮一の没後半世紀たった今、彼が願ったようにカトリシズムは我が国の思想界で市民権を認められるようになったが、次の半世紀の間に我が国のカトリックの学者と思想家が目指すべき目標は何であろうかと自問して、以下のように答えている。

「それは学問としてのキリスト教神学が大学における研究と教育の要であることが認められて、国、公、私立を問わず、わが国の多くの大学にキリスト教神学の講座が設けられるようになることだ、と言いたい」(『カトリック新聞』一九九三・九・二六)。

このような目標が「ドン・キホーテ的な空想と笑われるかもしれない」ことは百も承知であるし、また我が国で「復権」というのはおかしい、という反論にたいしてはこう論じておられる。

「しかし私は、わが国の大学が西欧で八百年の歴史をもつ大学の伝統を受け継ぐものである限り、われわれの目標を神学の『復権』と呼ぶことには十分な根拠があると言いたいのである」。

プロテスタント大学の歴史は五百年にみたないが、その伝統に限っても、神学の「復権」は要求されねばならないであろう。大木教授も『永遠の相のもとに』のなかで同様のことを言っておられる。

「日本の国立大学は、ドイツの国立大学の模倣でありますが、模倣しなかったのは神学部であります。つまりあのアモスにおけるような絶対的なものとの関わりの部分がカットされてしまったのであります。その結果脳の一部分を切除されたような欠陥が出てきたのであります。こうして戦前は日本帝国主義の奉仕に励み、戦後から今日では、日本株式会社の社員養成所に成り下がるのであります」(一〇頁)。

もちろん稲垣教授は神学の復権のためには神学の学問性という問題を解決しなければならないことは先刻承知で、その問題について次のように言っておられる。

「ところで、大学における神学の復権を主張する際に直面する重大な困難は、神学が人文、社会、自然というように分類されるもろもろの学問と同じように厳密な意味での学問といえるのか、という疑問であろう」。

この疑問は、普遍的な理性の真理を探究する大学では、特殊的な信仰の真理を研究し教えるべきではない、という反論に連なるものである。これにたいして稲垣教授は、このような議論は十三世紀にパリ大学でアヴェロエス派によって、信仰の真理と理性の真理を分離したことに始まり、さらに十八世紀の啓蒙主義者によって、人間理性をすべての真理の判定者としたことによって、強められた「一つの見解に過ぎない」という。

そして以下のような主張を展開される。「確かに信仰の真理は人間理性を超えているが、それもまた人間理性によって探究されるべき真理であり、その意味では高度に『理性的な』真理なのである。まことに人間理性は自らを超える真理を探究することによってのみ真に『理性的』となり、自らを完成することができる。人間理性によって真理を根源的・全体的に探究することを使命とする大学において、人間理性を超える真理の探究（神学）が行なわれないことは、いわば真理探究の営みの『中絶』であって、大学の使命に対する裏切りにほかならない」。

これは余りにカトリック的、特にトマス的な主張であろうか。大木教授の『終末論』の結語は、この点ではカトリックもプロテスタントも根本的には同一であることを示してあまりあるであろう。

「われわれが必要としているのは、中世ヨーロッパに実現した小規模の人類共同体に対応し、そして規模においては地球を含むような真に人類的な共同体の実現である。中世の文化総合の実現を導いた原理は、『恩寵は自然を破壊せず、これを完成する』というものであった。われわれが新しい文化総合を探究するときに必要なものは、『恩寵は歴史を破壊せず、これを成就する』という原理であると思う」（二四二頁）。

それゆえに稲垣教授は、カトリック的大学だけではなくキリスト教的大学にむかって、一つの提案をされる。「この目標実現に向けての第一歩はまずキリスト教的大学における神学の復権から始めなければならないであろう」。

そしてその提案の理由を次のように述べておられる。「キリスト教的大学は、人間理性を超える真理の探究、そしてそのことを通じての人格の完成を目指す神学を、大学の研究、教育の中枢に据えることによって、今日の大学にとっての急務である諸々の学問の統合および道徳教育を積極的に推し進め、そのことによってすべての大学において神学の占めるべき位置をいわば『身をもって』示すべきではなかろうか」。

この提案の具体化の一つは、各キリスト教大学に神学部（ないしはキリスト教学科）を設置することであろう。そのような神学部なくして、大学を神学するところ、あるいは大学を終末論的に考察するところは大学内に存在しないし、あっても現実的な力とはなりえないからである。

もっとも、たとえ神学部があっても、その神学が終末論とキリスト教的現実主義とを統合した、終末論的考察を生み出すものでなければ、それは大学にとって有害無益であろう。

我が国の大学紛争において、二つのプロテスタント大学においてそれぞれの神学部が廃止になったということは、きわめて象徴的といわねばならない。廃止に至った理由と経過は全く異なったとしても、ともに終末論的考察をなし得なかった、という点では共通であったと思われるからである。

大木教授の言葉で言えば、「預言者的知性」と「祭司的知性」の両方の結合が求められる政治問題に直面したときに、問題提起した神学生たちと、その学生たちに同調した教授たちが、預言者的知性の問題である「否定の論理」と「ゲバ棒」の結合という誤った選択をした、あるいはそれを許したからであった。

「ノンセクト・ラディカルズが『否定の論理』の行使のシンボルをゲバ棒に求めた時、『否定の論理』のもつ自己否定の輝きは薄れてゆき、自己批判とは、自己が引き受けるものではなく、他者に強要するものと変わってしまったのではなかろうか。……ゲバ棒が他者志向的であるように、批判も他者志向的になるとき、預言者的知性は単なる『攻撃的知性』に退化してしまうのである。こうして自己が常に善と正義の立場にあると錯覚しはじめ、話し合いを自ら全的に遮断するのである」(『終末論的考察』、一一一頁)。

したがって、「大学の神学」に基づいたキリスト教大学が成立するためには、「大学における神学」がなければならないし、そのためには神学部ないしはキリスト教学科が存在しなければならないであろう。しかしその神学部ないしキリスト教学科から、絶えず大学の教学と経営に対する厳しい「大学の終末論的考察」が生まれてこなければならないであろう。

注

(1) 古屋安雄『大学の神学』、ヨルダン社、一九九三。

(2) Allan Bloom, *The Closing of the American Mind, Simon and Schuster*, 1987.

(3) George M. Marsden, *The Soul of the American University*, Oxford University Press, 1994. 本書についての書評は以下のものを参照。

John Patrick Digging, "God, Man and the Curriculum —— How freedom of religion became freedom from religion

"on the campus," *New York Times Book Review*, 1994. 4. 17.
John F. Wilson's review in *The Princeton Seminary Bulletin*, Vol. XVI No. 1, New Series 1995.
Mark R. Schwehn and Dorothy C. Bass, "Christianity and academic soul-searching," *The Christian Century*, 1995. 3. 15.
Phillip E. Johnson, "How the Universities Were Lost," *First Things*, March 1995.

(4) 筆者の大学紛争経験については、古屋安雄『プロテスタント病と現代――混迷からの脱出をめざして』、ヨルダン社、一九七三を参照。

(5) 古屋安雄訳『教会と社会の間で――牧会ノート』、新教出版社、一九七一。

(6) 大木英夫『永遠の相のもとに――ＩＣＵと日本』、ＩＣＵ宗教部、一九八五、『宇魂和才の説』に「キリスト教大学の意義と理想――永遠の相のもとにＩＣＵと日本を見る」と改題して所収。

(7) 大木英夫「なくなることがある」『大学時報』、二二九号、一九九三。

(8) 稲垣良典「大学と神学」『カトリック新聞』、一九九三・八・二九。
大学における神学の問題についてはDavid Ray Griffin and Joseph C.Hough. Jr., *Theology and The University*, State University of New York Press, 1991を参照。

(9) 稲垣良典「神学の復権」『カトリック新聞』、一九九三・九・二六。

あとがき

本書は私の第四論文集である。第三論文集『現代キリスト教と将来』（一九八四）がでてから十六年にもなるが、その間に『宗教の神学』（一九八五）や大木英夫氏との共著『日本の神学』（一九八九）、それから『大学の神学』（一九九三）と『日本伝道論』（一九九五）を出版したが、それらに収録されなかった、またそのあとに書いたり講演したものをまとめたものが、この論文集である。

これらの論文や講演は、時々の状況に応じて書かれたり行われたものであり、初出一覧は以下の通りである。一冊にまとめるにあたり、タイトルを変え、また原稿にかなり手を加えた。

Ⅰ　日本の将来とキリスト教——序論

1から12までは、一九九八年一月から一九九九年三月までの間、日本基督教団滝野川教会椎の樹会「形成」委員会編集、『形成』誌に連載されたものである。

Ⅱ　なぜキリスト教か——宗教の神学

1　なぜキリスト教か——弁証と倫理の問い

古屋安雄編『なぜキリスト教か』（創文社・一九九三年、二五—四四頁）。

2　宗教の神学における「何」と「何故」の問題

国際基督教大学キリスト教と文化研究所『キリスト教と文化』二五号（一九九三年、一―一〇頁）。もと韓国語で『李鐘声古希記念論文集』（一九九二年）に収録。

3 宗教間の対話と必要性

もと韓国の崇実大学で一九八九年に行った英語による講演の翻訳。“The Interreligious Dialogue in the 21st Century” in Christianity Facing the 21st Century, International Symposium on Christian Culture and Theology, Soon Sil University, 1990.

4 キリスト教と仏教の対話

土居真俊『キリスト教と仏教』『親鸞とキリスト教』の書評論文、宗教学「土居真俊著『キリスト教と仏教』（土居真俊宗教論集）（法蔵館・一九八九年、五一二頁）、同著『親鸞とキリスト教』（土居真俊対話集）（法蔵館・一九九〇年、二六二頁）」、『日本の神学』三〇（日本基督教学会・一九九一年、一四一―一四七頁）。

III 日本のキリスト教――日本の神学

1 戦後五十年日本の神学の軌跡

もと東京YMCA連続講座で一九九五年になされた講演で、別冊『東京青年』三一四号（一九九六年、三二―六〇頁）に収録されたもの。

2 日本におけるプロテスタント・キリスト教史の評価

土肥昭夫『プロテスタント・キリスト教史論』の書評論文、「土肥昭夫著『日本プロテスタント・キリスト教史論』（教文館・一九八七年、三七六頁）」、『日本の神学』二七（日本基督教学会・一九八八年、一〇九—一一四頁)。
3　天皇制とキリスト教——社会的・政治的・神学的視点から見た天皇制
『天皇制の検証——日本宣教における不可避的な課題』(東京ミッション研究所編・一九九一年、「第二章　社会的、政治的な視点から見た天皇制」、四二—七三頁)。
4　「神の痛みの神学」の世界教会的展開
『ルター研究』第二巻(ルター研究所編・一九八六年、二三五—二四六頁)。

Ⅳ　アメリカのキリスト教——アメリカの神学

1　アメリカのキリスト教をどのように捉えるか　教会の三類型——国教会・教派・分派——
小山・片山編『宗教とアメリカ』(アメリカ研究札幌クールセミナー・一九九二年)に収録の「第二章　教会・教派・分派——アメリカ宗教の三類型」、一五三—一七一頁。
2　ポスト・キリスト教国アメリカ?
斉藤・大西編『今、アメリカは』(南雲堂・一九九五年)に収録の「アメリカの宗教は、今」、三一—四九頁。
3　ドイツ・アメリカ・日本の比較教会論
東北学院大学『キリスト教文化研究所紀要』第一七号別冊(一九九九年)に収録の「宗教改革とプロテスタンティズム——ドイツとアメリカの比較教会論——」、一—二六頁。
4　ロジャー・ウィリアムズの評価をめぐって——宗教改革の国際記念碑
『形成』一九九九年十月号に収録の「宗教改革の国際記念碑」、六—九頁。

V　現代におけるキリスト教大学の意義——大学の神学

1　大学の神学的理念と課題
もと学会講演。『日本の神学』三二（日本基督教学会・一九九三年、七—二三頁）。

2　キリスト教大学の現代世界における意義
もと一九九六年に、リオデジャネイロで開かれた国際メソジスト大学協会での基調講演。倉松・近藤編『福音の神学と文化の神学』（教文館・一九九七年、二二一—二三九頁）に収録。

3　アメリカにおけるキリスト教大学の意義と課題
『基督教文化学会年報一九九五』、二〇—二五頁に掲載。

4　大学の終末論的考察
『神学』五八号（東京神学大学・一九九八年、一—一七頁）に収録。

第三ミレニアムが始まり、二十一世紀が始まろうとしているとき、キリスト教と日本の将来について書かれたり、語られることの多い昨今であるが、過去を顧みることなくして、将来を展望することはできない。本書の第一部は、主として日本の将来のために書いたものであるが、これまでの日本の歩みを、特にキリスト教との関係において論じたものである。一言でいえば、わが国の教会と神学の変革なくして、日本のキリスト教の将来と、日本の将来は決して有望ではない、ということである。

そして第二部以下は、その教会と神学の変革すべき方向を、四つの神学の分野に分けて、論じたものである。これから教会と神学、そして伝道をになう若い世代の人々に特に議論してもらいたいと、願っている。

日本伝道については、世界伝道との関連で、再び近く別に論じるつもりであるが、本書はそれと無関係どころか、大いに関係している問題を論じたものである。

二〇〇〇年十月十五日

古屋安雄

古 屋 安 雄 （ふるや・やすお）

1926年上海に生まれる。自由学園，1951年日本神学専門学校（現東京神学大学）卒業。サンフランシスコ，プリンストン，チュービンゲンに留学。
プリンストン神学大学より神学博士（Th. D.）。組織神学・宗教学専攻。
1959年以来，国際基督教大学教会牧師。同大学宗務部長，教授。その間，プリンストン神学大学，アテネオ・デ・マニラ大学の客員教授，東京大学，東京女子大学，東京神学大学の講師を歴任。1999年4月より聖学院大学大学院アメリカ・ヨーロッパ文化学研究科教授，科長。

著　書　『キリスト教国アメリカ』,『キリスト教の現代的展開』,『プロテスタント病と現代』,『激動するアメリカ教会』,『現代キリスト教と将来』,『宗教の神学』,『日本の神学』,『日本神学史』(編著),『大学の神学』など。

日本の将来とキリスト教

2001年2月20日初版第1刷発行

著　者　古　屋　安　雄

発行者　大　木　英　夫

〒362-8585 埼玉県上尾市戸崎1-1
発行所　聖学院大学出版会
電話（048）725-9801 FAX（048）725-0324
E-mail：press@seigakuin-univ.ac.jp

エスタリオル　錦明印刷
ISBN 4-915832-41-4　C3016

キリスト教大学の新しい挑戦

倉松功
近藤勝彦 著

二十一世紀となった現在、大学教育のあり方も根本から再検討する必要にせまられている。現代における大学教育の意義をキリスト教大学の特質から明らかにする。

四六判上製本体二四〇〇円

自由と結社の思想

ヴォランタリー・アソシエーション論をめぐって

J・L・アダムズ
柴田史子 訳

アメリカの著名な神学者・社会倫理学者、ジェイムズ・ルーサー・アダムスの社会理論・社会倫理に関する主要論文を集める。「本書が提起している問題は、現代の人間の自己理解、人間と共同体、神と人間性、歴史と社会倫理の関係について展開されている学問的論争にとっても有効性を持つ問題であることは明らかである」（本書「編者序文」より）。

四六判上製本体三八〇〇円

イギリス・デモクラシーの擁護者A・D・リンゼイ

その人と思想

永岡薫 編著

リンゼイはE・バーカーと並ぶ今世紀におけるイギリス政治哲学者の双璧であるが、我が国ではそのイギリス・デモクラシー論については知られているもののその政治哲学の基礎にある学問の拡がりについては知られていない。本書はリンゼイのひととなりと幅広い思想を多彩な執筆者によって紹介した初の研究書である。

A5判上製本体五二〇〇円

イギリス革命とアルミニウス主義

山田園子 著

イギリス革命期の急進的聖職者ジョン・グッドウィンはカルヴァンの運命論的な二重予定説を批判したが、その思想の中核にあった神の選びは万人に及び、その摂理は人間の自由意志と矛盾しないと説いた十六世紀オランダのアルミニウスの教説を詳説しイギリス革命に及ぼした影響を明らかにする。

A5判上製本体五八〇〇円

正　義
社会秩序の基本原理について

E・ブルンナー
寺脇丕信訳

正義とはなにか。実証主義と相対主義の中に国家や法の正義の理念は崩壊したのか。現代世界における正義の原理を考察し、正義が共同社会の中で、いかに適用されるべきかを論じる。

A5判上製本体五八〇〇円

近代世界とキリスト教

W・パネンベルク
深井智朗訳

近代世界の成立にキリスト教はどのような役割を果たしたのか。この問いに対して、ウェーバーやトレルチなどの見解が提示されてきたが、現代ドイツ神学者のパネンベルクは、近代世界の成立とキリスト教の関係を積極的に評価し、さらに現代のキリスト教の諸問題を明らかにしている。

四六判上製本体二二〇〇円

光の子と闇の子
デモクラシーの批判と擁護

ラインホールド・ニーバー著
武田清子訳

政治・経済の領域で諸権力が相剋する歴史的現実の中で、自由と正義を確立するためにはいかなる指導原理が必要か。キリスト教的人間観に基づくデモクラシー原理を明確にする。

四六判上製本体二一三六円

ラインホールド・ニーバーの歴史神学

高橋義文著

ニーバー神学の形成背景・諸相・特質を丹念に追い、独特の表現に彩られる彼の思想の全貌を捉えながら帰納的に「歴史神学としてのニーバー神学」の特質を解明する気鋭の書き下ろし。

四六判上製本体四二七二円